基于数字媒体技术的
移动学习设计与优化

夏丽雯　张　敬　李辉熠　著

重庆大学出版社

图书在版编目(CIP)数据

基于数字媒体技术的移动学习设计与优化／夏丽雯，
张敬，李辉熠著. -- 重庆：重庆大学出版社，2020.5
ISBN 978-7-5689-2029-2

Ⅰ.①基… Ⅱ.①夏… ②张… ③李… Ⅲ.①网络教
学 Ⅳ.①G434

中国版本图书馆 CIP 数据核字(2020)第 077961 号

基于数字媒体技术的移动学习设计与优化
JIYU SHUZI MEITI JISHU DE YIDONG XUEXI SHEJI YU YOUHUA

夏丽雯 张 敬 李辉熠 著

策划编辑:鲁 黎

责任编辑:姜 凤 版式设计:鲁 黎
责任校对:万清菊 责任印制:张 策

*

重庆大学出版社出版发行
出版人:饶帮华
社址:重庆市沙坪坝区大学城西路 21 号
邮编:401331
电话:(023)88617190 88617185(中小学)
传真:(023)88617186 88617166
网址:http://www.cqup.com.cn
邮箱:fxk@cqup.com.cn(营销中心)
全国新华书店经销
重庆升光电力印务有限公司印刷

*

开本:787mm×1092mm 1/16 印张:12.25 字数:316 千
2020 年 5 月第 1 版 2020 年 5 月第 1 次印刷
ISBN 978-7-5689-2029-2 定价:48.00 元

前　言

与传统课堂学习或者计算机的 E-Learning 相比,移动学习(M-Learning)可以突破时空限制,为学习者提供随时随地学习的机会。作为通过有效结合移动计算技术而使得学习者能够随时随地学习的新形式,移动学习被认为是未来学习不可缺少的一种学习模式。因此,近年来,随着数字媒体技术、通信技术的迅速发展,越来越多的研究者开始关注如何利用移动通信设备来支持学习者进行移动学习。移动学习的学习过程与传统学习是不能等同的。从传统的教与学的规律来分析移动学习,已无法解决移动学习中的实际问题。移动学习的有效展开迫切需要对移动学习设计展开研究。

近十年来,智能手机和移动互联网正在迅速改变整个社会生活的面貌,信息技术对各行各业的渗透达到了人类历史上前所未有的高度。进入移动互联网时代,移动计算技术为学习内容和学习活动提供了新的手段和新的可能,这必将引起教学理念和教学设计的变化。目前仍有非常多的实践是以旧时代的教学理论为指导的,因此新技术的应用效果差强人意。现有的教学设计理论必须为适应移动学习的新情境和新要求作出调整,发展出新的模式。但这方面的系统性研究还非常少,目前国内已出版的移动学习著作,甚至国外的移动学习专业书对涉及移动学习设计的讨论并不多,这也是本书的编写背景之一。

本书由湖南大众传媒职业技术学院夏丽雯、张敬、李辉熠撰写。书中梳理和论述了数字媒体技术、信息技术与课程整合、移动学习及其影响因素等理论,对移动学习的教学设计以及评价设计进行了有益的探索,在此基础上提出移动学习的优化策略,并将移动学习的重要发展方向——移动微学习导入论述。著者在写作过程中考虑到便于一般读者从非专业的角度理解移动学习设计,在理论的阐述、案例的选取、内容的撰写方面都力争用简单、平实的话语表达。

本书在编写过程中借鉴了诸多著作、文献的优秀成果,在此表示谢意。同时,由于著者水平有限,书中难免存在一些疏漏之处,期待读者批评指正。

著　者

2019 年 10 月

目录

第 1 章
数字媒体技术概述

数字媒体是一个应用领域很广的新兴学科,是以信息科学和数字技术为主导,以大众传播理论为依据,以现代艺术为指导,将信息传播技术应用到文化、艺术、商业、教育和管理领域的科学与艺术高度融合的综合交叉学科。数字媒体包括文字、图形、图像、音频、视频以及计算机动画等各种形式,其传播形式和传播内容都采用数字化过程,即信息的采集、存取、加工和分发的数字化过程。在当今无处不数字的读屏时代,数字媒体是信息社会最为广泛的信息载体之一,渗透到人们工作、学习和生活的方方面面。

1.1 数字媒体的基本概念

1.1.1 媒体

在信息社会中,信息的表现形式多种多样,人们把这些表现形式称为媒体。在计算机技术领域中,媒体(Medium,其复数形式是 Media)是指信息传递和存储的最基本的技术和手段。媒体包括两个方面的含义:一方面是指存储信息的实体,如光盘、磁带等,即人们常说的媒质;另一方面是指传递信息的载体,如文字、图像、图形、声音、影视等,即人们常说的媒介。

按照 ITU(International Telecommunication Union,国际电信联盟)标准的定义,媒体可分为下列 5 种:

①感觉媒体(Perception Medium)。指能直接作用于人的感官,使人产生感觉的一类媒体,如人们所看到的文字、图像、图形和听到的声音等。

②表示媒体(Representation Medium)。指为了有效地加工、处理和传输感觉媒体而人为地研究和构造出来的一种媒体,如文本编码、语言编码、静态和活动图像编码等。

③显示媒体(Presentation Medium)。指感觉媒体与用于通信的电信号之间转换用的一类媒体,即获取信息或显示信息的物理设备,可分为输入显示媒体和输出显示媒体。键盘、鼠标、麦克风、摄像机、扫描仪等属于输入显示媒体,显示器、打印机、音箱、投影仪等属于输出显示媒体。

④存储媒体(Storage Medium)。指用于存放数字化的、表示媒体的存储介质,如光盘、

磁带等。

⑤传输媒体(Transmission Medium)。指用来将表示媒体从一处传递到另一处的物理传输介质,如同轴电缆、双绞线、光缆、电磁波等。

1.1.2　数字媒体及特性

1)数字媒体的定义

在人类社会中,信息的表现形式多种多样。用计算机记录和传播信息的一个重要特征是:信息的最小单元是二进制的比特(bit),任何在计算机中存储和传播的信息都可分解为一系列0或1的排列组合。因此,把通过计算机存储、处理和传播的信息媒体称为数字媒体(Digital Media)。

2005年12月26日,由科技部牵头的"863"专家组制定的《2005中国数字媒体技术发展白皮书》发布。"863"专家组以"文化为体,科技为酶"概括数字媒体的本质,白皮书给出数字媒体的定义:数字媒体是数字化的内容作品,以现代网络为主要传播载体,通过完善的服务体系,分发到终端和用户进行消费的全过程。这一定义强调数字媒体的传播方式是通过网络,而将光盘等媒介内容排除在数字媒体的传播范畴之外。这是因为网络传播是数字媒体传播中最显著和最关键的特征,也是必然的发展趋势,而光盘等方式在本质上仍然属于传统的传播渠道。数字媒体具有数字化特征和媒体特征,有别于传统媒体;数字媒体不仅在于内容的数字化,更在于其传播手段的网络化。

2)数字媒体的特性

数字媒体的应用不仅仅局限于媒体行业,它已广泛应用于零售业的市场推广、一对一销售,医疗行业的诊断图像管理,制造业的资料管理,政府机构的视频监督管理,教育行业的多媒体教学和远程教学,电信行业中无线内容的分发,金融行业的客户服务,以及家庭生活中的娱乐和游戏等多个领域。

根据香农-韦弗传播模型,数字媒体技术是实现媒体的表示、记录、处理、存储、传输、显示、管理等各个环节的硬件和软件技术。数字媒体技术具有数字化、集成性、交互性、艺术性和趣味性等特性。

(1)数字化

数字化是计算机技术的根本特性,作为计算机技术的重要应用领域,数字媒体以比特的形式通过计算机进行存储、处理和传播。比特是一种存在的状态:开或关、真或假、高或低、黑或白,都可以用0或1来表示。比特易于复制,可以快速传播和重复使用,不同媒体之间可以相互混合。比特可以用来表现文字、图像、图形、动画、影视、语音及音乐等信息。

(2)集成性

数字媒体技术是建立在数字化处理的基础上,结合文字、图像、图形、影像、声音、动画等各种媒体的一种应用。对于数字媒体信息的多样化,数字媒体技术将各种媒体有机地集成在一起。数字媒体的集成性主要表现在两个方面:数字媒体信息载体的集成和数字媒体信息设备的集成。数字媒体信息载体的集成是指将文字、图像、图形、声音、影视、动画等信息集成在一起综合处理,包括信息的多通道统一获取、数字媒体信息的统一存储与组织、数字媒体信息表现合成等各方面;而数字媒体信息设备的集成则包括计算机系统、存储设备、音响设备、影视设备等的集成,是指将各种媒体在各种设备上有机地组织在一起,形成数字媒体系统,从而实现声音、文字、图形、图像的一体化处理。

（3）交互性

交互性是数字媒体技术的关键特性，它向用户提供更加有效地控制和使用信息的手段，可以增加对信息的注意和理解，延长信息的保留时间，使人们获取信息和使用信息的方式由被动变为主动。人们可以根据需要对数字媒体系统进行控制、选择、检索和参与数字媒体信息的播放与节目的组织，而不再像传统的电视机，只能被动地接收编排好的节目。交互性的特点使人们有了使用和控制数字媒体信息的手段，并借助这种交互式的沟通达到交流、咨询和学习的目的，也为数字媒体的应用开辟了广阔的领域。目前，交互的主要方式是通过观察屏幕的显示信息，利用鼠标、键盘或触摸屏等输入设备对屏幕的信息进行选择，达到人机对话的目的。随着信息处理技术和通信技术的发展，还可以通过语音输入、网络通信控制等手段来进行交互。计算机的"人机交互作用"是数字媒体的一个显著特点，数字媒体就是以网络或者信息终端为介质的互动传播媒介。

（4）艺术性

计算机的发展与普及使信息技术离开了纯粹技术的需要，数字媒体传播需要信息技术与人文艺术的融合。在开发数字媒体产品时，技术专家要负责技术规划，艺术家/设计师要负责所有可视内容，清楚观众的欣赏要求。

（5）趣味性

互联网、IPTV、数字游戏、数字电视、移动流媒体等为人们提供了宽广的娱乐空间，使媒体的趣味性真正体现出来。观众可以参与电视互动节目，观看体育赛事时可以选择多个视角，从浩瀚的数字内容库中搜索并观看电影和电视节目，分享图片和家庭录像，浏览高品质的内容。

1.1.3　数字媒体的分类

数字媒体的分类形式多样，人们从不同的角度对数字媒体进行不同种类的划分。从实体角度看，数字媒体包括文字、数字图片、数字音频、数字视频、数字动画；从载体角度看，数字媒体包括数字图书报刊、数字广播、数字电视、数字电影、计算机及网络；从传播要素看，数字媒体包括数字媒体内容、数字媒体机构、数字存储媒体、数字传输媒体、数字接收媒体。一般将数字存储媒体、数字传输媒体、数字接收媒体统称为数字媒介，数字媒体机构称为数字传媒，数字媒体内容称为数字信息。

从数字媒体定义的角度来看，可从以下3个维度进行分类。

①按时间属性划分，数字媒体可分为静止媒体（Still Media）和连续媒体（Continue Media）。静止媒体是指内容不随时间而变化的数字媒体，如文本和图片。连续媒体是指内容随时间而变化的数字媒体，如音频、视频和虚拟图像等。

②按来源属性划分，数字媒体可分为自然媒体（Natural Media）和合成媒体（Synthetic Media）。自然媒体是指客观世界存在的景物、声音等，经过专门的设备进行数字化和编码处理后得到的数字媒体，如数码相机拍摄的照片、数码摄像机拍摄的影像等；合成媒体是指以计算机为工具，采用特定符号、语言或算法表示的由计算机生成（合成）的文本、音乐、语音、图像和动画等，如用3D制作软件制作出来的动画角色。

③按组成元素划分，数字媒体可分为单一媒体（Single Media）和多媒体（Multi Media）。顾名思义，单一媒体是指单一信息载体组成的载体；多媒体则是指多种信息载体的表现形式和传

递方式。简单来讲,数字媒体一般是指多媒体,是由数字技术支持的信息传输载体,其表现形式更复杂、更具视觉冲击力、更具互动特性。

1.1.4 数字媒体的传播模式

数字媒体通过计算机和网络进行信息传播,将改变传统的大众传播中传播者和受众的关系以及信息的组成、结构、传播过程、方式和效果。数字媒体传播模式主要包括大众传播模式、媒体信息传播模式、数字媒体传播模式和超媒体传播模式等。信息技术的革命和发展不断地改变着人们的学习方式、工作方式和娱乐方式。

大众传播媒体是一对多的传播过程,由一个媒介出发到达大量的受众。数字媒体的大众传播,使得无论何种媒体信息,如文本、图像、图形、声音或视频,都要通过编码后转换成比特。

1949 年,信息论创始人、贝尔实验室的数学家香农与韦弗一起提出了传播模式,如图 1.1 所示。一个完整的信息传播过程应包括信息来源(Source)、编码器(Encoder)、信息(Message)、通道(Channel)、解码器(Decoder)和接收器(Receiver)。其中,"通道"就是香农对媒介的定义,包括铜线、同轴电缆等。

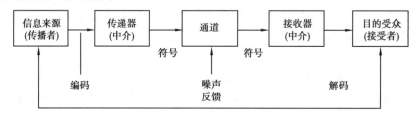

图 1.1　香农-韦弗传播模式

数字媒体系统完全遵循信息论的通信模式。从通信技术上看,它主要由计算机和网络构成,如图 1.2 所示。它在传播应用方面比传统的大众传播更有独特的优势。在数字媒体传播模式中,信源和信宿都是计算机。因此,信源和信宿的位置是可以随时互换的。这与传统的大众传播如报纸、广播、电视等相比,发生了深刻的变化。

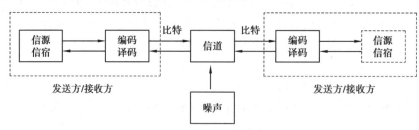

图 1.2　数字媒体传播模式

图 1.2 描述的是两点之间的传播过程。数字媒体传播的理想信道具有足够带宽、可以传输比特流的高速网络信道。网络由电话线、光缆或卫星通信构成。数字媒体可以在网络上进行多点之间的传播,如图 1.3 所示。

范德比尔大学的两位工商管理教授霍夫曼与纳瓦克提出了超媒体的概念。霍夫曼认为以计算机为媒介的超媒体传播方式延伸成多人的互动沟通模式;传播者 F(Firm)与消费者 C(Consumer)之间的信息传递是双向互动、非线性、多途径的过程,如图 1.4 所示。超媒体整合全球互联网环境平台的电子媒体,包括存取该网络所需的各项软硬件。此媒体可达到个人或企业二者彼此以互动方式存取媒体内容,并通过媒体进行沟通。超媒体传播理论是学者们第一次从传播学的角度研究互联网等新型媒介,得到了国际网络传播学研究者的重视。

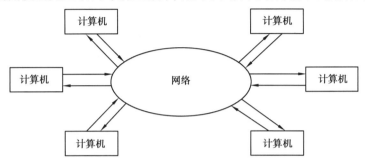

图1.3　网络上的传播模式

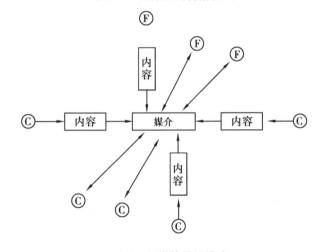

图1.4　超媒体传播模式

1.2　数字媒体技术的内涵

1.2.1　多媒体技术

传统的媒体主要包括广播、电视、报纸、杂志等,随着计算机技术的发展,在传统媒体的基础上,逐渐衍生出新的媒体,如IPTV、电子杂志等。计算机逐渐成为信息社会的核心技术,基于计算机的多媒体技术得到了人们越来越多的关注和应用。

一般来说,多媒体被理解为多种媒体的综合,但并不是各种媒体的简单叠加,而是代表数字控制和数字媒体的汇合。多媒体技术是一种把文本、图像、图形、声音、视频、动画等多种信息类型综合在一起,并通过计算机进行综合处理和控制,能支持完成一系列交互式操作的信息技术。多媒体技术主要具备以下4个特点。

（1）多样性

多样性主要体现在信息采集或生成、传输、存储、处理和显现的过程中，要涉及多种感觉媒体、表示媒体、显示媒体、存储媒体和传输媒体，或者多个信源、信宿的交互作用。

（2）集成性

多媒体技术是多种媒体的有机集成，集文字、图像、图形、音频、视频等多种媒体信息及设备于一体。

（3）交互性

真正意义上的多媒体是具有与用户之间的交互作用，即可以做到人机对话，用户可以对信息进行选择和控制。

（4）实时性

实时性是在多媒体系统中的多种媒体之间，无论在时间上还是在空间上都存在紧密的联系，是具有同步性和协调性的群体。

1.2.2　数字媒体艺术

数字媒体艺术是随着 20 世纪末数字技术与艺术设计相结合的趋势而形成的一个跨自然科学、社会科学和人文科学的综合性学科，集中体现了"科学、艺术和人文"的理念。该领域目前属于交叉学科领域，涉及造型艺术、艺术设计、交互设计、数字图像处理技术、计算机语言、计算机图形学、信息与通信技术等方面的知识。这一术语中的数字反映其科技基础，媒体强调其立足于传媒行业，艺术则明确其所针对的是艺术作品创作和数字产品的艺术设计等应用领域。

作为一个新的交叉学科和艺术创新领域，一般是指以"数字"作为媒介素材，通过运用数字技术来进行创作，具有一定独立审美价值的艺术形式或艺术过程，是一种在创作、承载、传播、鉴赏与批评等艺术行为方式上推陈出新、颠覆传统艺术的创作手段、承载媒介和传播途径，进而在艺术审美的感觉、体验和思维等方面产生深刻变革的新型艺术形态。数字媒体艺术是一种真正的技术类艺术，是建立在技术的基础上并以技术为核心的新艺术，以具有交互性和使用网络媒体为基本特征。

数字媒体艺术融合多种学科元素，并且技术与艺术的融合，使得技术与艺术间的边界逐渐消失，在数字艺术作品中技术的成分变得越来越重要，其主要特征表现在以下 6 个方面。

（1）数字化的创作和表达方式

数字媒体艺术的创作工具或展示手段都离不开计算机技术。计算机软件是数字媒体艺术的创作工具，而计算机硬件和投影设备则是数字媒体艺术的展示手段。

（2）多感官的信息传播途径

数字媒体艺术的多感官传播途径不是机械地掺和人体感受，而是在融合中保留各个感官的差异性，并力图实现多种感受的同一性和多元化的审美原则。

（3）数字媒体艺术的交互性和偶发性

数字媒体艺术因其交互特征具有偶发性，这种不确定的方式不仅改变了以往静态作品一成不变的局面，增强了艺术的多样性，而且对界面上的交流与沟通给予了更多的关注。互动特征给予观众更多的自由和权利，也给人们带来切身的艺术体验和情感满足。

（4）数字媒体艺术的沉浸特征和超越时空性

沉浸感是与交互性同等地位的数字媒体艺术特征，它使人们在欣赏数字媒体艺术时不受时间和空间的限制。在数字媒体艺术中,用虚拟的内容替代实像,依然能够使人们有身临其境的真实感受。数字化的虚拟现实技术拓宽了艺术家的视野,使艺术的创作范围更为广泛,甚至可以超越时间或空间的限制进行创作。

(5)新媒体艺术的创作走向大众化

传统的艺术家需要有扎实的艺术功底和与众不同的创作风格,但是新媒体艺术的产生使艺术创作日益走向大众化。以摄影艺术为例,传统暗房技术的掌握需要经过长期训练并要求对光的运用有很好的把握,修片工作需要艺术家对前期拍摄的底片进行二次创作,这是一种具有独创性的创作方式,但随着数码摄影技术的成熟,以及数码相机的普及,摄影艺术开始在大众范围内广泛传播。Photoshop 软件通过其预置模式,能够轻松实现传统暗房的效果,使摄影艺术变得不再神秘。数字媒体艺术成为大众化的艺术形式使得非专业人士也可以参与艺术创作,艺术不再是少数人的舞台。

(6)数字媒体技术的重要性凸显

艺术的实现往往需要技术作为支撑,但是在传统艺术强大的感染力下,技术成了不被重视的一部分。随着科学的发展以及数字媒体艺术的诞生,两者的关系开始变得越发密切。因此,艺术对技术的依赖性变得越发明显,技术成为完成一件艺术作品必不可少的部分。

1.2.3　数字媒体技术

数字媒体技术是一项应用广泛的综合技术,主要研究文字、图像、图形、音频、视频以及动画等数字媒体的捕获、加工、存储、传递、再现及其相关技术,具有高增值、强辐射、低消耗、广就业、软渗透的属性。基于信息可视化理论的可视媒体技术还是许多重大应用需求的关键,如在军事模拟仿真与决策等形式的数字媒体(技术)产业中有强大需求。数字媒体涉及的技术范围广、技术新、研究内容深,是多种学科和多种技术交叉的领域,其主要技术范畴包括以下 9 个方面。

①数字声音处理。包括音频及其传统技术(记录、编辑技术)、音频的数字化技术(采样、量化、编码)、数字音频的编辑技术、语音编码技术(如 PCM、DA、ADM)。数字音频技术可应用于个人娱乐、专业制作和数字广播等。

②数字图像处理。包括数字图像的计算机表示方法(位图、矢量图等)、数字图像的获取技术、图像的编辑与创意设计。常用的图像处理软件有 Photoshop 等。数字图像处理技术可应用于家庭娱乐、数字排版、工业设计、企业徽标设计、漫画创作、动画原形设计和数字绘画创作。

③数字视频处理。包括数字视频及其基本编辑技术和后期特效处理技术。常用的视频处理软件有 Premiere 等。数字视频处理技术可应用于个人、家庭影像记录及电视节目制作和网络新闻。

④数字动画设计。包括动画的基本原理、动画设计基础(包括构思、剧本、情节链图片、模板与角色、背景、配乐)、数字二维动画技术、数字三维动画技术、数字动画的设计与创意。常用的动画设计软件有 3ds Max、Flash 等。数字动画可用于少儿电视节目制作、动画电影制作、电视节目后期特效包装、建筑和装潢设计、工业计算机辅助设计、教学课件制作等。

⑤数字游戏设计。包括游戏设计相关软件技术(DirectX、OpenGL、Director 等)、游戏设计与创意。

⑥数字媒体压缩。包括数字媒体压缩技术及分类、通用的数据压缩技术(行程编码、字典

编码、熵编码等）、数字媒体压缩标准，如用于声音的 MP3 和 MP4，用于图像的 JPEG，用于运动图像的 MPEG。

⑦数字媒体存储。包括内存储器、外存储器和光盘存储器等。

⑧数字媒体管理与保护。包括数字媒体的数据管理、媒体存储模型及应用、数字媒体版权保护概念与框架、数字版权保护技术，如加密技术、数字水印技术和权利描述语言等。

⑨数字媒体传输技术。包括流媒体传输技术、P2P 技术、IPTV 技术等。

1.3 数字媒体关键技术

以计算机技术、网络技术与文化产业相融合而产生的数字媒体产业，即文化创意产业，正在世界范围内快速成长。数字媒体产业的迅猛发展，得益于数字媒体技术不断突破产生的引领和支撑。数字媒体技术是数字媒体产业的发动机，它融合了数字信息处理技术、计算机技术、数字通信和网络技术等的交叉学科和技术领域。同时，数字媒体技术是通过现代计算和通信手段，综合处理文字、图像、图形、音频和视频等信息，使这些抽象的信息转化成可感知、可管理和可交互的一种技术。

数字媒体技术主要研究数字媒体信息的获取、处理、存储、传播、管理、安全、输出等理论、方法、技术与系统。它是包括计算机技术、通信技术和信息处理技术等各类信息技术的综合应用技术，所涉及的关键技术及内容主要包括数字媒体信息的获取与输出技术、数字媒体信息存储技术、数字媒体信息处理技术、数字媒体传播技术、数字媒体数据库技术、信息检索技术与信息安全技术等。另外，数字媒体技术还包括在这些关键技术基础上综合的技术，例如，基于数字传输技术和数字压缩处理技术且广泛应用于数字媒体网络传播的流媒体技术、基于计算机图形技术且广泛应用于数字娱乐产业的计算机动画技术，以及基于人机交互、计算机图形和显示等技术且广泛应用于娱乐、广播、展示与教育等领域的虚拟现实技术等。

1.3.1 数字媒体信息获取与输出技术

数字媒体信息获取是数字媒体信息处理的基础，其关键技术主要包括声音和图像等信息获取技术、人机交互技术等，其技术基础是现代传感技术。目前，传感技术发展的趋势是应用微电子技术、超高精密加工以及超导、光导与粉末等新材料，使新型传感器具有集成化、多功能化和智能化的特点。

数字媒体信息输入与获取的设备主要包括键盘、鼠标、光笔、跟踪球、触摸屏、语音输入和手写输入等输入与交互设备，以及适用于数字媒体不同内容与应用的其他输入和获取设备，如适用于图形绘制与输入的数字化仪，用于图像信息获取的数字相机、数字摄像机、扫描仪、视频采集系统等，用于语音和音频输入与合成的声音系统，以及用于运动数据采集与交互的数据手套、运动捕捉衣等。

数字媒体信息的输出技术是将数字信息转化为人们可感知的信息，其主要目的是为人们提供更丰富、人性化和交互的数字媒体内容界面。主要技术包括显示技术、硬拷贝技术、声音系统，以及用于虚拟现实技术的三维显示技术等，且各种数字存储媒介也是数字媒体内容输出的载体，如光盘和各类数字出版物等。显示技术是发展最快的领域之一，平板高清显示器已成为一种趋势和主流。三维显示技术也得到长足的进步,取得了突破性进展,目前最新的数据显示技术已经能够实现真三维的立体显示。

由于数字媒体最显著的特点是交互性,很多技术与设备都融合了信息的输入与输出技术,例如,数据手套、运动捕捉衣和显示头盔,既是运动数据与指令的输入设备,又是感知反馈的输出设备。

1.3.2 数字媒体存储技术

由于数字媒体信息的数据量一般都非常大,并且具有并发性和实时性,它对计算速度、性能及数据存储的要求非常高,因此,数字媒体存储技术要考虑存储介质和存储策略等问题。数字媒体存储技术对存储容量、传输速度等性能指标的高标准和高要求,促进了数字媒体存储媒介以及相关控制技术、接口标准、机械结构等方面的技术飞速发展,高存储容量和高速度存储新产品也在不断涌现,并得到广泛的应用,进一步促进了数字媒体技术及其应用的发展。

目前,在数字媒体领域中占主流地位的存储技术主要是磁存储技术、光存储技术和半导体存储技术。

磁存储技术的应用历史较长,非常成熟。由于磁存储技术的记录性能优异、应用灵活、价格低廉,在技术上具有相当大的发展潜力,其存储容量和存取速度也越来越高,仍是数字媒体存储技术中不可替代的存储媒介。目前,应用于数字媒体的磁存储技术主要有硬盘和硬盘阵列等。特别是移动硬盘的出现,解决了磁盘的存储量、可靠性、读写速度、携带方便等因素的矛盾,移动硬盘是数字媒体的理想存储介质。

光存储技术以其标准化、容量大、寿命长、工作稳定可靠、体积小、单位价格低及应用多样化等特点,成为数字媒体信息的重要载体。蓝光存储技术的出现,使得光存储的容量成倍增加,在用作高清晰数字音像记录设备和计算机外存储器等方面具有广阔的应用前景。

半导体存储技术的应用领域非常广泛,种类繁多。目前,在数字媒体(特别是移动数字媒体)中,普遍使用的半导体存储技术是闪存技术及其可移动闪存卡,其发展的趋势是存储器体积越来越小,而存储容量越来越大。

1.3.3 数字媒体信息处理技术

数字媒体信息处理是数字媒体应用的关键,主要包括模拟信息的数字化、高效的压缩编码技术,以及数字信息的特征提取、分类与识别等技术。在数字媒体中,最具代表性和复杂性的是声音与图像信息,相关的数字媒体信息处理技术的研发也是以数字音频处理技术和数字图像处理技术为主体。

数字音频处理技术是对模拟声音信号的数字化,通过取样、量化和编码将模拟信号转化为数字信号。由于数字化后未经压缩的音频信号数据量非常大,因此,需要根据音频信号的特性,主要是利用声音的时域冗余、频域冗余和听觉冗余对其数据进行压缩。数字音频压缩编码技术主要包括基于音频数据的统计特性的编码技术、基于音频的声学参数的编码技术和基于人的听觉特性的编码技术。典型的基于音频数据的统计特性的编码技术有波形编码技术等,典型的基于人的听觉特性的编码技术有感知编码技术等。例如,以 MPEG 和 Dolby AC-3 为代表的标准商用系统,其中广为应用的 MP3 文件是用 MPEG 标准对声音数据的三层压缩。

对于视觉信息则需要采用数字图像处理技术。与数字音频处理技术一样,自然界模拟的视觉信息也是通过取样、量化和编码转换成数字信号的。这些原始图像数据也需进行高效压缩,主要是利用其空间冗余、时间冗余、结构冗余、知识冗余和视觉冗余实现数据的压缩。目前,图像压缩编码方法大致可分为3类:一是基于图像数据统计特征的压缩方法,主要有统计编码、预测编码、变换编码、矢量量化编码、小波编码和神经网络编码等;二是基于人眼视觉特性的压缩方法,主要采用基于方向滤波的图像编码、基于图像轮廓和纹理的编码等;三是基于图像内容特征的压缩方法,主要采用分形编码和模型编码等,也是新一代高效图像压缩方法的发展趋势。

数字媒体编码技术发展的另一个重要方向就是综合现有的编码技术,制定统一的国际标准,使数字媒体信息系统具有普遍的可操作性和兼容性。数字语音处理技术是数字音频处理技术的一个重要的研究与应用领域,主要包括语音合成、语音增加和语音识别技术。同样,图像识别技术也是数字媒体系统中广泛应用的技术,特别是汉字识别技术和人类生理特征识别技术等。

1.3.4 数字媒体传播技术

数字媒体传播技术为数字媒体传播与信息交流提供了高速、高效的网络平台,也是数字媒体所具备的最显著特征。数字媒体传播技术全面应用和综合了现代通信技术和计算机网络技术,"无所不在"的网络环境是其最终目标,人们将不会意识到网络的存在,而能随时随地通过任何终端设备上网,并享受到各项数字媒体内容服务。

数字媒体传播技术主要包括两个方面:一是数字传输技术,主要是各类调制技术、差错控制技术、数字复用技术和多址技术等;二是网络技术,主要是公共通信网技术、计算机网络技术以及接入网技术等。具有代表性的现有通信网包括公众电话交换网(PSTN)、分组交换远程网(Packet Switch)、以太网(Ethernet)、光纤分布式数据接口(FDDI)、综合业务数字网(ISDN)、宽带综合业务数字网(B-ISDN)、异步传输模式(ATM)、同步数字体系(SDH)、无线和移动通信网等。另外两类网络是广播电视网和计算机网络。众多的信息传递方式在数字媒体传播网络内将合为一体。

IP技术的广泛应用是数字媒体传播技术的发展趋势。IP技术是综合业务的最佳方案,能将计算机网络、广播电视网和电信网融合为统一的宽带数据网或互联网。

NGN(Next Generation Network,下一代网络)是下一代网络技术的代表,是基于分组的网络,利用多种宽带能力和QoS(Quality of Service,服务质量)保证的传送技术,支持通用移动性,其业务相关功能与其传送技术相互独立。NGN是以软交换为核心,能够提供话音、视频、数据等数字媒体综合业务,采用开放、标准体系结构,能够提供丰富业务的网络。支撑NGN的关键技术主要是IPv6、光纤高速传输、光交换与智能光网、宽带接入、城域网、软交换、IP终端、网络安全等技术。

1.3.5 数字媒体数据库技术、信息检索技术与信息安全技术

数字媒体数据库技术、信息检索技术与信息安全技术是对数字媒体信息进行高效管理、存取和查询,以及确保信息安全性的关键技术。

数字媒体数据库是数字媒体技术与数据库技术相结合产生的一种新型的数据库。目前,数字媒体数据库研究的途径主要有:一是在数据库管理系统的基础上增加接口,以满足数字媒

体应用的需求;二是建立基于一种或多种应用的专用数字媒体数据库;三是研究数据模型,建立通用的数字媒体数据库管理系统。其中,第三种途径是研究和发展的主流与趋势,但难度很大。

数字媒体信息资源的检索技术趋势是基于内容检索技术。基于内容检索技术突破了传统的基于文本检索技术的局限,直接对图像、视频、音频内容进行分析,抽取特征和语义,利用这些内容特征建立索引并进行检索。其基础技术包括图像处理、模式识别、计算机视觉和图像理解技术,是多种技术的合成。目前,基于内容的检索技术主要有基于内容的图像检索技术、基于内容的视频检索技术和基于内容的音频检索技术等。

基于高层语义信息的图像检索是最具利用价值的图像语义检索方式,开始成为众多研究者关注的热点。计算机视觉、数字图像处理和模式识别技术,包括心理学、生物视觉模型等科学技术的新发展和综合运用,将推动图像检索和图像理解获得突破性进展。

数字媒体信息安全主要应用的技术是数字版权管理技术和数字信息保护技术。数字媒体信息安全的主要目的在于传输信息安全、知识产权保护和认证等。数字水印技术是目前信息安全技术领域的一个新方向,是一种有效的数字产品版权保护和认证来源及完整性的新型技术。数字水印技术是一个新兴的研究领域,还有许多未触及的研究课题,现有技术也需要改进和提高。

1.3.6 计算机图形与动画技术

图形是一种重要的信息表达与传递方式,因此,计算机图形技术几乎在所有的数字媒体内容及系统中得到广泛应用。计算机图形技术是利用计算机生成和处理图形的技术,主要包括图形输入技术、图形建模技术、图形处理与输出技术。

图形输入技术主要是将表示对象的图形输入计算机,并实现用户对物体及其图像内容、结构及呈现形式的控制,其关键技术是人机接口。图形用户界面是目前最普遍的用户图形输入方式,手绘/笔迹输入、多通道用户界面和基于图像的绘制正成为图形输入的新方式。图形建模技术是用计算机表示和存储图形的对象建模技术。线条、曲面、实体和特征等造型是目前最常用的技术,主要用于欧氏几何方法描述的形状建模。对于不规则对象的造型则需要非流形造型、分形造型、纹理映射、粒子系统和基于物理造型等技术。图形处理与输出技术是在显示设备上显示图形,主要包括图元扫描和填充等生成处理、图形变换、投影和裁剪等操作处理及线面消隐、光照等效果处理,以及改善图形显示质量的反走样处理等。

计算机能生成非常复杂的图形,即进行图形绘制。根据计算机绘制图形的特点,计算机图形技术可分为真实感图形绘制技术和非真实感(风格化)图形绘制技术。真实感图形绘制的目的是使绘制出来的物体形象尽可能地接近真实,看上去要与真实感照片几乎没有任何区别。非真实感图形绘制技术是指利用计算机来生成不具有照片般真实而具有手绘风格的图形技术。

计算机动画技术是以计算机图形技术为基础,综合运用艺术、数学、物理学、生命科学及人工智能等学科和领域的知识来研究客观存在或高度抽象的物体的运动表现形式。计算机动画经历了从二维到三维,从线框图到真实感图像,从逐帧动画到实时动画的过程。计算机动画技术主要包括关键帧动画、变形物体动画、过程动画、关节动画与人体动画、基于物理模型的动画等技术。目前,计算机动画的主要研究方向包括复杂物体造型技术、隐式曲面造型与动画、表演动画、三维变形和人工智能动画等。

1.3.7 人机交互技术

信息技术的高速发展对人类生产、生活带来了广泛而深刻的影响。作为信息技术的一个重要组成部分,人机交互技术已经引起许多国家的高度重视,成为 21 世纪信息领域亟待解决的重大课题。人机交互技术研究的内容十分广泛,涵盖了建模、设计、评估等理论和方法以及在 Web 界面设计、移动界面设计等方面的应用研究与开发。

人机交互(Human Computer Interaction,HCI)是指关于设计、评价和实现供人们使用的交互式计算机系统,且围绕这些方面的主要现象进行研究的科学。它主要是指用户与计算机系统之间的通信,即信息交换。这种信息交换的形式可采用各种方式出现,如键盘上的击键、鼠标的移动、显示屏幕上的符号或图形等,也可用声音、姿势或身体的动作等方式。人机交互技术与认知心理学、人机工程学、多媒体技术和虚拟现实技术密切相关,主要是研究人与计算机之间的信息交换。它主要包括人到计算机和计算机到人的信息交换。对于前者,人们可以借助键盘、鼠标、操纵杆、数据服装、眼动跟踪器、位置跟踪器、数据手套、压力笔等设备,用手、脚、声音、姿势或身体的动作、眼睛甚至脑电波等向计算机传递信息;对于后者,计算机通过打印机、绘图仪、显示器、头盔式显示器、音箱等输出或显示设备给人们提供信息。

1.3.8 虚拟现实技术

虚拟现实技术是直接来自应用的涉及许多相关学科的新的实用技术,是集计算机图形学、图像处理与模式识别、智能接口技术、人工智能、传感与测量技术、语音处理与音响技术、网络技术等为一体的综合集成技术,对计算机科学和数字媒体技术的发展具有重要作用。虚拟现实技术主要的研究内容与关键技术包括动态虚拟环境建模技术、实时三维图形生成技术、立体显示和传感器技术、应用系统开发工具和系统集成技术等。

动态虚拟环境的建立是虚拟现实技术的核心,其目的是获取实际环境的三维数据,并根据应用的需要建立相应的虚拟环境模型。目前的建模方法主要有几何方法、分形方法、基于物理的造型、基于图像的绘制和混合建模技术,而基于图像的绘制技术是未来的发展方向。实时三维图形生成技术已经较为成熟,关键是实现实时生成。应在不降低图形质量和复杂程度的前提下,尽可能提高刷新频率。虚拟现实技术的交互能力依赖于立体显示和传感器技术的发展,如大视场双眼体视显示技术、头部六自由度运动跟踪技术、手势识别技术、立体声输入输出技术、语音的合成与识别技术,以及触摸反馈和力量反馈技术等。虚拟现实技术应用的关键是寻找合适的场合和对象,必须研究虚拟现实的应用系统开发工具,如虚拟现实系统开发平台、分布式虚拟现实技术等。系统集成技术包括信息同步技术、模型标定技术、数据转换技术、数据管理模型、识别与合成技术等。

虚拟现实技术作为一种新技术,它将在很大程度上改变人们的思维方式,甚至会改变人们对世界、自身、空间和时间的看法。提高虚拟现实系统的交互性、逼真感和沉浸感是其关键所在。在新型传感和感知机理、几何与物理建模新方法、高性能计算,特别是图形图像处理以及人工智能、心理学、社会学等方面都有许多挑战性的问题有待解决。同时,解决因虚实结合而引起的生理和心理问题是建立和谐的人机环境的最后难点。例如,在以往的飞行模拟器中就存在一个长期未解决的现象,即模拟器晕眩症。

虚拟现实技术是当今多媒体技术研究中的热点技术之一。它综合计算机图形学、人机交互技术、传感技术、人工智能等领域的最新成果,用于生成一个具有逼真的三维视觉、听觉、触觉及嗅觉的模拟现实环境。它是由计算机硬件、软件及各种传感器所构成的三维信息的人工环境,即虚拟环境,是可实现和不可实现的物理及功能上的事物和环境,用户投入这种环境中,就可与之交互作用。例如,美国在训练航天飞行员时,总是让他们进入一个特定的环境中,让飞行员接触太空环境的各种声音、景象,以便能够在遇到实际情况时作出正确的判断。沉浸(Immersion)、交互(Interaction)和构想(Imagination)是虚拟现实的基本特征。虚拟现实在娱乐、医疗、工程和建筑、教育和培训、军事模拟、科学和金融可视化等方面获得了应用,有很大的发展空间。

1.4 数字媒体技术的应用

1.4.1 数字媒体技术的应用领域

数字媒体有着广泛的应用和开发领域,包括教育培训、电子商务、信息发布、游戏娱乐、电子出版和创意设计等。

1)教育培训

在教育培训方面,可以开发远程教育系统、网络多媒体资源、制作数字电视节目等。数字媒体能够实现图文并茂、人机交互及反馈,从而能有效地激发受众的学习兴趣。用户可根据自己的特点和需要有针对性地选择学习内容,主动参与。以互联网为基础的远程教学,极大地冲击着传统的教育模式,把集中式教育发展成为使用计算机的分布式教学。学生可以不受地域限制,接受远程教师的多媒体交互指导。因此,教学突破了时空的限制,并且能够及时交流信息,共享资源。

2)电子商务

在电子商务领域,开发网上电子商城,实现网上交易。网络为商家提供了推销自己的机会。通过网络电子广告、电子商务网站,商家能将商品信息迅速传递给顾客,顾客可以订购自己喜爱的商品。目前,国际上比较流行的电子商务网站有易贝(eBay)、亚马逊(Amazon)等,国内的电子商务网站有阿里巴巴、淘宝网等。

3)信息发布

在信息发布方面,组织机构或个人都可以成为信息发布的主体。各公司、企业、学校及政府部门都可建立自己的信息网站,通过媒体资料展示自我和提供信息。超文本链接使大范围发布信息成为可能。讨论区、BBS可以让任何人发布信息,实时交流。另外,博客、播客等形式提供了展示自我和发布个人信息的舞台。

4)游戏娱乐

在游戏娱乐方面,开发娱乐网站,利用IPTV、数字游戏、影视点播、移动流媒体等为人们提供娱乐。随着数据压缩技术的改进,数字电影从低质量的VCD上升为高质量的DVD。通过数字电视,不仅可以看电视、录像,实现视频点播,而且微机、互联网、联网电话、电子邮箱、计算机游戏、家居购物和理财都可以使用。另外,数码相机、数码摄像机及DVD的发展,也推动了数字电视的发展。计算机游戏已成为流行的娱乐方式,特别是网络在线游戏因其新颖、开放、交互性好和娱乐性强等特点,受到越来越多的人的青睐。

5)电子出版

在电子出版方面,开发多媒体教材,出版网上电子杂志、电子书籍等。实现编辑、制作、处理输出数字化,通过网上书店,实现发行的数字化。电子出版是数字媒体和信息高速公路应用的产物。我国新闻出版总署对电子出版物曾有以下界定:"电子出版物系指以数字代码方式将图、文、声、像等信息存储在磁、光、电介质上,通过计算机或类似设备阅读使用,并可复制发行的大众传播媒体。"目前,电子出版物基本上可分为封装型的电子书刊和电子网络出版物两大类。前者以光盘等为主要载体,后者以多媒体数据库和 Internet 为基础。电子出版物的内容包括教育、学术研究、医疗资料、科技知识、文学参考、地理文物、百科全书、字典词典、检索目录和休闲娱乐等。目前,许多国内外报纸、杂志都有相应的网络电子版。

6)创意设计

在创意设计方面,包括工业设计、企业徽标设计、漫画创作、动画原形设计、数字绘画创作和游戏设计等。创意设计是多媒体活泼性的重要来源,精彩的创意不仅使应用系统独具特色,也极大地提高了系统的可用性和可视性。精彩的创意将为整个多媒体系统注入生命与色彩。多媒体应用程序之所以有巨大的诱惑力,主要是其丰富多彩的多种媒体的同步表现形式和直观灵活的交互功能。

1.4.2　数字媒体产业

随着计算机技术、网络技术和数字通信技术的飞速发展,信息数据的容量迅速增加,传统的广播、电视和电影技术正在快速地向数字化方向发展。数字音频、数字视频、数字电影与日益普及的计算机动画、虚拟现实等构成了新一代的数字传播媒体——数字媒体,进而形成数字媒体产业。

由于数字媒体产业的发展在某种程度上体现了一个国家在信息服务、传统产业升级换代及前沿信息技术研究和集成创新方面的实力和产业水平,因此数字媒体在世界各地均得到政府的高度重视,各主要国家和地区纷纷制定支持数字媒体发展的相关政策和发展规划。美、日等国家把大力推进数字媒体技术和产业作为经济持续发展的重要战略。

1)数字媒体产业形态

互联网和数字技术的快速发展正在颠覆传统媒体,使得人们获取信息、浏览信息,以及对信息反馈的方式都在发生巨大的变化。数字媒体新趋势将在未来几年内成为不容忽视的重大经济驱动力,目前主要呈现出几大发展趋势。数字媒体产业价值链的延伸,是在 3C(Computer、Communication、Consumptive Electronics,计算机、通信、消费电子)融合的基础上,传媒业、通信业和广电业相互渗透所形成的新的产业形态。

(1)内容创建

内容创建是数字媒体价值链过程中的第一个阶段。数字媒体对象的创建有多种手段,可以从非数字化的媒体对象中采集,如利用视频采集卡、音频采集卡、扫描仪等设备,可将电视信号、声音、图片等采集为数字媒体;可以从已有的数字媒体对象中截取,如应用视频编辑软件可以截取数字视频中的某些片段或数字声音中的某一部分;可以从某些数字媒体对象中分离,如将数字视频分解为静态的图片或单独的数字声音等。其创建形式一般是在存储介质中的各种格式的媒体文件。

（2）内容管理

在数字媒体价值链中，数字媒体的内容管理是一个非常重要的阶段，包括存储管理、查询管理、目录和索引等。在这个阶段，数字媒体携带的信息需要被格式化地表示出来，它的使用也将在管理阶段被规范。目前，对数字媒体的管理大都是各个应用程序中根据应用的需要单独设计、单独完成的。

（3）内容发行

信息发布环节的主要作用是将信息送到用户端。例如，对数字媒体对象的买卖交易、在线销售等。和管理阶段一样，目前对数字媒体的发布也是每个应用程序单独设计、单独完成的。

（4）应用开发

应用开发是将内容展现给用户的应用，包括音乐点播服务、视频点播服务、游戏服务等。将制作出来的数字媒体内容，经过一定的资源整合和优化配置，形成新的应用提供能力，并与数字媒体的运营平台合作，共同向客户提供服务。

（5）运营接入

运营接入是将数字媒体应用提供和传播给客户的运营平台和传输通道。采用一系列先进的网络技术手段，实施内容产品管理、带宽管理、网络使用的授权管理和安全认证服务等。

（6）价值链集成

价值链集成是指面向客户销售和交易数字媒体时，存在着最后对价值链的集成环节，以提供给最终客户更高性价比、内涵丰富的各种服务集成产品，为整个价值链创造更多价值。价值链的集成包括商务集成和技术集成。

（7）媒体应用

客户利用各种接收装置来获取数字媒体的内容，如 PC、STB 机顶盒、零售显示屏、无线网关、信息站和媒体网关等。数字媒体的最终使用者既是价值链的起点、价值链的归宿，也是价值链的源泉。

2）数字媒体产业方向

数字媒体产业链漫长，数字媒体所涉及的技术包罗万象。"十一五"期间，在科技部高新司的指导下，国家"863"计划软硬件技术主题专家组组织相关力量，深入研究了数字媒体技术和产业化发展的概念、内涵、体系架构，广泛调研了数字媒体国内外技术产业发展的现状与趋势，仔细分析了我国数字媒体技术产业化发展的瓶颈问题，提出了我国数字媒体技术"十一五"发展的战略、目标和方向，并将数字媒体产业划分为媒体内容制作、媒体内容存储、媒体内容传播、媒体内容利用（消费）和数字媒体技术支撑 5 个主要环节，并确定了包括 6 大类重点发展方向、AVS 的编码标准、内容制作的国家标准、数字版权的控制与保护、内容的消费体验等措施在内的数字媒体发展战略，以形成具有自主知识产权的数字媒体产业体系。

数字媒体内容产业将内容制作技术及平台、音视频内容搜索技术、数字版权保护技术、数字媒体人机交互与终端技术、数字媒体资源管理平台与服务和数字媒体产品交易平台与服务 6 个方向定义为发展重点。其中，前四个属于技术与平台类，后两个属于技术与服务类。

①内容制作技术及平台：应以高质量和高效率制作为导向，研究开发国际先进的数字媒体内容制作软件或功能插件。

②音视频内容搜索技术：海量数字内容检索技术使数字内容能够得到有效的制作、管理与

充分的利用。

③数字版权保护技术：为了保障数字媒体产业的持续、健康发展，必须采取一套有效的数字版权保护机制。这是数字媒体服务产业发展的核心问题之一。

④数字媒体人机交互与终端技术：如何将数字媒体用最好的体验手段展现给用户，是数字媒体产业最后能否得到市场接受的重要环节。

⑤数字媒体资源管理平台与服务：对纷繁复杂的海量数字内容素材、音视频作品及最终产品，需要建立基于内容描述的资源集成、存储、管理、数字保护、高效的多媒体内容检索与信息复用机制等服务。

⑥数字媒体产品交易平台与服务：在统一的数字媒体运营与监管标准和规范制约下，通过贯穿数字媒体产品制作、传播与消费全过程的版权受控形成自主创新的数字媒体交易与服务体系。

1.4.3　数字媒体产业发展趋势

目前，数字媒体产业在世界范围内已经成为极具活力、具有巨大发展潜力的产业，世界主要国家及地区在数字媒体内容产业方面作了详细规划部署，并取得较大进展。欧盟早在 1996 年就提出"信息 2000 计划"，以促进数字媒体内容和服务在教育、文化、信息等公共领域的发展。爱尔兰政府 2002 年制定《爱尔兰数字内容产业战略》；韩国文化观光部于 2001 年将内容产业定为国家策略发展的重点产业，目标是成为全球主要的数字内容生产国。

国家广电总局将 2004 年确定为"数字发展年"和"产业发展年"，明确指出数字化是广播影视发展的重要任务，是拓展各项业务的基础和前提，数字电视整体转换工作也相继展开。

2005 年 5 月 13 日，科技部发布了《关于同意组建"国家数字媒体技术产业化基地"的批复》，正式同意在北京、上海、成都、长沙组建"国家数字媒体技术产业化基地"。

2005 年 10 月，青岛成为我国第一个数字电视整体转换城市，数字电视用户达到 70 万户。国家广电总局在数字媒体领域基础设施和受众规模上所达到的能力，已经为发展数字媒体产业奠定了良好的发展基础。

在科技部高新司的指导下，《2005 中国数字媒体技术发展白皮书》于 2005 年 12 月 26 日正式发布。《2005 中国数字媒体技术发展白皮书》提出了我国数字媒体技术未来五年发展的战略、目标和方向。

2006 年 4 月 4 日，在上海"国家 863 数字媒体技术产业化基地"揭牌仪式上，科技部领导明确指出，在"十一五"期间，将进一步通过"863"计划和"现代服务业科技专项"加大对数字媒体技术及技术产业化的投入，把握数字媒体服务特性，通过关键技术、服务运营体系及组织管理的创新，实现我国数字媒体技术从支撑到引领的跨越。

在 2008 年开始的国际金融危机爆发之时，传统行业举步维艰，而数字媒体产业的发展却逆势而上，保持着良好的发展态势。2008 年，我国数字媒体产业产值达 9 000 亿元，2010 年更是达到 15 000 亿元，年复合增长率超过 50%。随着数字、网络技术的应用和消费需求的扩大，文化产业不断升级，数字媒体产业规模迅速扩大。到 2016 年，包括数字媒体产业在内的文化产业规模达到 25 000 亿元，年增长率约为 25%。在数字媒体产业化、信息网络快速发展及下游行业市场强劲需求的推动下，我国数字媒体技术开发及应用服务行业保持着快速增长态势。

2009 年 7 月 22 日，我国第一部文化产业专项规划——《文化产业振兴规划》由国务院常务会议审议通过,并将加快数字内容、文化创意等文化产业作为工作的重点,标志着包括数字内容产业的文化产业已经上升为国家的战略性产业。

国家高性能宽带信息网专项在"十五"期间从应用业务层次为 IPTV 类业务构建了完整的内容、传输、运营等平台和业务环境,在上海长宁区建设了包括 IPTV 在内的宽带业务示范区,进行了 20 000 户以上的运营试验,根据新的规划,在以后几年将用户数量增加到百万数量级。

1.5　数字媒体技术发展趋势

数字媒体产业是迅速发展起来的现代服务业,它以视频、音频和动画内容与信息服务为主体,研究数字内容处理的关键技术,实现数字内容的集成与分发,支持具有版权保护的、基于各类消费终端的多种消费模式,为公众提供综合、互动的数字内容服务。数字内容处理技术的研究方向包括可伸缩编/解码、音视频编/转码、条目标注、内容聚合、虚拟现实和版权保护等多项技术。对于图像、音视频检索,需要经过计算机处理、分析和解释后才能得到它们的语义信息,这是当前数字媒体检索的研究方向。针对这个问题,人们提出了基于内容的数字媒体检索方法,利用数字媒体自身的特征信息来表示其所包含的内容信息,从而完成对数字媒体信息的检索。数字媒体内容的传输应适应多种网络,融合更多服务,满足各类要求。数字媒体具有数据量大、交互性强、需求广泛等特性,要求内容能及时、准确地传输。典型的传输技术研究涉及内容分发网络、数字电视信道、IPTV 网络以及异构网络互通等。

1.5.1　数字媒体产业技术发展趋势

1) 高清晰度电视和数字电影

数字影视的发展趋势是高清晰度电视和数字电影。高清晰度电视和数字电影涉及的视频分辨率是普通标准清晰度电视的 6～12 倍,因此对节目编辑与制作设备要求极高,相应的设备成本也非常昂贵,其关键技术和系统也只有少数几家国外公司拥有,这成为我国发展数字高清晰度电视和数字电影内容产业的瓶颈之一。

影视节目制作一般包括 3 部分:一是三维动画制作及处理;二是后期合成与效果;三是非线性编辑。其中,三维动画制作及处理相对独立,依赖于计算机动画创作系统;合成系统和非线性编辑系统的界限并不明显,只是侧重点有所不同。国外的 Discreet、Avid、苹果等公司在节目制作领域具有传统优势,比较有代表性的三维动画制作软件包括 Softimage、Maya、3ds Max 等;后期合成软件包括 inferno、Flame、Shake、Combustion、After Effects 等;非线性编辑软件包括 Adobe Premiere、HD-DS、Final Cut Pro 等。由于软件水平的限制,国内公司在上述节目制作系统中的第一部分和第二部分的产品方面尚未涉足。自 20 世纪 90 年代末开始,以在字幕机开发方面积累的经验为起点,一些国内公司逐渐进入并占领了非线性编辑和字幕机市场,并涌现出像中科大洋、成都索贝、奥维讯、新奥特等一批企业。但是,国内公司的工作仅仅局限于标清领域,对核心技术的拥有程度仍处于比较低的层次,上述公司开发的非线性编辑系统最核心的硬件板卡和 SDK 软件系统均由国外公司提供。

2) 计算机动画

国内外对计算机动画的研究集中在三维人物行为模拟、三维场景的敏捷建模、各种动画特效和变形手法的模拟、快速的运动获取和运动合成、艺术绘制技法的模拟等,并已经发行了很多较为成熟的二维和三维动画软件系统,包括 Flash、Maya、3ds Max、Animo 系统、Softimage 等。目前,在计算机动画研究方面的主要发展方向除了继续研究计算机动画的关键技术和算法外,在软件系统上,二维动画和三维动画技术出现了一体化的无缝集成趋势,并力图支持计算机动画全过程。

目前,我国在计算机动画系统方面的研发整体上还比较薄弱。一些公司、高校和科研机构在卡通动画制作的某些环节上做了工作,较有代表性的软件如北京大学与中央电视台联合研制的点睛卡通动画制作系统、迪生公司开发的网络线拍系统;但在三维计算机动画方面的研究工作,包括动画特效模拟、人脸表情动画、计算机辅助动画自动生成、运动捕捉和运动合成等,仍停留在学术研究阶段,现在还没有具有自主知识产权的高水平三维计算机动画制作软件问世。

3)网络游戏

网络游戏作为数字内容的重要组成部分,近几年得到迅速发展,我国已经涌现出一大批游戏的创作、开发公司,它们已经开始从早期的对外加工、代理经营转入自主开发。对于网络游戏的开发与研究,国内外集中在 3D 游戏引擎、游戏角色与场景的实时绘制、网络游戏的动态负载平衡、人工智能、网络协同与接口等方面,并已开发出很多较为成熟的网络游戏引擎,如 EPIC 公司的 Unreal Ⅱ("虚幻"引擎)、ID 公司的 Quake Ⅲ引擎和 Monolith 公司的 LithTech 引擎等。目前,网络游戏技术除了继续朝着追求真实的效果外,主要朝着两个不同的方向发展:一是通过融入更多的叙事成分、角色扮演成分以及加强游戏的人工智能来提高游戏的可玩性;二是朝着大规模网络模式发展,进一步拓展到移动网和无线宽带网。

目前,游戏的开发工具及引擎严重依赖进口软件,而进口软件昂贵和缺乏灵活性制约了自主游戏软件的创作和开发。在游戏引擎技术方面,我国高校在 3D 建模、真实感绘制、角色动画、虚拟现实等方面已积累了丰富的研究经验,部分高校还开发完成了原型系统。国内一些公司也利用开放源码组织或者采用引擎改造的方法开发了一些原型系统,但目前这些原型系统尚停留在实验室阶段,市场上尚未出现自主知识产权的国产网络游戏集成开发环境。

4)网络出版

网络出版又称为互联网出版,是指具有合法出版资格的出版机构,以互联网为载体和流通渠道,出版并销售数字出版物的行为。目前,基于数字版权管理(Digital Rights Management,DRM)的电子图书系统在国内外都有了长足的发展。NetLibrary、Overdrive、Libwise 及 Microsoft 公司都是国外最著名的电子图书技术和服务提供商。这几家公司提供的电子图书都不约而同地采用了按"本"销售数字版权保护的方式。按"本"销售是电子图书产业界的一个趋势。

国内基于 DRM 的电子图书发展也非常迅速。与国际上电子图书的发展相比较,国内的基于 DRM 的电子图书的发展与国际基本同步。不过到目前为止,只有北大方正集团有限公司的方正 Apabi 电子图书 DRM 系统同时支持对个人和对图书馆进行按"本"销售。国内有少数公司也在做电子图书,由于没有突现完整的数字版权保护技术,没有得到出版社的认可,并且相当多的图书都未经出版社等版权拥有者的认可,因此有很大的版权隐患,这样的公司会对正规的网络出版造成极大的危害,并造成无法挽回的损失。

经过几年的发展,国内外的网络出版领域虽然形成了一些成熟的技术与运营模式(如按"本"销售的数字版权保护模式等),但该领域的技术还需不断发展和完善,包括以下 4 个方面。

（1）高质量电子图书制作的流程化和自动化

电子图书制作生产的流程化作业越来越成为一种趋势。电子图书制作的规范性越来越强，电子图书制作不仅包括电子图书全文内容的制作，还包括电子图书元数据的著录、元数据描述等。此外，在电子图书制作过程中，需要通过版式理解，自动提取电子图书的元数据、目录等信息，提高制作的自动化程度。

（2）电子图书的多样化表现形式

纸质图书无法以语音方式读出其中的内容，无法显示动态的影像，无法进行交互，而电子图书则没有这些限制。要进一步增强电子图书的表现形式，需要在文件格式、数据压缩，以及嵌入其他媒体技术、读者易用性操作等方面，进行深入的研究与开发。

（3）跨平台的阅读技术

现在，电子图书的阅读平台不再只局限于个人计算机。随着各种便携移动设备的硬件性能不断提高，基于移动设备阅读高质量的电子图书应运而生，移动设备因便携性而拥有广大用户，这必将促进网络出版产业的发展。移动阅读设备包括电子书专用阅读器、PDA（掌上电脑）、智能手机等。

（4）数字版权保护

随着移动阅读设备的增多，使阅读终端的硬件特征与运行环境越来越复杂，例如，部分移动设备的硬件更换、有些设备不能上网、有些设备没有稳定的时钟等，DRM 系统需要针对这些变化，提高可用性和安全性。

5）移动应用与 HTML5

以手机为主体的移动设备用户规模的不断增加，促进了移动应用技术的迅猛发展，各种移动应用层出不穷，已成为数字媒体产业中发展最迅速的领域之一。移动应用逐渐渗透到人们生活、工作的各个领域，改变着信息时代的社会生活，给用户带来了方便和丰富的体验。移动应用已成为当今主流与数字媒体技术的发展趋势。

目前，移动操作系统主要包括 Android、iOS、Windows Phone、BlackBerry OS 等。各应用软件相互独立，不同系统不能兼容，差异性大，造成多平台应用开发周期长，移植困难。而 HTML5 技术使跨平台移动应用的开发成为可能，开发者利用 Web 网页技术实现一次开发、多平台应用，促进了移动互联网应用产业链的快速发展。以 HTML5 为代表的网络应用技术标准已经开始形成，其作为下一代互联网的标准，是构建以及呈现互联网内容的一种语言方式，被认为是互联网的核心技术之一。HTML5 融合 HTML、CSS、JavaScript 等技术，提供更多可以有效增强网络应用功能的标准集，减少浏览器对插件的烦琐需求，以及丰富跨平台间网络应用的开发。HTML5 标准不仅涵盖 Web 应用领域，甚至扩展到一般的原始应用程序。HTML5 提供了一个很好的跨平台的软件应用架构，可以设计符合桌面计算机、平板电脑、智能电视和智能手机的应用。

1.5.2　数字内容处理技术

数字内容处理技术包括音视频编/解码、版权保护、内容虚拟呈现等多项技术，实现了数字内容的集成与分发，支持具有版权保护的、基于各类消费终端的多种消费模式，为公众提供综合、互动的内容服务。

1) 可伸缩编/解码技术

为了适应传输网络异构、传输带宽波动、噪声信道、显示终端不同、服务需求并发和服务质量要求多样等问题,以"在无须考虑网络结构和接入设备的情况下灵活使用或增值多媒体资源"为主要目标的可伸缩编/解码技术的研究应运而生。

从 2003 年起,国际 MPEG 组织的 SVC 小组开始致力于可伸缩视频编/解码技术的研究、评估以及相关标准的制定。2003 年 7 月,该小组对 9 个系统提案进行了专家级的主观测试比较,其中基于小波技术的系统提案就有 6 个,并且都实现了空间、时间及质量的完全可伸缩性,到 2006 年形成国际标准草案。此后,可伸缩视频编/解码体系的相关技术处于不断完善,推陈出新的创新时期。

2) 音视频编/解码技术

国际上音视频编/解码标准主要有两大系列:ISO/IEC JTC1 制订的 MPEG 系列标准;ITU针对多媒体通信制订的 H.26x 系列视频编码标准和 G.7 系列音频编码标准。

MPEG-2 标准主要用于高清电视和 VCD/DVD 领域,促进了数字媒体业务的迅猛发展。此后,MPEG 制订了一系列多媒体视音频压缩编码、传输、框架标准,包括 MPEG-4、H.264/AVC(由 ITU 与 MPEG 联合发布)、MPEG-7、MPEG-21。以 MPEG-4、H.264/AVC 为代表的新一代编码处理技术,提供了更高的压缩效率,综合考虑了互联网的带宽随机变化性、时延不确定性等因素,引入新的网络协议和技术,在 VOD 流媒体服务中有了飞跃发展,从而成为面向互联网多媒体业务应用的主流。

我国具有自主知识产权的 AVS 音视频编解码标准工作组所推出的视频技术,在 H.264/AVC 技术的基础上,形成简化复杂度和一定效率的算法工具集,目前在卫星直播和高清光盘应用中已进入试验阶段。

针对以上格式的解码技术,目前基本停留在学术研究阶段。全面、系统地实现 MPEG-2、MPEG-4、H.264/AVC 之间的解码还未进入实用阶段。研究用于音视频等主流数字媒体内容格式和编码的实用化的解码技术,为用户提供丰富多彩的节目源,并根据网络带宽变化和终端设备的处理能力提供最佳的视听服务,从而促进数字媒体服务业的良性发展。

3) 内容条目技术

国际上,为了方便广电行业各个单位之间的媒体资产交换,SMPTE 制订了完善的元数据模式(编目标准),称为 DCMI(Dublin Core Metadata Initiative,都柏林核心元数据倡议)。

元数据的分类和属性的标准化是非常重要的环节,英国广播公司(BBC)给自己的制作和后期制作步骤制订了一套元数据系统并命名为标准媒体交换格式(Standard Media Exchange Format,SMEF)。SMEF 元数据模型包含 142 个实体和 500 个属性用来描述实体。BBC 把SMEF 方案提交给 EBU 组织,作为欧洲地区的广播技术标准。

我国的电视节目编目主要是以国家标准为参考(如《广播电视节目资料分类法》等),采用多种标准并存模式。有以内容性质、专业领域、节目体裁、节目组合方式为标准的分类,也有以传播对象的职业、年龄和性别特征为标准的分类。例如,以内容为标准,分为新闻类节目、社教类节目、文艺性节目和服务性节目;以内容涉及的专业领域,分为经济节目、卫生节目、军事节目和体育节目;以节目体裁,分为消息、专题、访谈、晚会和竞赛节目等;以节目组合形式,分为单一型节目、综合型节目、杂志型节目等;甚至以传播对象的社会特征为标准,可将节目简单地划分为少儿节目、妇女节目和老年人节目,或者工人节目、农民节目等。国家主管部门也研究了全国广播电视系统多家电台、电视台、音像资料馆现行的音像编目标准,同时借鉴了国内外目前通行的节目分类编目法,本着实用性、简单性、灵活性、可扩展性的原则,将 DC 元数据概念引入对节目或素材的描述中,但由于兼容性等问题目前并没有得到广泛推广和应用。

随着数字媒体内容在网络环境中的广泛传播,各类不同类型、不同风格、不同粒度(素材/片段/样片/成品等)、不同格式的海量数字媒体内容冲击着传统的广电媒体传播途径,造成了媒体内容管理与检索的混乱与困境。研究基于精细粒度元数据表示的数字内容分类与编目索引体系,以适应各类不同类型的数字媒体内容的管理与检索,成为数字媒体内容管理的一项紧迫任务。

4)内容聚合技术

内容聚合以 Web 2.0 的 RSS 为代表,Web 2.0 的 RSS 内容聚合技术的主要功能是订阅博客和新闻。各博客网站和新闻网站对站点上的每个新内容生成一个摘要,并以 RSS 文件(RSS Feed)的方式发布。用户需要搜集自己感兴趣的各种 RSS Feed,利用软件工具阅读这些 RSS Feed 中的内容。Web 2.0 的 RSS 内容聚合技术的缺点是功能有限,目前主要支持文本内容的聚合,对推送的信息没有进行语义关联,并且没有利用用户的个性对推送的信息进行过滤。

个性化服务系统追踪用户的兴趣与行为,利用用户描述文件来刻画用户的特征,通过信息过滤实现主动向用户推荐信息的目的。系统要求用户注册一部分基本信息,并且隐式地收集用户信息。系统允许用户自主修改用户描述文件中的部分信息,还通过分析以隐式方式收集的用户信息自适应地修改用户描述文件。根据学习的信息源,用户跟踪的方法可分为两种:显式跟踪和隐式跟踪。显式跟踪是指系统要求用户对推荐的资源进行反馈和评价,从而达到学习的目的;隐式跟踪不要求用户提供任何信息,跟踪由系统自动完成。隐式跟踪又可分为行为跟踪和日志挖掘。

数字内容的聚合是通过对各类数字媒体内容深层主题信息的检测、挖掘与标注,并利用各类媒体主题语义关联链接,形成丰富的多媒体内容综合摘要,通过用户行为分析、内容过滤为用户定制和推送所关注的和感兴趣的与主题相关的丰富多彩的数字媒体内容信息服务,是未来数字网络互动娱乐服务社区的发展趋势。

目前,在文字、语音、视频内容识别与信息抽取、自动摘要等方面都有一些较为成熟的技术,但尚未完全形成数字内容聚合的概念。

5)数字版权保护技术

媒体内容产业的数字化为内容盗版与侵权使用带来了便利,版权问题正成为制约数字媒体内容产业发展的瓶颈之一。盗版问题需要依靠技术、行业协定及国家法规协同解决,而数字媒体版权保护与管理技术在"内容创建—内容分发—内容消费"整个价值链中实现数字化管理,同时为行业协定及国家法规的实施提供技术保障。

数字权利管理共性技术包括数字对象标识、权利描述语言和内容及权利许可的格式封装,这是数字权利管理系统互操作性的基础。数字版权管理(Digital Rights Management,DRM)技术已经发展到第二代。第一代 DRM 技术侧重于对内容加密,限制非法复制和传播,确保只有付费用户能够使用,第二代 DRM 技术在权限管理方面有了较大的拓展。除了加密、密钥管理以外,DRM 系统还包括授权策略定义和管理、授权协议管理、风险管理等功能。

目前,国家音视频标准的 DRM 工作组正结合国家音视频编码格式制订版权保护的共性技术标准。数字权利管理涉及安全领域的基础性技术包括媒体加密技术和媒体水印技术,针对具体的媒体对象可进行相应优化。媒体水印技术虽然尚未成熟,但已经投入商用,用于提供媒体认证及增值服务,特别是 P2P 内容分发技术,国外新近推出的产品纷纷采用脆弱性水印技术、识别非授权媒体及追踪盗版。我国一些高校在媒体加密和水印方面有一定的研究基础并拥有技术商业化的能力。

6)数字媒体隐藏技术

数字媒体资源是社会发展的重要战略资源之一。国际上围绕数字媒体资源的获取、使用和控制的竞争越演越烈,致使数字媒体安全问题成为世界性的问题。数字媒体资源是维护国家安全和社会稳定的一个焦点,以及亟待解决、影响国家大局和长远利益的重大关键问题。数字媒体安全主要包括数字媒体系统的安全和数字媒体内容的安全。由于密码加密方式存在容易被破解或密钥丢失等问题,数字媒体隐藏技术作为新兴的数字媒体安全技术受到人们越来越多的关注。

数字媒体隐藏是利用人类感觉器官的不敏感,以及多媒体数字信号本身存在的冗余,将秘密信息隐藏在一个宿主信号中,不被人的感知系统察觉或不被注意到,而且不影响宿主信号的感觉效果和使用价值。目前,数字媒体隐藏的研究和应用主要有隐写术(Steganography)和数字水印(Digital Watermarking)。

隐写术是隐蔽通信内容及其秘密通信存在事实的一门科学和技术。它与密码术分属于不同的学科,有着本质的区别:密码术是将信息的语义变为看不懂的乱码,攻击者得到乱码信息后,已经知道有秘密信息存在,只是不知道秘密信息的含义,没有密钥难以破译信息的内容。隐写术是将秘密信息本身的存在性隐藏起来,攻击者得到表面的掩护信息,但并不知道有秘密信息存在和秘密通信发生,因而降低了秘密信息被攻击和破译的可能性。

数字水印是将一些标识信息(即数字水印)直接嵌入数字载体中或通过修改特定区域的结构间接表示,且不影响原载体的使用价值,也不容易被探知和再次修改,但可以被生产方识别和辨认。通过这些隐藏在载体中的信息,可以达到确认内容创建者、购买者、传送隐秘信息或者判断载体是否被篡改等目的。数字水印是保护信息安全、实现防伪溯源、版权保护的有效办法,是信息隐藏技术研究领域的重要分支和研究方向。

数字水印与隐写术的不同在于数字水印中的载体信息是被保护的信息,它可以是任何一种数字媒体,如数字图像、声音、视频或电子文档。数字水印一般需要具有较强的健壮性。隐写术中的载体只是掩护信息,其中隐藏的信息才是真正重要的信息。

7)数字媒体取证技术

随着数字媒体技术的不断发展,功能强大的编辑、处理、合成软件随之出现,对数字媒体数据进行编辑、修改、合成等操作变得越来越简单,使得网络、电视、报纸、杂志等传播媒体上出现了大量具有真实感的计算机编辑、篡改、伪造或合成的多媒体数据。这些经过篡改、伪造的数据变得越来越逼真,以致在视觉和听觉上与真实的数据难以区分。一旦把这些伪造的数据用于司法取证、媒体报道、科学发现、金融、保险等方面,将对社会、经济、军事、政治、文化等造成非常严重的影响。数字媒体取证正是针对这些危害而提出的,主要用于对数字媒体数据的真实性、原始性、完整性和可靠性等进行验证,对维护社会的公平、公正、安全和稳定有着非常重要的战略意义。

数字媒体取证根据取证方式分为主动取证和被动取证。其中,主动取证包括数字媒体签名和水印技术,是利用数字媒体中的冗余信息随机地嵌入版权信息,通过判断签名和水印信息的完整性实现主动取证。被动取证是指在没有嵌入签名或水印的前提下,对数字媒体进行取证。尽管多数篡改、伪造的数字媒体不会引起人们听觉上的怀疑,但不可避免地会引起统计特征上的变化。数字媒体的被动取证是通过检测这些统计特性的变化来判断多媒体的真实性、原始性、完整性和可靠性。与主动取证相比,被动取证对数字媒体自身没有特殊要求,待取证、待检测的数字媒体往往未被事先嵌入签名或水印,也没有其他辅助信息可以利用,因此,被动取证是更具现实意义的取证方法,也是更具挑战的课题。数字媒体被动取证主要包括数字媒体篡改取证技术、数字媒体源识别技术和数字媒体隐写分析技术。

8)基于生物特征的身份认证技术

在当今社会中,人们的日常工作与生活都离不开身份识别与认证技术,而数字媒体技术以及网络技术的高速发展更是要求个人的身份信息能够具备数字化和隐性化的特性。如何在网络化环境中安全、高效、可靠地辨识个人身份,是保护信息安全所必须解决的首要问题之一。传统的身份认证方式主要是使用身份标识物(如各类证件、智能卡等标识卡片)和使用身份标识信息(密码和用户名等信息)。身份标识物极易遭伪造或者丢失,身份标识信息也很容易遭泄露或者遗忘。这些问题的产生原因都可归结于身份标识物或者标识信息都无法实现,以及使用者建立唯一关联性和不可分离性。而基于生物特征的身份认证技术,是利用人类固有的生理特征(如指纹、掌纹、人脸、虹膜、静脉等)和行为特征(如步态、声音等)来进行个人身份认证。与传统身份认证技术相比,生物特征具有唯一性、不可否认性、不易伪造、无须记忆、方便使用等优点。基于生物特征的身份认证在一定程度上解决了传统的身份认证中所出现的问题,并逐渐成为目前身份认证的主要手段。

9)大数据技术

现在的社会是一个信息化和数字化的社会,互联网、物联网和云计算技术的迅猛发展,使得数据充斥着整个世界,与此同时,数据也成为一种新的自然资源,亟待人们对其加以合理、高效、充分地利用,使之能够给人们的生活、工作带来更大的效益和价值。随着数据的数量以指数形式递增,以及数据的结构越来越趋于复杂化,赋予了大数据不同于以往普通数据更加深层的内涵。

对于大数据的概念目前来说并没有一个明确的定义。维基百科将大数据定义为:所涉及的资料量规模巨大到无法透过目前主流软件工具,在合理的时间内达到撷取、管理、处理,并整理成为帮助企业经营决策更积极的资讯。互联网数据中心将大数据定义为:为更经济地从高频率的、大容量的、不同结构和类型的数据中获取价值而设计的新一代架构和技术。人们对大数据存在一个普遍的共识,即大数据的关键是在种类繁多、数量庞大的数据中,快速获取信息。从数据到大数据,不仅仅是数量上的差别,更是数据质量的提升。传统意义上的数据处理方式包括数据挖掘、数据仓库和联机分析处理等;而在大数据时代,数据已经不仅仅是需要分析处理的内容,更重要的是人们需要借助专用的思想和手段从大量看似杂乱、繁复的数据中,收集、整理和分析数据足迹,以支撑社会生活的预测、规划和商业领域的决策支持等。

大数据处理的流程主要包含数据采集、数据处理与集成、数据分析、数据解释 4 个重要步骤。大数据的关键技术有云计算、MapReduce、分布式文件系统、分布式并行数据库、大数据可视化和大数据挖掘。

1.5.3　基于内容的媒体检索技术

随着计算机技术及网络通信技术的发展,多媒体数据库的规模迅速扩大,文本、数字、图形、图像、音频和视频等各种海量的多媒体信息检索变得十分重要。图像检索和音视频检索需要经过计算机处理、分析和解释后才能得到它们的语义信息,这是当前多媒体检索正在努力的方向。针对这一问题,人们提出了基于内容的多媒体检索方法,利用多媒体自身的特征信息,如图像的颜色、纹理、形状,视频的镜头、场景等来表示多媒体所包含的内容信息,从而完成对多媒体信息的检索。

1)数字媒体内容搜索技术

搜索引擎是目前最重要的网络信息检索工具,市场上已有许多相对成熟的搜索引擎产品。但目前的搜索引擎普遍在用户界面、搜索效果、处理效率等方面仍存在不足,经常将信息量庞大与用户兴趣不相关的文档提交给用户。造成这种现象的原因有两种:一是用户所提交的关键词意义不够精确;二是搜索引擎对文档过滤能力有限。

近年来,搜索引擎在研究和应用领域出现了很多新的研究思想和技术,如 P2P 搜索理念、信息检索 Agent、后控词表技术、数字媒体搜索引擎等。其中,数字媒体搜索引擎的目的是使用户能够像查询文字信息那样方便、快捷地对数字媒体信息进行搜索和查询,找出自己感兴趣的数字媒体内容进行播放和浏览。为了达到这一目标,必须将现有的多媒体信息重新进行组织,使之成为便于搜索、易于交互的数据。目前,根据数字媒体类型的不同,搜索引擎可分为图像搜索引擎、音视频搜索引擎、音频搜索引擎。对于每类搜索引擎而言,根据搜索方式的不同可分为文本方式和内容方式。基于内容的数字媒体搜索具有以下特点:

①从数字媒体内容中获取信息,直接对图像、视频、音频内容进行分析,抽取其特征和语义,利用这些内容建立特征索引,从而进行数字媒体搜索。

②基于内容的数字媒体搜索不是采用传统的点查询和范围查询,而是进行相似度匹配。

③基于内容的数字媒体搜索实质是对大型数据库的快速搜索。数字媒体数据库不仅数据量巨大,而且种类和数量繁多,所以必须能够实现对大型数据库的快速搜索。

与较为成熟的文本内容搜索相比,数字媒体内容搜索目前仍处于技术发展和完善阶段,国际和国内都有一些实用的系统和引擎推出。在此基础上,多种检索方法融合的综合检索和基于深层语义信息关联的检索策略将是其发展方向。

2)基于内容的图像检索

目前,基于内容的图像检索的研究主要集中在特征层次上,可在低层视觉特征和高层语义特征两个层次上进行。其中,基于低层视觉特征的图像检索是利用可以直接从图像中获得的客观视觉特征,通过数字图像处理和计算机视觉技术得到图像的内容特征,如颜色、纹理、形状等,进而判断图像之间的相似性;而图像检索的相似性则采用模式识别技术来实现特征的匹配,支持基于样例的检索、基于草图的检索或者随机浏览等多种检索方式。利用高层的语义信息进行图像检索是研究和发展的热点。

3)基于内容的音频检索

所谓基于内容的音频检索,是指通过音频特征分析,对不同的音频数据赋予不同的语义,使具有相同语义的音频信息在听觉上保持相似。基于内容的音频检索是一个较新的研究方向。由于原始音频数据除了含有采样频率、编码方法、精度等有限的描述信息外,本身只是一种非结构化的二进制流,缺乏内容语义的描述和结构化的组织,因此音频检索受到极大的限制。相对于日益成熟的基于内容的图像与视频检索,音频检索相对滞后,但它在新闻节目检索、远程教学、环境监测、卫生医疗、数字图书馆等领域中具有很高的应用价值,这些应用的需求推动着基于内容的音频检索技术的研究工作不断深入。由于基于内容的音频检索有着广泛的应用前景和市场前景,因此引起了国际标准化组织的关注。随着数字媒体内容描述的国际标准化,音频内容的描述也将随之标准化,音频内容描述及查询语言将成为研究的热点,基于内容的音频检索将朝着商业化方向迈进。

4)基于内容的视频检索

近年来,视频处理和检索领域的研究方向主要针对以下3个主要问题。

①视频分割:从时间上确定视频的结构,对视频进行不同层次的分割,如镜头分割、场景分割、新闻故事分割等。

②高层语义特征提取:对分割出的视频镜头,提取高层语义特征。这些高层语义特征用于刻画视频镜头以及建立视频镜头的索引。

③视频检索:在事先建立好索引的基础上,在视频中检索满足用户需求的视频镜头。用户的需求通常由文字描述和样例(图像样例、视频样例、音频样例)组合构成。

对视频信息进行处理,需要将视频按照不同的层次分割成若干个独立的单元,这是对视频进行浏览和检索的基础。视频分割必须考虑视频之间在语义上的相似程度。已有的场景分割算法考虑了结合音频信息来寻找场景的边界。

早期的视频索引和检索主要是针对颜色、纹理、运动等一些底层的图像特征进行的,随着用户需求的不断升级和技术本身的发展,基于内容的视频索引和检索研究关注不同视频单元的高层语义特征,并用这些语义特征对视频单元建立索引。SofiaTsekeridou通过语音获得说话人方面的信息,结合其他图像方面的特征,可以建立诸如语音、静音、人脸镜头、正在说话的人脸镜头等语义的索引。对一些更加复杂的语义概念,可以定义一些模型来组合从不同信息源得到的信息。另外,也有很多方法利用从压缩域上得到的音频和图像特征进行索引和检索,以提高建立索引的速度。

在视频检索中可以利用的音频处理技术包括:用于查找特定人的说话人识别和聚类、用于查找特定人的说话人性别检测、语音文本检索和过滤、用于分析和匹配查询中的音频样例的音频相似度比较等。如果事先不对音频建立索引,也可以在检索过程中直接利用音频特征比较检索样例与待检索视频之间的相似性,从而实现基于内容的视频检索。

1.6 数字媒体传输技术

1.6.1 内容集成分发技术

数字媒体内容集成分发技术是随着数字媒体内容的发展而提出的。从技术发展上看,数字媒体内容的发展趋势适应多种网络,融合更多服务,满足各类要求。目前,在数字媒体内容集成分发领域,全球仍处于发展阶段,相关体系与标准尚未健全,世界各主要国家均根据自身的特点在关键技术的研究应用、产品与服务的体系建设方面进行研究。

CDN通常被称为内容分发网络(Content Distribution Network),有时也称为内容传递网络(Content Delivery Network)。分发和传递可以看成CDN的两个阶段:一方面,分发是内容从源分布到CDN边界节点的过程,传递是用户通过CDN获取内容的过程;另一方面,分发和传递可以看成CDN的两种不同的实现方式,分发强调CDN作为透明的内容承载平台,传递强调CDN作为内容的提供和服务平台。

一个 CDN 网络通常由 3 部分构成:内容管理系统、内容路由系统和 Cache 节点网络。其中,内容管理系统主要负责整个 CDN 系统的管理,特别是内容管理,如内容的注入和发布、内容的分发、内容的审核、内容的服务等;内容路由系统负责将用户的请求调度到适当的设备上,内容路由通常通过负载均衡系统来实现;Cache 节点网络是 CDN 的业务提供点,是面向最终用户的内容提供设备。从功能平面的角度看,这 3 部分分别构成了 CDN 的管理平面、控制平面和数据平面。此外,从完整的 CDN 内容提供的角度看,CDN 网络还包括内容源和用户终端。

在宽带流媒体业务的驱动下,CDN 目前正处于高速发展的时期。但长期以来,CDN 缺乏统一的技术标准。这给 CDN 的大规模应用造成很大的障碍。近年来,CDN 的标准化工作得到了高度重视,各个标准化组织都展开了相关的研究。但 CDN 的标准化工作还是落后于产品的研发,CDN 的标准化工作还有很长的路要走。

传统的内容分发平台建立在客户/服务器模式的基础上,系统伸缩性差,服务器常常成为系统的瓶颈,而最近兴起的 P2P 技术在充分利用计算资源、提高系统伸缩性等方面具有巨大的潜力。利用 P2P 数据共享机制,有助于改进 CDN 分发效率,基于 P2P 的内容分发平台的研究正在成为一个备受关注的问题。P2P 流媒体传输系统根据其源节点提供数据的形式可分为两种:单源的 P2P 流媒体传输和多源的 P2P 流媒体传输。P2P 流媒体的关键技术涉及媒体文件定位机制、QoS 控制机制和激励机制等。此外,CDN 目前存在的一个亟待解决的问题是安全问题,采用 SSL 协议在 CDN 节点之间传输数据是大势所趋。对于 CDN 而言,所面临的最大挑战是提供安全的和具有高 QoS 保障的内容分发。

目前,CDN 技术已经比较成熟,市场上有许多厂商提供 CDN 设备和集成的解决方案。CDN 的运营商主要分为两类:一类是传统的网络运营商建设 CDN 并运营,如 AT&-T、德国电信、中国电信和中国网通;另一类是纯粹的 CDN 运营商,如国外的 Akamai 和国内的 China-Cache。

1.6.2　数字电视信道传输技术

目前,美国、欧洲和日本各自形成 3 种不同的数字电视标准,分别为 ATSC、DVB 和 ISDB,从这 3 种数字电视标准的成员数量及分布情况来看,DVB 标准的发展最快,普及范围最广。

3 种数字电视标准在信源编码方面都采用 MPEG-2 标准,在信道方面则各具特色。

1)ATSC 标准

地面数字电视广播,采用 Zenith 公司开发的 8VSB,此系统可通过 6 MHz 的地面广播频道实现 19.3 Mb/s 的传输速率;有线数字电视广播,采用高数据率的 16VSB,可在 6 MHz 的有线信道中实现 38.6 Mb/s 的传输速率。

2)DVB 标准

主要的 DVB 标准包括数字卫星广播标准 DVB-S、数字有线广播标准 DVB-C 和数字地面广播标准 DVB-T。DVB-S 标准采用 QPSK 调制方式,一个 54 MHz 转发器传送速率可达 68 Mb/s。标准公布之后,几乎所有的卫星直播数字电视均采用该标准,包括美国的 Echostar 等,我国也选用了 DVB-S 标准;DVB-C 标准以有线电视网作为传输介质,调制选用 16QAM、32QAM、64QAM 3 种方式,采用 64QAM 正交调幅调制时,8 MHz 带宽可传送码率为 41.34 Mb/s,2001 年国家广电总局已颁布的行业标准《有线数字电视广播信道编码和调制规范》等同于 DVB-C 标准;DVB-T 标准采用 OFDM(Orthogonal Frequency Division Multiplexing,编码正交频分复用)调制,8 MHz 带宽内能传送 4 套电视节目。

3)ISDB 标准

ISDB(Integrated Service Digital Broadcasting,综合业务数字广播)是日本的 DIBEG(Digital Broadcasting Experts Group,数字广播专家组)制订的数字广播系统标准,它是利用一种已经标准化的复用方案在一个普通的传输信道上发送各种不同种类的信号,同时已经复用的信号也可以通过各种不同的传输信道发送出去。ISDB 具有柔软性、扩展性、共通性等特点,可以灵活地集成和发送多节目的电视和其他数据业务。

1.6.3　异构网络互通技术

我国目前以及未来的一段时间内,IPTV、数字电视、移动媒体 3 种网络将是并存的态势。如何充分利用好各部分的资源,实现有效的互通共用、资源共享,通过转码技术来做到这一点是当前研究中的一个热点和难点。

数字电视的一种技术方案是采用 MPEG-2,虽然技术相对较老,但其技术成熟、设备解决方案非常完整,节目素材也很多。另外,以应用到数字电视和高清电视为初衷的 AVS 也是数字电视的一个选择。数字电视以广播的方式传播。利用转码技术把质量较高的 MPEG-2/AVS 节目转码到 H.264、AVS、VC-I 形式,可以为 IPTV 和移动视频网络提供较高质量的节目源。

未来双向电视网改造基本完成之后,在数字电视网中开展点播业务也成为一种可能,因此 IPTV 与 DTV 之间实现双向互通成为一种可能。

在移动网络中传播视频采用的压缩技术标准包括 H.264 和 AVS。这些标准支持移动传输中包的封装,更加友好地面向网络传输。在移动多媒体应用中,网络的带宽和终端设备的计算能力、显示分辨率是限制移动应用的关键因素。如何保证用户在有限的带宽、移动设备能力的条件下获得更好的数字媒体服务是移动媒体内容提供商最为关注的问题,也是转码研究的一个重要方面。在解决了这方面的问题之后才有可能实现数字电视、IPTV 到移动多媒体的互联互通。此时,根据终端用户所需要的视频内容和网络资源占用情况,综合进行降帧率、降码率、降分辨率转码,使用户得到最大的视频欣赏效果。

针对异构网络、异类终端及不同传输需求问题,现有的数字媒体内容传播与消费过程中的共享和互通技术主要可分为以下两大类。

①兼容已有音视频压缩标准的转码技术。转码技术在数字媒体压缩标准传输链路中增加额外处理环节,使码流能够适应异构传输网络和异类终端。它主要着眼于现有编码码流之间的转换处理。转码技术分为异布转码和同步转码。异步转码是指在同一压缩标准的编码码流之间的转码技术,同布转码是指不同压缩标准的编码码流之间的转码技术。

②面向下一代媒体编/解码标准的可伸缩编/解码技术。为了适应传输网络异构、传输带宽波动、噪声信道、显示终端不同、服务需求并发和服务质量要求多样等问题,以"异构网络无缝接入"为主要目标的可伸缩编/解码技术的研究应运而生。

第2章

信息技术与课程整合的基础理论

2.1 信息技术与教育信息化

信息技术是最活跃、发展最迅速、影响最广泛的科学技术领域之一。信息技术的飞速发展已对整个社会的经济与生活产生了巨大的影响,已渗透到社会生活的每一个角落,不仅改变着我们的生活方式,也改变着人们的教育和学习方式。

2.1.1 信息技术的内涵与现代信息技术

1) 信息技术的内涵

在人类发展的初始阶段,既没有技术也没有科学。科学技术是人类在认识与了解自然的过程中,为了增强自己的力量、赢得更多更好的生存机会而产生并发展起来的。科学技术的天职就是辅助人类,具体地说,科学技术是通过加强或延长人的某种器官的功能来辅助人类的。通常将人的信息器官分为感觉器官、传导神经、思维器官和效应器官4类,这4类信息器官的主要功能分别为获取信息、传递信息、加工和再生信息、施用信息。就技术的本质而言,信息技术是指能够扩展人的信息器官功能的一类技术。具体而言,信息技术被定义为能够完成信息的获取、传递、加工、再生和施用等功能的一类技术,也被定义为感测、通信、计算机和智能以及控制等技术的整体。

从以上信息技术的定义中可以了解信息技术的4项基本内容,即信息技术的"四基元":

感测技术:感觉器官功能的延长。感测技术既包括传感技术和测量技术,也包括遥感、遥测技术等,它使人们能更好地从外部世界获得各种有用的信息。

通信技术:传导神经网络功能的延长。它的作用是传递、交换和分配信息,消除或克服空间上的限制,使人们能更有效地利用信息资源。

计算机和智能技术:思维器官功能的延长。计算机技术(包括硬件技术和软件技术)和人工智能技术,使人们能更好地加工和再生信息。

控制技术:效应器官功能的延长。控制技术的作用是根据输入的指令(决策信息)对外部事物的运动状态实施干预,即信息施效。

信息技术"四基元"的关系构成了一个有机的整体,它们和谐地合作,共同完成扩展人的智力功能的任务。它们之间的关系如图 2.1 所示。

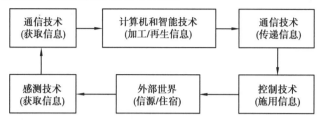

图 2.1　信息技术"四基元"及其功能系统

由图 2.1 可知,信息技术的功能和人的信息器官的功能是一致的,只是在功能水平或性能上各有千秋。通信技术和计算机与智能技术处于整个信息技术的核心位置,感测技术和控制技术则是核心与外部世界之间的接口。没有通信技术、计算机与智能技术,信息技术就失去了基本的意义;没有感测技术和控制技术,信息技术就失去了基本的作用:一方面没有信息的来源,另一方面也失去了信息的归宿。因此,信息技术的"四基元"既是一个完整的体系,也是信息技术的内部结构。

信息技术体系包括 4 个基本层次:应用技术层次、主体技术层次、支撑技术层次、基础技术层次。这 4 个层次之间的关系如图 2.2 所示。如果把信息技术的整个体系比喻为一棵参天大树,那么它的基础技术层次就是大树扎根的土壤;它的支撑技术层次是大树发达的根系;它的主体技术层次是大树强劲的躯干;而它的应用技术层次则是大树的枝叶和花果。肥沃的土壤、发达的根系、粗壮的躯干,这一切都是造就繁茂枝叶和丰满花果的必要条件。

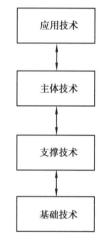

信息技术的基础技术主要是指新材料和新能量技术(不仅是新能源技术,还是新能量转换和能量控制技术等)。信息技术(特别是现代信息技术)的支撑技术主要是指机械技术、电子与微电子技术、激光技术和生物技术等。信息技术的主体技术就是它的"四基元",即感测技术、通信技术、计算机与

图 2.2　信息技术体系的层次关系

智能技术和控制技术。信息技术的应用技术由"四基元"衍生而来,是针对使用目的丰富多彩的具体技术群类,包括信息技术在工业、农业、国防、交通运输、科学研究、文化教育、商业贸易、医疗卫生、体育运动、文学艺术、行政管理、社会服务、家庭劳作等各个领域中的应用。这样广泛普遍的实际应用,体现了信息技术强大的生命力和渗透力,体现了它与人类社会各个领域密切牢固的联系。

信息技术体系的层次划分只是相对的。例如,主体技术与应用技术层次之间就不存在截然的界线,计算机既是主体技术本身,又是应用技术。又如,虽然主体技术与支撑技术之间有着原则上的区别,主体技术一般是系统技术直接扩展人的信息器官的功能,支撑技术一般是标准部件或元器件的制造技术,不能单独完成扩展人的信息器官功能的任务。但是,如果制造技术不断发展,以至于直接制造出一个完整的信息系统,而不只是标准的通用元器件,那么这种制造技术就属于主体技术的范畴了,其产品本身就可直接扩展为人的某种信息器官的功能。

2）现代信息技术

现代信息技术是一门综合性很强的技术,它以通信、电子、计算机、自动化和光电等技术为基础,是产生、存储、转换和加工图像、文字、声音及数字信息的现代高科技技术的总称。

（1）计算机技术——现代信息技术的核心

第二次世界大战促进了信息技术的长足发展。1946年,世界上第一台电子计算机ENIAC诞生了。自此之后,计算机技术的发展日新月异,它的应用激发了信息技术的巨大潜能。在人类信息技术的漫长发展历史中,尽管信息传输（传递）、信息储存技术无时无刻不在发生变化和进步,然而,信息处理一直是在人的直接参与下,或者说是完全由人脑来完成的。计算机的出现彻底改变了这一状况,如今,借助计算机,人类可完全脱离人脑来有效地加工处理信息。计算机技术是现代信息革命的先导,也是现代信息技术的核心。

（2）计算机技术与通信技术的结合——现代信息技术的革命

20世纪60年代,随着人类社会经济的发展、人类信息活动的强度和范围急剧增大、社会的信息量迅速膨胀,社会信息量的急剧增加,对信息技术的发展提出了新的要求。20世纪60年代以后,新型电子计算机出现,通信技术和计算机技术迅速结合,极大地提高了人类信息传递、储存的质量和速度,而且实现了信息的传递、储存、加工处理以及利用的一体化和自动化,产生了人类历史上的又一次信息革命。人类进入了一个崭新的社会——信息社会和一个崭新的时代——信息时代。信息第一次真正成为社会的重要资源,信息技术也第一次真正成为社会发展的动力。

（3）信息高速公路——现代信息技术的杰作

1993年9月,美国政府推出了一项引人瞩目的高科技系统工程——国家信息基础设施（National Information Infrastructure,NII）,俗称信息高速公路（Information Superhighway）的计划,实质上就是高速信息电子网络。这项跨世纪的高科技信息基础工程的目标是使用光纤和相应的软、硬件及网络技术把所有的企业、机关、学校、医院、图书馆以及普通家庭连接起来,使人们拥有最好的信息环境,做到无论何时、何地都能以最好的方式（图、文、声、像、数并茂）与自己想要联系的对象进行交流。

通过上述对信息技术的内涵及现代信息技术的发展的分析,我们不难发现,信息技术已经渗透到了人们的工作、生活、学习中,对整个社会的经济与生活产生了巨大的影响。那么信息技术的发展将给教育带来什么样的变化呢?

2.1.2　信息技术与教育变革

从系统论的角度来看,每个系统都是更大系统中的一个子系统,当这个大系统或外在系统、超系统或上位系统发生重大变化时,置身其中的子系统本身也同样发生着变化,由此该系统才能得以延续。如果把教育看成一个系统,那么,实施这种教育的社会就是这个系统的外在系统,也可以说教育是社会的一个子系统。

当今人类社会已从工业时代步入信息时代,现代信息技术已渗透到人们的生活、工作中,信息、知识成为社会中的基本资源。因此,对信息的获取、分析、加工、利用的知识与能力成为信息社会每个公民必须具备的一种基本素质。一方面,信息时代的知识经济对人才培养提出了前所未有的新需求——必须使受教育者具有创新意识、创新思维与创新能力;另一方面,信息时代伴随知识经济的发展,信息量空前膨胀和频繁更新也将对传统教育提出新的挑战。总之,当前人类社会日新月异的发展,客观上要求我们的教育必须变革,以适应信息时代、知识经济以及学习化社会对人才培养的新需求。

1)信息时代对教育提出新的挑战

(1)信息时代要求学习者具有良好的信息素养

随着信息时代的来临,信息素养(Information Literacy)作为一个新的概念,正在引起世界各国越来越广泛的重视,并作为信息时代人才的一种必备的知识与能力,成为评价人才综合素质的一项重要指标。为了适应科学技术高速发展及经济全球化的挑战,发达国家已经开始把注意力放在培养学生一系列新的能力上,特别要求学生具备迅速地筛选和获取信息、准确地鉴别信息的真伪、创造性地加工和处理信息的能力,并把学生掌握和运用信息技术的能力作为与读、写、算一样重要的终生有用的基础能力;在知识经济时代,信息素养已成为科学素养的一项重要内容。

信息素养的概念是从图书检索技能演变发展而来的。1974 年,美国信息产业协会主席保罗·车可斯基最早提出了信息素养这个术语,他将信息素养定义为"人们在解决问题时利用信息的技术和技能"。计算机和网络的飞速发展,使得传统图书检索技能能够同当代信息技术结合,成为信息时代每个公民必须具备的基本素养,并引起世界各国教育界的高度重视。1998 年,美国图书馆协会和美国教育传播与技术协会制订了有关学生学习的 9 大素养标准,这一标准从信息技能、独立学习和社会责任 3 个方面进行了表述,进一步扩展与丰富了信息素养的内涵和外延——信息素养不仅是以往图书情报检索技能加上计算机操作技能,这些都还属于低级认知技能,而是综合运用以上技能所形成的关于信息问题的解决能力。

根据目前国内外大多数教育技术专家和计算机教育专家的意见,信息素养应包括信息意识、信息技术知识与能力、信息道德 3 个方面。

信息意识是指能认识到信息与信息技术的重要性,对于信息有一定的敏感性和辨析力,并具有在各个领域、各个部门和各项工作中运用信息技术的主动要求和意愿。

信息技术知识与能力是指与"信息获取、分析、加工、利用"等有关的基础知识和实际能力。信息获取包括信息发现、信息采集与信息优选;信息分析包括信息分类、信息综合、信息查错与信息评价;信息加工则包括信息的排序与检索、信息的组织与表达、信息的存储与变换以及信息的控制与传输等;信息利用则包括如何有效地利用信息来解决学习、工作和生活中的各种问题(例如,能不断地自我更新知识、能用新信息提出解决问题的新方案、能适应网络时代的新生活等)。这种与信息获取、分析、加工、利用有关的知识可简称为信息技术基础知识,相应的能力可简称为信息能力。这种知识与能力既是信息素养水平高低的主要体现,又是信息社会对新型人才培养所提出的基本要求。狭义地说,信息素养也可理解为信息技术知识与能力。

信息道德是指在信息社会中生存所必需的有关信息的道德、法律观念与社会责任。

(2)知识经济的形成与发展要求学习者具有较强的创新精神

21 世纪是信息时代,同时也是知识经济时代。知识经济是科技高度发展的产物,是以知识创新为基础、以智力资源为依托、以高科技产业为支柱的后工业经济。知识成为经济发展的基础,成为经济增长的驱动力;拥有先进技术和最新知识,尤其是具有知识创新能力的人成为决定性的生产要素,成为一个国家重要的战略资源。因此,创新已成为世界各国教育改革的焦点和核心。国际21世纪教育委员会向联合国教科文组织提交的报告《教育——财富蕴藏其中》认为："必须给教育确定新的目标……教育的任务是毫不例外地使所有人的创造才能和创造潜力都能结出丰硕的果实……这一目标比其他所有的目标都重要。"

（3）学习化社会要求学习者具有终身学习的能力

随着信息时代科学技术革命的飞速发展，新兴科技大量涌现，知识量急剧膨胀，知识更新过程空前加快，出现了"知识爆炸"现象。据联合国教科文组织的统计，人类近30年来所积累的科学知识占有史以来积累的科学知识总量的90%，而在此之前的几千年中所积累的科学知识只占10%。英国技术预测专家詹姆斯·马丁的测算结果也表明了同样的趋势：人类的知识在19世纪是每50年翻一番，20世纪初是每10年翻一番，70年代是每5年翻一番，而近10年大约是每3年就翻一番。可见，走向信息化后的人类社会，将迅速创造出大量的新知识。

随着知识更新周期的缩短，社会经济中知识含量的不断增加，学习者所面对的生活环境更加复杂多变，这就向学习者提出了更高的学习要求：进行更有效率的学习，进行更高水平的学习，进行更为广泛而持久的学习乃至终身学习。要求学习者应具有不断地自主获取知识、更新知识和生成知识的能力；要真正学会学习。只有这样，才能适应飞速发展的社会需要。

综上所述，为了能适应信息时代知识经济的发展，为了能应付21世纪面临的各种挑战，信息社会所需要的人才应是具有高度的创新能力、较强的信息素养和终身学习能力的新型人才。社会对培养人才的教育提出了新的挑战，也进而对支持人才培养的教育制度和课程体系提出了新的要求。

2）信息技术对课程改革的影响

教育制度的革新首先会受到课程体系发展的制约。从社会学的角度看，课程的目的之一是要保持和继承人类文化遗产，同时也要发展人类文明。课程在任何一种教育制度中都居于中心地位，这是因为课程体系涉及教学内容和教学安排，而教育目标必须依靠一定的教学内容来体现；教学方法、教学组织形式都是由教学内容决定并为其服务的；教学的质量、水平和评价的标准，也主要看教学内容实现得怎样。纵观不同时期的教学改革，课程问题始终是关注的中心。

决定课程体系的关键因素是知识、社会要求、社会条件和学生特点。

知识是指一定时期内国际范围科学知识的总量，即人类积累的历史经验和科学技术的总和。课程要解决的第一个问题，就是要从这些知识总量中选择哪些内容——这是影响课程的最基本前提。

社会要求是指社会生产活动对人的素质所提出的要求，这种要求是人们从知识库中进行不同选择的依据，从而形成特定的课程。可以说，社会要求是影响课程的决定性因素。

社会条件是指社会科学技术及物质生产水平的总称，为课程设计与实施提供了物质与技术保障，它是决定课程的物质形态基础。

学生特点是指学生的认知特点、知识水平、学习动机等诸多因素。在同样的知识总量、同样的社会条件下，学生特点的不同也会带来课程的不同，例如，对擅长文艺和擅长逻辑推理的两种学生应开设不同的学科课程。

现代信息技术的飞速发展，对上述决定课程体系的4个关键因素产生了冲击性影响。

信息时代的知识爆炸，要求课程从以传授知识为主转变为培养学习能力与应用能力为主。

信息时代由于知识的急剧增长,一方面,有大量的新知识需要加入课程体系中;另一方面,社会对课程内容过多过难、学生负担过重等批评越来越严厉。课程实施的时间是有限的,我们不可能无限延长学习者的学习时间;但近代科学技术的飞速发展,知识量的急剧增加,这又是课程研究者所不能忽视的。有研究机构提出了"教育四大支柱"的新构想,认为要适应未来生活的发展,教育必须围绕"学会认知、学会做事、学会共同生活、学会生存"这 4 种基本学习能力来重新设计、重新组织。"教育四大支柱"首先强调的是学会认知,而且对认知的含义作出了全新的解释。对于认知强调的是,要让学生掌握认知的手段和方法,即学会自己去发现知识、自己去获取和更新知识,而不是学习知识本身。因为若是像传统教育那样,只强调知识本身的学习和掌握,学到的知识大部分会很快过时,无法适应社会发展的需要;只有让学生学会认知,即学会学习方法,才能在进入社会以后,能够自我更新知识结构,通过自学继续学到工作所需的各种新知识和新技能。

"教育四大支柱"中的认知观对课程发展具有重大启示作用,课程主要目标要从传授知识转向教会学习的技能与方法。当然,学习技能要在学习知识的过程中获得,课程不可能不传授知识,但当代课程要转到传授知识和传授学习技能并重的模式上来。课程应在传授一些基础性知识的同时,注重创新性和适应性能力的培养。对于受教育者来说,最重要的是学会学习,具备进行终身学习的动机和终身学习的能力,也就是具备自我更新知识结构的能力。我们应彻底抛弃那种认为大脑只是储存知识的仓库,教学就是用知识去填充仓库,课程是填充仓库的材料,学习就是记忆知识,知识记忆得越多就越有学问的陈旧观念。

信息技术对人类社会的深刻影响,要求把信息素养作为信息社会的文化基础。

如上所述,为了适应信息时代的社会形态变革和知识经济发展的全新要求,信息社会所需要的新型人才必须具备信息素养,特别是要有很强的"信息技术知识与能力",也就是与信息的获取、分析、加工、利用有关的基础知识和实际能力。这种知识与能力不仅是信息社会经济发展对新型人才提出的基本要求,也是生活在信息时代的现代人所必须具备的文化基础之一。人类的生活已越来越离不开数字化、信息化。正如著名的未来学家尼葛洛庞帝在《数字化生存》一书中所指出的,"计算不再是只和计算机有关,它将决定我们的生存。"因此,从这个意义上完全可以说,缺乏信息技术方面的知识与能力就相当于信息社会的"文盲",就将被信息社会所淘汰。信息技术方面的知识与能力,在信息社会中已和体现传统文化基础的"读、写、算"方面的知识与能力一样重要,不可或缺。换句话说,"读、写、算、信息"将取代原来的"读、写、算"而成为信息社会的文化基础。

一个社会的文化基础,是每位公民都应当具备的,而文化基础的具备必须通过相应的课程体系来实现。因此,基础教育的课程必须适应文化基础的变更而变更——这也正是我国新一轮课程改革将主要培养信息素养的"信息技术课"列入中小学必修课程的根据所在。

信息时代要求课程的内容结构、表现形式、实施手段都应符合促进"信息"型认知结构发展的需要。

人类在改造自然中形成社会,并在改造自然中不断进化。现代的人类,无论是在生理结构还是在心理、智力结构上,都与古代的人类有着显著的不同,这说明人类在改造自然的同时,自然也在改造人类,人类社会发展必然导致人类自身的变化和发展。我们现代人想当然的事情,恐怕古代最具智慧的人做梦也无法想象。每一时代的基本特征,都鲜明地烙在这个时代的人们的头脑中。同样,信息时代里人们的观点、思维方式、知识结构、行为方式都显示出"信息"

的印记。信息技术不仅会使人类的经济基础产生翻天覆地的变化,而且会对人类的文化基础乃至生存方式产生不可估量的影响。桑新民教授曾指出,信息技术的飞速发展,必将促使我们传统社会的"读、写、算"三大文化基石发生巨大的裂变。

阅读方式的裂变:传统的线性文本阅读,将让位于非线性的超文本阅读,以多种链接和组合提供高效的检索和更多的信息;单纯的文字阅读将发展为多媒体电子读物,使阅读和感受、体验有机结合;通过在电子数据库和电子百科全书中的交互式阅读,提高个体的创造性学习能力。

写作方式的裂变:从手写方式走向键盘、鼠标、光电扫描、语音输入等计算机写作;单纯文字写作转变为图文并茂、声情并茂的多媒体写作;学会进行超文本结构的构思与交互式的写作。

计算方式的裂变:由单纯手工数学计算走向学会使用计算机高速计算;计算机语言将上升为文化,去整合传统的读、写、算;图像、声音和影视的数字化,使虚拟现实变成学习的一种方式,数字化将强烈地影响教学。

人类文化基础的裂变,必然会导致建立在文化基础之上的知识结构、思维方式、行为方式的大裂变,虽然这种裂变后的形态目前还不明朗,但不可否认,它正在裂变之中。学生的心理与认知特点是影响课程的重要因素之一。当信息时代的学生具备了"信息"型认知结构时,必然要求我们的课程,无论是在内容结构上还是表现形式、实施手段上,都要符合促进"信息"型认知结构发展的需要。

信息技术为课程的设计与实施提供了前所未有的手段,使实施个性化的课程成为可能。

信息社会高度发达的信息技术对课程的影响主要体现在两个方面:一方面,信息技术为课程的设计与实施提供了前所未有的手段,拓展了课程设计的范围。传统意义上的一门课程,就是一本教材和一套教学计划,课程实施就是教师按照教学计划讲授教材上的内容。而现代信息技术解决了大信息量的记录、存储、传输、显示、加工等问题,为课程内容的编制和课程的实施提供了崭新的理念和技术,极大地拓展了课程内涵。比如,现代信息技术支持下的课程,除了有教材和教学计划外,还应包括以信息技术为基础的学习资源、教学资源,诸如智能学习软件、自动考核与评价系统、视听教学、仿真实验教学等工具。在课程实施时,教师可以充分利用课程所配备的资源,进行更为灵活、更为高效的教学,改变传统教学"满堂灌"的模式,实现以教师为主导、学生为主体的双主教学模式。另一方面,信息技术使实施个性化课程成为可能。学校课程如何适应学生个性发展的要求,一直是困扰课程研究者的问题。在传统环境下,由于资源和环境所限,无法真正实现个性化教学,无法顾及个别差异。随着多媒体技术和网络通信技术的发展,网络资源的丰富性、易获取性和可选性以及资源表征的多样性,能为学习者的个性化学习提供有力的支持。学习者可通过国际互联网络跨学校、跨地区甚至跨国界学习,也可根据自己的喜好和需求,选择适宜自己学习风格的学习资源进行学习。

综上所述,信息技术对决定课程的4个基本要素都产生了冲击性的影响,它要求对课程目标、课程内容、课程结构、课程实施的方法手段等进行全面变革。当前教育界正呼唤信息技术环境下的新课程理论和新课程设计模式,要构建这种全新的课程理论和课程设计模式,现代教育技术具有至关重要的意义。这是因为,信息社会的文化基础包含信息技术知识与能力,而信息技术知识与能力的培养有赖于现代教育技术手段。与此同时,各个学科(无论是大学、中学还是小学)教学及其教学改革都离不开教育技术理论的指导和信息化教学环境的支持。

2.1.3　教育信息化概述

传统的教育改革主要关心教学内容、方法、手段等方面,进入 21 世纪以来,国际上开始探索和实践新的教育改革思路。以教育信息化带动教育现代化,实现教育的改革与发展已成为世界各国在教育领域采取的重要战略举措。

1)教育信息化的含义

"信息化"(Informationization)一词最早于 20 世纪 60 年代出现在日本的一些学术文献中,当时对"信息化"这一概念主要是从产业角度进行阐述和界定的。20 世纪 70 年代,德国、欧共体和联合国教科文组织等国家及国际组织先后出台了一系列推动信息技术在社会中应用和发展的规划,这些规划都将信息基础设施作为重要一环。1993 年 9 月,美国克林顿政府正式提出建设"国家信息基础设施",俗称"信息高速公路"计划,其核心是发展以 Internet 为核心的综合化信息服务体系和推进信息技术(Information Technology,IT)在社会各领域的广泛应用。在教育信息化的带动下,许多发达国家和发展中国家相继出台了一系列国家信息基础设施建设规划,从而掀起了全球信息化建设的浪潮。

教育信息化的概念是在 20 世纪 90 年代伴随着"信息高速公路"的兴建而提出的。在美国的"信息高速公路"计划中,特别把 IT 在教育中的应用作为实施面向 21 世纪教育改革的重要途径。美国的这一举动引起了世界各国的积极反应,许多国家的政府相继制订了推进本国IT 在教育中应用的计划。我国政府对国家信息化建设高度重视。1997 年 4 月,全国第一次信息化工作会议正式提出了包括信息资源、信息网络、信息技术应用、信息技术和产业、信息化人才、信息化政策法规和标准 6 个要素的国家信息体系的概念,并把国家信息化定义为:在国家统一规划和组织下,在农业、工业、科学技术、国防及社会生活各个方面应用现代信息技术,深入开发、广泛利用信息资源,加速实现国家现代化的进程。这个定义有 4 层含义:一是实现四个现代化离不开信息化,信息化要服务于四个现代化;二是国家要统一规划、统一组织信息化建设;三是各个领域要广泛应用于现代信息技术,深入开发利用信息资源;四是信息化是一个不断发展的过程。

2)教育信息化与信息化教育的基本特征

教育信息化的基本特征是什么? 教育信息化既有"技术"的属性,同时也有"教育"的属性。从技术属性看,教育信息化的基本特征是数字化、网络化、智能化和多媒化。数字化使得教育信息技术系统的设备简单、性能可靠、标准统一;网络化使得信息资源可共享、活动时空少限制、人际合作易实现;智能化使得系统能够做到教学行为人性化、人机通信自然化、繁杂任务代理化;多媒化使得信媒设备一体化、信息表征多元化、复杂现象虚拟化。从教育属性看,教育信息化的基本特征是开放性、共享性、交互性与协作性。开放性打破了以学校教育为中心的教育体系,使得教育社会化、终生化、自主化;共享性是信息化的本质特征,它使得大量丰富的教育资源能为全体学习者共享,且取之不尽、用之不竭;交互性能实现人—机之间的双向沟通和人—人之间的远距离交互学习,促进教师与学生、学生与学生、学生与其他人之间的多向交流;协作性为教育者提供了更多的人—人、人—机协作完成任务的机会。

我们把教育信息化看成一个追求信息化教育的过程,信息化教育为我们展示了未来教育的美好前景。信息化教育具有以下显著特点:

（1）教材多媒体化

利用多媒体,特别是超媒体技术,建立教学内容的结构化、动态化、形象化表示。已经有越来越多的教材和工具书变得多媒体化,它们不但包含文字和图形,还能呈现声音、动画、录像以及模拟的三维景象。在多媒体学习材料中,各画面之间用超链接的方式组织起来,这种带有超链接的多媒体又称为超媒体。

（2）资源全球化

利用网络,特别是互联网,可以使全世界的教育资源连成一个信息海洋,供广大教育用户共享。网上教育资源有许多类型,包括教育网站、电子书刊、虚拟图书馆、虚拟软件库、新闻组等。

（3）教学个性化

利用人工智能技术构建的智能导师系统能根据学生的不同个性特点和需求进行教学和提供帮助。为了做到这一点,学生个性的测定,特别是认知方式的检测,将成为教育研究的重要课题。

（4）学习自主化

由于以学生为主体的教育思想日益得到认同,利用信息技术支持自主学习成为必然发展趋向。事实上,超文本/超媒体类的电子教材已经为自主学习提供了极其便利的条件。活动协作化:通过协作方式进行学习活动也是当前国际教育的发展方向。信息技术在支持协作学习方面可以起重要作用,其形式包括通过计算机协作（网上协作学习）、在计算机前协作（如小组作业）与计算机协作（计算机扮演学生同伴角色）。

（5）管理自动化

利用计算机管理教学过程的系统称为 CMI（计算机管理教学）系统,包括计算机化测试与评分、学习问题诊断、学习任务分配等功能。最近的发展趋向是在网络上建立电子学档（Learning portfolio）,其中包含学生身份信息、活动记录、评价信息、电子作品等。利用电子学档可以支持教学评价的改革,实现面向学习过程的评价。

（6）环境虚拟化

环境虚拟化意味着教学活动可以在很大程度上脱离物理空间、时间的限制,这是电子网络化教育的重要特征。现已涌现出一系列虚拟化的教育环境,包括虚拟教室、虚拟实验室、虚拟校园、虚拟学社、虚拟图书馆等,由此带来的必然是虚拟教育。虚拟教育可分为校内模式和校外模式。校内模式是指利用局域网开展网上教育。校外模式是指利用广域网进行远程教育。在许多建设有校园网的学校,如果能够充分开发网络的虚拟教育功能,就可做到虚拟教育与实在教育结合、校内教育与校外教育贯通,这是未来信息化学校的发展方向。

3）教育信息化建设的内容

一般就某个行业的信息化建设而言,信息网络的构建是基础,信息资源库的研发是重点,信息技术的有效应用是目的,而信息化人才的培养、信息技术产业的扶植和信息化政策、法规、标准的制订则是其保障。教育信息化作为教育行业的信息化也不例外。图 2.3 说明了这几个要素之间的关系。

教育信息化建设主要包括以下 5 个方面。现套用"路、车、货、驾驶员、交通规则"这一组形象比喻,来说明教育信息化建设的具体内容:

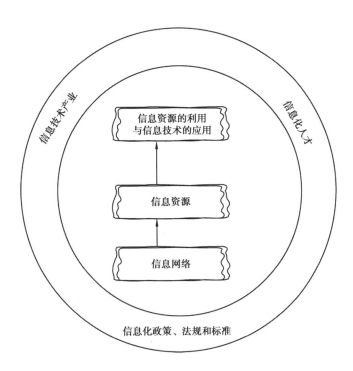

图 2.3　信息化各要素结构图

（1）基础设施与公用信息平台建设

基础设施与公用信息平台是实现教育信息化的硬件环境和物质基础。基础设施和公用信息平台的建设涉及多媒体计算机教室和校园网的建设与维护、各类教育公用信息网络平台的开发、运行和管理等。只有路铺好了，车修好了，才能让驾驶员驾车载货行驶。目前国内各高校以及公司都在积极开发建设网络教学支持环境，并且已经有产品问世。

（2）教育信息技术的开发及产业化

基础设施和公用信息平台建设有助于进一步发挥教育尤其是高等教育的科技和智力优势，积极为国民经济建设和社会发展服务。信息技术是新兴的技术，其自身还在不断发展进步，而且这种进步速度极快；要想跟上信息时代的步伐，必须让教育的信息化与信息技术开发同步进行。高等院校是新技术的发源地，是推动社会技术进步的主要力量。新时代高等院校的历史使命之一，就是要加强技术创新，加速科技成果转化和高新技术产业化。教育信息技术开发及产业化是教育信息化和国家信息化的结合点，是推动国家信息化进程的动力。

（3）教育资源建设

教育资源建设主要包括各级各类教育资源库建设、各学科的教学资源库建设以及教学软件的设计与开发等。教育资源建设是教育信息化的软件建设，是教育信息的载体，也是教育信息化的核心内容。即使"路"修得再好，"车辆"的性能再完备，没有货物（教育资源），路和车的性能也难以发挥。国家推行的新一轮课程改革，倡导"自主、探究、合作"为特征的新型学习方式；这种学习方式的实施，需要为学习者提供信息化教学环境，学习者在此环境中通过自主探究、小组合作，获得知识，同时获得建构知识的能力。这种信息化教学环境就包括要有丰富的教育教学资源的支持。所以可以说，没有丰富的教育教学资源就难以实现真正有效的信息化教学。换句话说，教育教学资源的建设将在很大程度上制约信息化教学的效果。

（4）培养信息化人才

培养信息化人才就是要培养具有较高信息素养（即有较强的信息技术知识与能力）的创新型人才。这是教育信息化建设的根本任务，是我国基础教育改革的终极目标，也是技术创新与科技成果转化和高新技术产业化的关键所在。信息化人才的培养包括普及中小学信息技术教育和高层次信息技术创新人才的培养；需要从小培养学生的信息素养和创新意识；并将信息技术逐渐整合到各个学科的教学中去，从而使广大青少年学生最终获得较高的信息素养与创新能力。

（5）制定信息化政策

信息化政策就像交通规则，它为教育信息化顺利实施提供了政策保证和方向指导，是教育信息化健康发展的重要条件和保障。国家政府及相关部门对基础设施建设、资源开发、信息技术教育以及信息技术开发和产业化等教育信息化的各个方面颁布、下发了各种通知和文件，为各项工作的开展提出了明确要求，也提供了教育信息化建设的宏伟蓝图。只有让各级政府、各个单位和部门严格按照国家相关制度推进教育信息化，才能使我国教育信息化、规范化、有序化，从而推动教育改革的进一步深入发展。

2.1.4　信息技术与课程整合——教育信息化的核心

从前述信息化各要素结构图可以看出，无论是信息化基础设施的构建、信息资源库的研发，还是信息化人才的培养、信息技术产业的扶植和信息化政策、法规、标准的制定，其最终目的都在于促进信息技术的有效应用。对于教育信息化来说，则是要促进信息技术在教育教学中的有效应用；只有通过信息技术在各学科教学中的有效应用，即真正实现信息技术与课程的有效整合并取得显著成效，才有可能促进教育的改革与发展。

信息技术与课程整合强调要利用信息技术来营造一种信息化的教学环境，该环境应能支持情境创设、启发思考、信息获取、资源共享、多重交互、自主探究、协作学习等多方面要求的教学方式与学习方式，也就是实现一种既能发挥教师主导作用，又能充分体现学生主体地位的以"自主、探究、合作"为特征的教与学方式。这种教学环境可以把学生的主动性、积极性、创造性较充分地发挥出来，使传统的以教师为中心的课堂教学结构发生根本性变革，从而使学生的创新精神与实践能力的培养真正落到实处，而这正是素质教育目标所要求的。

无论是在我国还是在西方发达国家，都是把信息技术与课程整合看成培养创新人才的重要途径乃至根本措施。信息技术与课程整合所要达到的目标，就要落实大批创新人才的培养。这既是我们国家素质教育的主要目标，也是当今世界各国进行新一轮教育改革的主要目标，这正是西方发达国家之所以大力倡导并推进信息技术与课程整合的原因所在。我们只有站在这样的高度来认识信息技术与课程整合的目标，才有可能深刻领会信息技术与课程整合的重大意义与深远影响，才能真正弄清为什么要开展信息技术与学科课程的整合。

"培养大批具有21世纪能力素质的创新人才"是信息技术与课程整合所要达到的目标，那么，什么是"21世纪的能力素质"呢？美国21世纪劳动委员会的说法是："它包括很强的基本学习技能，也包括思维、推理能力和团队协作精神以及对信息技术的熟练掌握与运用。"美国教育技术CEO论坛第4年度报告指出，"21世纪的能力素质"应包括以下5个方面：基本学习技能、信息素养、创新思维能力、人际交往与合作精神、实践能力。在这5个方面的能力素质中，基本学习技能一般是指"读、写、算"能力；信息素养是指能够有效地对信息进行获取、分析、加工、利用的知识与技能;创新思维能力包括发散思维、辩证思维、联想、想象以及分析、综合、抽象、概括、判断、推理等方面的思维能力。

上述5个方面的能力是信息时代创新人才所应具备的素质。因此,从根本上说,信息技术与课程整合的总体目标就是要通过现代信息技术(特别是多媒体和网络通信技术)所提供的信息化教学环境,实现一种全新的教与学方式,从而彻底变革传统的教学结构,培养出大批21世纪所需的创新人才。

在具体实施过程中,通常可将信息技术与课程整合的具体目标概括为以下6个方面:

①通过合理运用信息技术,提高学生的基本学习技能、学习质量与学习效率。

②培养学生的信息素养,包括信息意识、信息技术知识与能力、信息道德3个方面。

③培养学生具有终身学习的态度和能力。学习者具有主动吸取知识的愿望并能付诸实践——能自主制订并执行学习计划,能自主控制学习进程并进行自我评估;将学习视为享受而不是负担;教师只是学习的指导者、建议者,而不是学习过程的主宰者。

④改变传统学习只注重知识接受的倾向,培养学生形成积极主动的学习态度并掌握新型学习方式——通过提供信息化教学环境让学生主动参与、乐于探究、勤于动手,培养学生分析和解决问题的能力以及交流合作的能力,使学习者学会利用数字资源进行学习,学会在数字化情境中进行发现式学习,学会利用网络通信工具进行协作式学习。

⑤培养学生的适应能力、应变能力。在信息时代,知识量增多,知识成为社会生产力、经济竞争力的关键因素;知识的更新率加快,有效期缩短。另外,由于知识的高度综合性和学科间的相互渗透,出现了更多的新兴学科、交叉学科,由此使人们在社会生活的许多方面感到不适应或是产生陌生感。在这样的科学技术、社会结构发生剧变的大背景下,适应能力、应变能力将变得至关重要。

⑥通过技术手段加强课程内容与生活实际以及与现代科技发展的联系,更多关注学生的学习兴趣及其自身的体验。

2.2 信息技术与课程整合的内涵

在分析信息技术与课程整合的内涵之前,有必要先对信息技术与课程整合的发展历程作一简单介绍,以便大家在继承和借鉴的基础上,更好地理解和认识信息技术与课程整合的本质。

2.2.1 信息技术与课程整合的发展历程

自1959年美国IBM公司研发出第一个计算机辅助教学系统以来,信息技术与课程整合大体经历了以下3个发展阶段:

1)CAI(Computer Assisted Instruction,计算机辅助教学)阶段

这一阶段基本是从20世纪60年代初至80年代中期,是信息技术教育应用的第一个发展阶段。该阶段主要是利用计算机的快速运算、图形动画和仿真等功能辅助教师解决教学中的某些重点及难点,这些CAI课件大多以演示为主。在这一阶段,一般只提计算机教育(或计算机文化),还没有提出信息技术教育的概念。

2）CAL（Computer Assisted Learning，计算机辅助学习）阶段

这一阶段基本是从 20 世纪 80 年代中期至 90 年代中期。此阶段逐步从辅助教为主转向辅助学为主，也就是强调如何利用计算机作为辅助学生学习的工具。例如，用计算机帮助搜集资料、辅导答疑、自我测试以及帮助安排学习计划等，不仅用计算机辅助教师的教学，更强调用计算机辅助学生自主地学。在这一阶段，计算机教育和信息技术教育两种概念并存。

3）IITC（Integrating Information Technology into the Curriculum，信息技术与课程整合）阶段

自 20 世纪 90 年代中期以来，信息技术与各学科课程的整合是国际教育界非常关注、非常重视的一个研究课题，也是信息技术教育应用进入第三个发展阶段（基本从 90 年代中期开始至今）的主要模式。在这一阶段，原来的"计算机教育"（或计算机文化）概念已完全被"信息技术教育"概念所取代。

2.2.2　信息技术与课程整合的内涵

如上所述，信息技术与各学科课程的整合是信息技术教育应用的第三个发展阶段，这一阶段基本从 20 世纪 90 年代中期开始，是信息技术应用于教学过程的主要模式，也是目前世界各国教育信息化的核心。那么，什么是信息技术与课程整合？它与传统的 CAI 和 CAL 有哪些本质上的不同？

目前国内对信息技术与课程整合比较主流的理解是把计算机技术融入各学科教学中，就像使用黑板、粉笔、纸和笔一样自然流畅。这种观点将课程整合的重点放在 CAI，即计算机辅助教学上，它突出计算机作为工具，去辅助各传统学科的教学。在具体做法上，强调 3 个要点：一是软件方面寻求合适的教学平台，提倡教师利用现有平台，而不提倡教师人人做课件；二是相应的教师培训，一方面着重提倡一般化的信息技术基本技能培训，另一方面是对学科素养、学科教学论及教育技术理论（如教学设计）方面的培训；三是在教师熟练掌握技术的基础上，通过信息检索、师生交流、学生自主探究学习、多媒体演示等手段实施课程整合。从整合的目标价值观看，这种观点看重的是被辅助的其他各学科教育（包括突破难、重点，提高教学效率乃至改变教学模式），而非信息技术教育本身。

另一种对信息技术课程整合的理解主要指信息技术课程的内部整合。例如，可以让整体的信息技术课程由正规的学科课程（排入正规课表、教材）、活动课程（如网页制作、网络知识、计算机美术、编程等兴趣小组）和其他隐性课程（如学校与周边社会的信息环境）组合而成，并协调这些环节来培养学生的信息意识和信息能力。这类课程整合有时也涵盖调整信息技术课程的教学内容、创新教学方法、改革评价方法等。总的来说，这类整合从目标价值观看，主要着眼于达成信息技术教育的目标，即培养学生对信息技术的兴趣和意识，让学生了解并掌握信息技术基本知识和技能，使学生具有获取信息、传输信息、处理信息和应用信息技术手段的能力，形成良好的文化素养，为他们适应信息社会的学习、工作和生活打下必要的基础。

我们认为，以上对信息技术与课程整合的认识，或是从计算机辅助教学的角度出发来界定，或是从信息技术教育本身来认识课程整合，并没有完全揭示信息技术与课程整合的本质。

"信息技术与课程整合"最早源自西方"课程整合"的概念。在英文中，"整合"一词表述为"integration"，这一单词在汉语中具有多重含义，如综合、融合、集成、一体化等，但其主要含义是"整合"，即由系统的整体性及其在系统核心的统摄、凝聚作用而导致的使若干相关部分因素合成为一个新的统一整体的建构、程序化的过程。基于此，当前对信息技术与课程整合的

界定,有以下几种观点。

南国农教授认为,信息技术与课程整合是指将信息技术以工具的形式与课程融为一体,也就是将信息技术融入课程教学各要素中,使之成为教师的教学工具,学生的认知工具,重要的教材形态,主要的教学媒体;或者将信息技术融入课程教学的各个领域,成为既是学习的对象,又是学习的手段。

李克东教授认为,数字化学习是信息技术与课程整合的核心。信息技术与课程整合是指在学科课程教学中,把信息技术、信息资源、信息方法、人力资源与课程内容有机结合,共同完成课程教学任务的一种新型的教学方式。

何克抗教授认为,所谓信息技术与学科课程的整合,就是通过将信息技术有效地融合在各学科的教学过程来营造一种信息化教学环境,实现一种既能发挥教师主导作用又能充分体现学生主体地位的以"自主、探究、合作"为特征的教与学方式,从而把学生的主动性、积极性、创造性较充分地发挥出来,使传统的以教师为中心的课堂教学结构发生根本性变革,从而使学生的创新精神与实践能力的培养真正落到实处。

当前,何克抗教授对信息技术与课程整合的描述得到了广泛认可。该定义可简述为:所谓信息技术与学科课程的整合,就是通过将信息技术有效地融合于各学科的教学过程来营造一种新型的教学环境,以实现一种能充分体现学生主体地位的以"自主、探究、合作"为特征的新型的教与学方式,从而使传统的以教师为中心的课堂教学结构发生根本变革。

由该定义可知,它包含 3 个基本属性:营造(或建构)信息化教学环境、实现新型教与学方式、变革传统教学结构。应当指出的是,这 3 个属性并非平行并列的关系,而是逐步递进的关系——信息化教学环境的建构是为了支持新型教与学方式,新型教与学方式是为了变革传统教学结构,变革传统教学结构则是为了最终达到创新精神与实践能力培养的目标(即创新人才培养的目标)。可见,"整合"的实质与落脚点是变革传统的教学结构,即改变"以教师为中心"的教学结构,创建新型的、既能发挥教师主导作用又能充分体现学生主体地位的"主导—主体相结合"教学结构。我们认为,只有从这 3 个基本属性,特别是从变革传统教学结构这一属性去理解整合的内涵,才能真正地把握信息技术与课程整合的实质。

由于"环境"这一概念含义很广(教学过程主体以外的一切人力因素与非人力因素都属于教学环境的范畴),所以上述定义就信息技术在教育领域的应用而言,和把计算机为核心的信息技术仅仅看成工具、手段的 CAI 或 CAL 相比,显然要广泛得多、深刻得多,其实际意义也要重大得多。

CAI 主要是对教学方法与教学手段的改变,它基本上没有体现新的学习方式,更没有改变教学结构,因此,它和信息技术与课程整合二者之间绝不能画等号。当然,在课程整合过程中,有时也会将 CAI 课件用于促进学生的自主学习,所以"整合"并不排斥 CAI。不过,整合过程中运用 CAI 课件是将它作为促进学生自主学习的认知工具与协作交流工具,这种场合的 CAI 只是整合过程(即信息技术应用于教育的全过程)中的一个环节、一个局部;而传统的以教师为中心的计算机辅助教学是把 CAI 课件作为辅助教师突破教学中的重点与难点的直观教具、演示教具,并且这种场合的 CAI 就是信息技术应用于教育的全部内容(而不是其中的一个局部或环节)。可见,这两种场合的 CAI 课件运用,既便不从其内涵实质而仅从其应用方式上看,也是不一样的。

由此可见,信息技术与课程整合,不是把信息技术仅仅作为辅助教或辅助学的工具,而是强调要利用信息技术营造一种信息化教学环境。该环境应能支持情境创设、启发思考、信息获取、资源共享、多重交互、自主探究、协作学习等多方面要求的新型教与学的方式,从而将学生的主动性、积极性充分调动起来,使课堂的教学结构发生根本变革,使学生的创新精神与实践能力培养落到实处。这正是素质教育的重点目标(即创新人才培养)所需的。

从目前全球的发展趋势看,信息技术教育应用在进入第三个发展阶段以后,信息技术就不再是辅助教或辅助学的工具,而是要通过信息化教学环境和新型教与学方式的建构,从根本上改变传统的以教师为中心的教学结构,使培养创新精神与实践能力的目标(即培养创新人才的目标)真正落到实处。正因如此,大力倡导与推进信息技术和课程整合,已成为目前全球教育改革的总趋势与不可逆转的潮流。

2.2.3 信息技术与课程整合的本质

信息技术与课程整合的本质是要改变传统的"以教师为中心"的教学结构,构建新型的"主导—主体相结合"的教学结构。教学内容、手段、方法的改革当然很重要,但是这一类改革不一定能触动教育思想、教学理论、学习理论这些较深层次问题;只有教学结构改革才会触动这些深层次的问题。对信息技术与课程整合的本质作这种理解是比较符合中国国情的,因为我国当前各级各类学校教学改革存在的主要问题,正是侧重教学内容、手段、方法的改革,而忽视教学结构的改革。

我国各级各类学校的传统教学结构,用一句话来概括就是以教师为中心的教学结构。在这种结构下,教学系统中4个要素(教师、学生、教学媒体、教学内容)的关系是:教师是主动的施教者,是教学过程的主宰和绝对权威,教师通过口授、板书把知识传递给学生;作为学习过程主体的学生,在整个教学过程中主要是用耳朵在听讲、用手在记笔记,处于被动接受状态,是外部刺激的接收器(相当于收音机或电视机);教学媒体在教学过程中主要是作为辅助教师教,即用于演示重点和难点的直观教具;在这种结构下,教材(教学内容)是学生获取知识的唯一来源,老师讲的是这本教材,复习和考试的还是这本教材。

以教师为中心的教学结构的优点是有利于教师主导作用的发挥,有利于教师监控整个教学活动的进程,有利于教学目标的完成。其缺点是限制了学生的主动性和首创精神,束缚了学生的发散思维和想象力,容易使学生迷信书本、迷信老师、迷信权威,从而不利于创新精神与创新能力的培养。而21世纪需要的创新人才既有创新精神和创新能力又有系统丰富的科学知识的人才。为了适应创新人才培养的需要,必须改变传统的以教师为中心的教学结构,创建新型的既发挥教师主导作用又充分体现学生主体地位的教学结构,即"主导—主体相结合的教学结构"。实现这样的教学结构改革,就是要彻底改变教学系统中4个要素的地位、作用和它们之间的关系,而其核心则是要改变教师与学生的地位、作用及相互关系,使教师由课堂的主宰,改变为课堂教学的组织者、指导者,学生建构知识意义的帮助者、促进者;学生则由外部刺激的被动接收器,改变为信息加工的主体和知识的主动建构者。除此之外,媒体也要由只是作为辅助教师教的直观演示教具,改变为既能辅助教师教更能促进学生自主地学,即要成为学生自主探究的认知工具、协作交流工具与情感激励工具;教材则应由学生知识的唯一来源,改变为学生多种学习资源中的一种(教材是其中比较重要的一种),这样才不至于使学生迷信教材和迷信教师。

多年来,由于各级各类学校忽视教学结构改革,从而使这种教学结构赖以支持的传统教育思想(片面追求知识传承与"重教轻学")、教学理论(过分强调传递接收式教学)、学习理论(只重视"刺激—反应—强化",忽视内部心理过程)一直未曾受到冲击,其严重后果就是抑制了一大批(甚至几代)创新人才的成长。由此可知,改变传统的以教师为中心的教学结构的重要性与迫切性,而这种教学结构的改变,如上所述,有赖于信息技术与课程整合所营造的信息化教学环境和由此形成的新型教与学方式。这正是信息技术与课程整合的根本意义及其本质所在。

2.3　信息技术与课程整合的误区分析

正是因为很多学校的管理者、中小学教师对"信息技术与课程整合"的目标不清楚,对"信息技术与课程整合"的内涵(实质)不了解,对"信息技术与课程整合"的方法(途径)掌握得不理想,使信息技术在教学中应用的广度和深度有限,广大一线教师在整合实践中出现了很多误区,易使教育信息化偏离正确的方向。因此,认识和理解人们在信息技术与课程整合实践中存在的问题,有助于我国的教育信息化向健康、正确的方向发展。这些误区主要表现在以下 4 个方面:

2.3.1　在技术世界里迷航

1)对技术的抵触与盲目依赖并存

虽然国内外都在大力提倡信息技术在学科教学中的应用,但在实践中广大的教育实践者却对技术存在着不同的态度。一方面,有一部分教师和行政领导对新技术有着强烈的抵触和排斥。他们认为,以中国教育的现行体制及经济现状、信息技术与课程整合根本无法实现。还有一部分领导认为,多媒体虽然能提高教学的效果,但投入太大,学校师资缺乏,难以很快推广和普及,因此需待时日。另一方面,与对技术的排斥和抵触相反,也有一些人对技术持一种激进观点,认为技术越先进越好。还有一些教师错误地认为,如果一堂课没有用到网络,或者只用了几分钟的计算机,那肯定不是一堂好的整合课,而根本不考虑课程的教学目标、教学内容是否需要网络的支持。

2)以课件而不是教学过程设计为核心

信息技术与课程整合离不开丰富的、优秀的多媒体教学课件或教学资源的支持。在实践中,广大一线教师在处理课件设计与教学过程设计及其二者之间的关系上存在很多错误的认识,突出表现在两个方面:一方面,在制作课件时,不考虑教学内容和学习对象的特点,一味地追求课件设计的趣味性和艺术性,常常对教学产生一些负面影响。例如,花费很多时间和精力,在课件中插入过多的动画、音效,把学生的注意力吸引到一些与教学内容无关的音画效果上,影响了学生对重要内容的感知和理解。此外,由于教师将主要精力放在了课件的设计与开发上,往往容易忽视如何将多媒体课件有效地运用到教学中去,从而更好地支持和服务于特定的教学目标和教学内容或教学任务的要求。另一方面,有些课件的设计和开发忽视了学生的认知特点和规律,缺乏科学性与针对性,例如,通过课件盲目地加大教学信息量,频繁地变化教学活动,活动形式多,但都不够深入,只是蜻蜓点水,学生没有时间对所学内容进行深入思考和理解。

最为重要的是,过分关注课件的设计而忽视教学内容的设计,是本末倒置的——不是根据问题寻求解决问题的方法和技术手段,而是用手段去找问题。

3)追求高、新技术,忽视传统媒体的作用

根据人们认识新事物的特点,一旦充分肯定了新事物,在一定时期内,往往就会片面地追从其"优势"而忽视其"缺陷"。信息技术对于许多教师而言还是新事物,因而,在肯定它的同时,容易导致只看到信息技术给学科课程带来的种种"优势",继而产生一些片面认识。例如,认为信息技术对于所有的传统教学手段和技术而言都是一种"超越",因而在思想上排斥一切传统教学形式和传统教学媒体;认为在课堂教学中,信息技术"用"比"不用"强、"有"比"没有"好等。事实上,由于信息技术自身的问题,在与学科课程整合的过程中存在"缺陷"是不可避免的。而且,很多教师没有认识到一些传统媒体在教学中也有其独特作用,如果经过精心设计,同样能够达到好的教学效果。另外,很多教师由于对新技术各方面的特性,如对表现力、交互性等没有充分的了解,不了解某种技术的长处、短处何在以及在教学中如何发挥作用,因此,无法将这些新技术很好地组合起来以达到教学效果最优化。

4)信息技术使用"泛化"

随着硬件设施和软件水平的逐步提高,信息技术被越来越多的教师所接受和认同,信息技术的使用也越来越广泛,但同时信息技术使用"泛化"的现象也随之而来。这主要体现在,为了"技术"而使用"技术",甚至以牺牲学科课程目标为代价。有的教师甚至在课堂教学每一个步骤都有信息技术的"参与",所有学科教学内容都借用信息技术来展示、讲解和点评。本可以借助实物进行操作,却非要费时费力地制作动画进行模拟演示;有的教师对信息技术过分依赖,如果没有课件或计算机(器)等设备辅助,就不知道该如何上课了;有的教师忽视学生差异、环境差异,对属于不同班级、年级的学生在涉及同一教学内容时,不加改变地使用同一课件进行教学;甚至有的教师"一劳永逸"地使用"现成"课件(可能还是其他老师制作的),而不考虑对自己的教学是否合适。在这样的课堂教学中,信息技术只会给人一种喧宾夺主、小题大作的感觉,从而游离于学科课程目标之外,难以体现与学科课程整合的真实效果。

2.3.2 错误理解学生的主体地位

在多媒体与网络技术为核心的信息技术环境下,运用建构主义学习理论组织、指导教学活动更能充分体现出学生在学习中的主体地位。这些教学活动包括自主探究、协作交流、主动质疑、提高信息素养、提高判断事物和解决问题的能力、培养良好的思维习惯等。但目前有些教师对学生主体地位的理解还存在偏差,这种偏差体现在以下几个方面:

1)将主体地位绝对化

在传统的以"教师为中心"的教学结构中,教师是教学进程的控制者、教学活动的设计者和实施者,这种传承多年的主宰课堂的教学方式为我国广大教师普遍接受。而新课程改革特别强调在教学中要充分体现学生的主体地位,要在信息化教学环境下实现学生主体意识的回归。然而有些教师在实际教学中却把主体意识回归的课堂变成了主体放任自流的课堂,过分弱化了教师的作用。这种极端化的倾向在一些对信息技术不太了解或对新型教学结构理解不深的教师中普遍存在。于是在教学中就出现了放手让学生在网络中自学而不进行监控、让学生在讨论区中自由发言而不围绕主题的现象。这不但使信息化教学环境的优势没能发挥出来,连基本教学目标的达成、必要的师生情感交流、教师人格魅力的熏陶等都无法保证,甚至被丢失。

　　要重视"主导—主体"的结合,克服过分强调自主学习。突出主体地位,当然会促进自主学习,但针对这点不应过分强调至不适当的位置。学生(尤其是中小学生)一般还不具备完全自主学习的能力。不论如何强调自主学习,都不应该理解为完全由学生自己学习,总该有某种层面上的"学"。如果不求师受教,过分夸大学生的学习自主性,贬低教师的主导作用,必定会削弱学生的学业基础。因此,我们在突出学生主体地位的同时,必须充分发挥教师的主导作用,使"主导—主体"新型教学结构真正得以形成和发展。

　　2) 片面理解信息素养的内涵

　　信息素养的内涵包括信息意识、信息能力和信息道德 3 个方面;其中信息能力是指对信息进行分析、存储、变换、传输、利用和评价的能力。上述 3 个方面的综合体现才是全面的信息素养,但很多老师片面地将信息素养理解为信息的搜集和获取。由此,在教学中,很多教师设计了让学生在网上搜集信息的活动,而没有问题和任务的设计,也没有要求学生对所搜集的信息进行整理、分析、比较、评价等。在一些信息技术与课程整合的示范课中,我们经常能够看到教师要求学生"能够运用搜索引擎找到……"之类的活动。信息的搜集与获取只是培养学生信息素养的一个方面,对学生信息素养的培养还应注意训练他们在短时间内对大量信息快速浏览的能力、把握文章重点的能力、提炼主要观点的能力、评价分析综合表述的能力、下载发布信息的能力等。并在关注学生信息能力培养的同时,不能忽视信息意识和信息道德的培养。此外,在课堂中运用信息技术还要设法将技术与学习内容紧密联系起来。

　　我们认为,造成教师对信息素养内涵的片面理解的原因之一在于很多教师错误地将信息等同于知识。事实上,信息不等于知识。信息是指事实和数据的某种集合,并独立于认知主体而存在;它是静态的、外在的、易复制、易传播,尚未具有明确的意义。知识则反映了事实和数据之间的内在联系,它植根于认知主体并内化到个体的认知结构中;它是动态的、内在的、有感情的、富有意义的,所以知识能用来指导人的行为。信息只有内化到个体的认知结构中,并对个体的思想与行动产生影响后,才能称为知识。可见,信息与知识有着本质的区别,把信息等同于知识,是严重的认知错误。认知过程的重要性在于将信息内化,而不是将孤立的数据或信息做简单的排列、组合。课堂上对网络信息进行随意的粘贴、复制,无目的地浏览,皆源于把信息等同于知识。

　　3) 缺乏对学生思维能力的训练

　　当前,在软硬件设施有保障的情况下,有些教师已经能够将多媒体技术应用于课堂教学,例如,创设问题情境、引入教学内容、为学生提供丰富的学习资源等。但是信息技术的使用则多停留在"形式",并没有体现出信息技术与学科课程整合给教学方式、学习方式带来的实质性改变,"新瓶装旧酒""穿新鞋走老路"的现象仍普遍存在。这主要体现在教师在利用信息技术教学时常常只顾一路"点击",缺乏教师与学生、学生与学生之间的及时交流,大多数学生往往在"多信息、大容量"的轰击下"疲于奔命",思维的时间和空间被挤掉,从而产生大量的"认知碎片",根本谈不上进行有意义的学习。

　　此外,网络信息容量巨大,同时也良莠不齐,有的只是对某一问题的观点罗列,有的则带有片面性甚至是错误的认识。这就要求学生能够站在较为客观的立场上去进行分析,再结合自身的知识结构作出相应的判断。但有的教师只是要求学生"从网站找出一条信息来表达或证明你的观点即可",这种要求有一定的误导性,它易使学生人云亦云,缺乏正确的判断能力,甚至以偏概全,无法培养学生辩证的分析和思考的能力以及批判性的思维能力,更谈不上培养学生的创造性思维。

4)无效的协作

国际21世纪教育委员会面对未来教育的挑战提出,教育必须围绕4种基本能力来培养新一代,"学会协作"乃是这4种基本能力之中的重要一项。为适应社会发展对人才协作能力培养的需求,我国新一轮课程改革也将培养学生的协作能力纳入新课程改革的目标中。协作有多种方式,包括通过小组协作以确定主题、收集资料、共同完成作品和协作解决问题等。目前在大多数教学过程中,学生分组进行学习的形式比较常见,然而实际上都只停留在形式上的协作,例如,老师让学生分组学习,经过一段时间的小组学习后,请小组长或一位组员进行汇报,而汇报的观点并非组内成员的共识,而是汇报者的个人观点。这种缺乏思想交流,没有观点交锋,又无良好的组织和总结,只是为了分组而分组的现象在教学实践中较为普遍。

要使协作有效,教师一定要注意交代清楚小组协作是要解决什么问题;协作要有分工,要有差异,组员之间、组与组之间有差异(如性别差异、个性差异),才会有互相学习的机会和兴趣;协作要有评价,不单要有组与组之间的比较,还要有小组内部的比较,避免出现"滥竽充数"的现象;协作要有教师指导,中小学生的协作能力毕竟有限,需要教师及时给予指导,以防学生协作方向的偏离;协作还要有评价,协作结束后一定要反思,要想想哪些地方做得比较好,哪些地方还有待改进,这样才能达到深层次的、有意义的协作。

在时间较充裕的综合活动课中,协作学习会比较有效,因为学生有充足的时间来体会与人协作的好处;而课堂往往受时间的限制,所以课堂上的协作一般只适合2~3个人的小组。课堂上的协作还会受环境的影响,计算机一排排摆放的多媒体教室不利于学生进行讨论和协作,学生四处走动既浪费时间,又影响课堂秩序;相对来说,圆桌式的设计是比较好的协作环境。

2.3.3 未能正确发挥教师的主导作用

学生成为学习的主体,并不等于放弃教师的主导作用。在信息化教学环境下,这种主导作用主要体现在:教师是教学情境的创设者,教学过程的指导者,学习工具运用的帮助者,协作学习的组织者,意义建构的促进者。尤其是对认知发展水平仍处于较低阶段的中小学生,教师的主导作用就更为重要。但在实际教学过程中,由于存在下列种种片面乃至错误的认识,往往使教师的主导作用不能较好发挥。

1)创设教学情境时,过分依赖多媒体

建构主义理论十分强调在教学中要创设情境,创设与本课主题相关的教学情境既可激发学生的学习兴趣,又可将全班学生的注意力集中到当前教学内容上来,从而使教学更有针对性,也更有成效。因此,"创设情境"成为很多课堂教学的重要环节。然而有些教师并没有真正理解创设教学情境的意义及作用,也忽视了创设情境方法的多样性,忽视了教师在情境创设中的重要作用,一味地追求用多媒体创设情境,以致如果没有多媒体的支持就感到无所适从,就无法创设情境。其实情境的创设可以有多种方法:运用适当的多媒体课件可以创设情境,由教师讲一个与本课主题相关的故事、案例,提出问题,或者朗诵一首诗,唱一首歌,都可以达到创设情境的目的。

2)重活动形式,轻活动内容

课堂中的教学活动要和本节课的教学目标密切相关,所有的教学设计要围绕教学目标进行。教师设计学生的活动更要准确地体现教学重点,且能体现出学生在活动参与中的理解能力、表达能力的培养,以及活动参与后达到意义建构的程度,即活动效果。然而,我们发现在很多课堂教学中有些教师,只重视活动形式,而忽视了活动效果,花了很多力气设计活动,但效果不佳。

3)忽视对学生情感、态度、价值观的培养

在加强对"知识的理解,能力的培养"的要求下,教学实践中教师基本都能做到或有意识做到对学生知识、能力的培养,但是学生的情感态度和价值观的培养却被很多教师忽视或认为根本不必要。培养学生高尚的道德情操和健康的审美情趣,形成正确的价值观和积极的人生观,是教学的重要内容,不应把它们当作外在的附加任务。应注重熏陶感染、潜移默化,把这些内容贯穿于日常的教学过程中。而在很多课堂教学中,即使是一些作为示范课的课堂教学中,我们都鲜见情感态度、正确价值观的导向。课堂的纵深度差,虽然对学生的知识传授、能力培养的"教书"目的达到了,但是没有完成"育人"的目的。

2.3.4　资源建设和认识上的偏差

1)重视硬件资源建设,忽视"软件"资源的提升

由于信息技术在我国应用于教学的时间不长,硬件建设滞后、"软件"升级不够的现象难以避免,这就需要相关政策的扶持和导向。各级教育行政部门和学校确实也制订出了一些相政策,但是,所制订的政策却更多地偏向硬件建设,而较少考虑"软件"升级。也就是说,硬件建设的资金投入往往成为制定政策时优先考虑的对象,"软件"升级却被放在了次要地位。在一些学校年度工作计划中,时常能看到"要新建多少多媒体教室""要购买多少台计算机"等硬件建设指标,却难以发现"要对教师进行计算机应用基础的培训"或"要对教师进行多少学时的信息技术使用技能的训练"等涉及"软件"升级的规划。偏向硬件建设的政策扶持,必然助长某些学校在硬件建设上的"攀比之风",而忽视"软件"升级的政策导向,导致了大量信息技术设备仅仅成为应付"公开课""观摩课"或者上级检查的"做秀"工具。毕竟,只有少数教师能够驾驭这些昂贵的信息技术设备。

在软件资源、特别是教师培训上,又存在重技术层面的培训,忽视技术有效整合于教学中的应用层面的培训。综观我国培训的现状,师资培训与信息技术应用培训仍然是两张皮。相对于硬件设备等基础建设,教师培训的内容和模式表现出了相对落后,有人尖锐地指出是"有思想没有技术"和"有技术没有思想"并存。相当部分应用培训仍停留在演示型的课件制作上,或是机械地套用某一个课程设计模式,真正把信息技术应用融入"教与学"全过程中的培训甚少。培训在质的方面没有创新,这就造成应用始终在初级层次徘徊。这是导致我国当前信息化教学水平低下的直接因素。因此,探索新型的师资培训模式和运行机制是当前信息技术环境下师资培训工作的重中之重,它直接关系到信息化教学水平的高低优劣,关系到教育信息化的成败。

2)过分依赖网络资源,忽视其他教学资源

网络在教学中发挥着越来越重要的作用是因为它具有很多优点,但是作为提供学习资源的媒体,网络并不是唯一的,现实中还有很多其他媒体资源可以利用。如《语文课程标准》中界定的语文课程资源就有课堂教学资源和课外学习资源,包括教科书、教学挂图、图书报刊、影视广播、网络、报告会、辩论会、戏剧表演、图书馆、布告栏、标牌广告等。自然风光、文物古迹、

风俗民情,国内外的重要事件,学生的家庭生活,以及日常生活话题等也都可以成为语文课程的资源。其他学科也是这样。因此,对于资源的利用不应只局限于网络资源(以为只有网络资源才是唯一的资源或最好的资源),也不能认为信息技术仅指网络技术。此外,我们在整合实践中发现,很多教师一提起教学资源,首先想到的是物质资源或信息资源,往往忽视了身边无处不在的人力资源,如教师资源和学生资源。教师可以让某方面有特长或经验的学生为其他学生提供帮助;可以通过与本地区的其他学校(包括国外的一些学校)建立伙伴关系,发挥不同地域不同层次的专家、教师和学生的优势,并把他们都纳入促进教学的人力资源系统之中。

3)重视助"教"资源的建设,忽视助"学"资源的建设

信息技术与课程整合成败的关键在于支持教学资源的建设。它是教育信息的载体,也是信息技术能否真正深入、有效且可持续地整合于教学中的核心内容,并且建设的好坏决定了信息化教学的优劣。目前,我们认为在目前的资源建设中,较多的是收集和开发以"教"为主的教学资源,主要用于帮助教师突破教学中的重点、难点,对支持学生"学"的资源的建设相对匮乏。"学"的资源是指大量的课内外拓展学习的资源、各类专题网站的建设等有助于调动学习者的主动性、积极性以及支持学生自主学习、协作学习和扩展学习的资源。

4)教学资源建设缺乏组织领导、总体规划和分工协作

在信息化教学环境中,教学资源的支持是至关重要的。在某种意义上可以说,没有丰富优质的教学资源支持,就没有真正意义上的信息技术与课程整合。学生只有占有大量的资源才有可能对学习内容有比较全面深入地了解,才有可能开展更富有成效的探究性学习。目前,市场上出现了各种各样的教育资源库产品,号称有可观的数据量,可谓是"资源丰富",但这些产品安装到学校真正投入使用后,教师又普遍反映有效资源内容匮乏,需要的资源难以找到,有很多没有参考价值的垃圾资源。造成这种现状的原因:一方面是资源内容建设合理体系尚未形成,各资源开发商建设资源内容主要依赖通过各种途径"收集"资源,而非"制作"资源,并且由于其收集的资源与新课程标准、新教材内容不相符,造成收集的资源可用性较差;另一方面,多数省区市的教育行政部门和不少学校的领导尽管对资源建设很重视,但却缺乏有效的组织领导、总体规划和分工协作,因此,低水平重复建设、开发的现象比比皆是。即使有些地区或学校开发出了某种优秀的教学资源,但由于条块划分、部门利益的限制,也无法实现学校之间或地区之间的共享,使教师们在寻找和开发合适教学资源的过程中要付出过多的时间和精力。这种状况应引起各省区市教育行政部门的注意,并尽快设法解决。

此外,可以通过多种途径和渠道来建设资源,如图2.4所示的教学资源建设的途径图。商业公司、教师和学生都可成为资源建设的贡献者。商业公司所提供的只占一小部分,只是一些通用的素材。因为商业公司的相关人员并不懂得教学规律,所以他们提供的资源一般不能直接用于教学。教师必须在商业公司所提供的通用素材的基础上进一步去收集整理,重新组织、加工,融入自己的教学理念,才能将资源更有效地用于教学。在资源收集整理的过程中可以提高教师的信息加工能力,形成信息化教学技能,完善教师的教学设计。另外,更重要的是可以让学生来帮助教师建设教学资源,这样做的目的不在于资源收集本身,而是把资源收集当作一种手段,鼓励学生参与,让学生通过收集整理资料开阔视野、联系生活实际、激发学习动机、促进对知识意义的自主建构并打破封闭的课堂。例如,在一个学习专题网站的建设过程中,教师可先提供基本的材料及框架,然后让学生把平时看到的、自认为比较好的资料或者是自己的作

品上传,和其他学生一起共享,从而提高他们参与的积极性。

图 2.4   教学资源建设的途径

2.4   信息技术与课程整合的途径和方法

由于"教无定法",谁也不可能提出一套适合所有学科的"包医百病"的整合方法。但是不同学科要实现与信息技术的整合都需要信息技术环境的支持,因而需要遵循共同的指导思想与实施原则。只要掌握了这种指导思想与实施原则,教师才能在教学实践中结合相应的学科创造出多种多样、实用有效的整合模式与整合方法来。下面 5 条就是我们经过多年的整合实践和深入的理论思考而形成的、关于各学科的信息技术与课程整合都可遵循的指导思想与实施原则,即实现信息技术与课程整合的基本途径与方法。

2.4.1   运用先进的教育理论作为指导

信息技术与课程整合的过程绝不仅仅是现代信息技术手段的运用过程,它必将是伴随教育、教学领域的一场深刻变革。换句话说,整合的过程是教育深化改革的过程,既然是改革,就必须要有先进的理论做指导,没有理论指导的实践是盲目的实践,将会事倍功半甚至徒劳无功。在国内外信息技术与课程整合实践中,建构主义理论成为指导整合实践的重要理论之一。这里之所以要特别强调建构主义理论,并非因为建构主义十全十美,而是因为它对于我国教育界的现状特别有针对性——它所强调的"以学为主",学生主要通过自主建构获取知识意义的教育思想和教学观念,对于多年来统治我国各级各类学校的、以教师为中心的传统教学结构是极大的冲击;而且建构主义的学习理论与教学理论及建构主义学习环境下的教学设计方法可以为信息技术环境下的教学,也就是信息技术与各学科课程的整合,提供最强有力的理论支撑。

2.4.2   围绕新型教学结构的创建来进行整合

在前面分析信息技术与课程整合的定义和内涵时,我们曾指出:"整合"的实质与落脚点是变革传统的教学结构,即改变以教师为中心的教学结构,创建新型的、既能发挥教师主导作用又能充分体现学生主体地位的"主导—主体"相结合的新型教学结构。既然如此,信息技术与课程整合的实施当然应紧紧围绕新型教学结构的创建来进行,否则,将会迷失方向——把一场深刻的教育革命(教学过程的深化改革)变成纯粹技术手段的运用与操作。

要紧紧围绕新型教学结构的创建这一实质来整合,就要求教师在进行课程整合的过程中,密切关注教学系统4个要素(教师、学生、教学内容、教学媒体)的地位与作用:看看通过自己进行的整合,能否使这4个要素的地位、作用和传统教学结构相比发生某种改变?改变的程度有多大?哪些要素改变了?哪些还没有?原因在哪里?只有紧紧围绕这些问题进行认真分析,并采取相应的措施,才能实现有效的深层次的整合。事实上,这也正是衡量整合效果与整合层次深浅的主要依据。

2.4.3 运用"学教并重"的教学设计方法

目前流行的教学设计理论主要有"以教为主"的教学设计和"以学为主"的教学设计(也称建构主义学习环境下的教学设计)两大类。因为这两种教学设计理论均有其各自的优势与不足,所以最好是将二者结合起来,取长补短,形成优势互补的"学教并重"教学设计理论。这种理论正好能支持"既要发挥教师主导作用,又要充分体现学生主体地位的新型教学结构"的创建要求。在运用这种理论进行教学设计时,应当注意的是,对于以计算机为核心的信息技术(不论是多媒体还是计算机网络),都不能把它们仅仅看成辅助教师教课的形象化教学工具,而应强调把它们作为促进学生自主学习的认知工具与协作交流工具。

2.4.4 建设丰富而优质的学科教学资源

没有丰富的高质量的教学资源,就谈不上学生的自主学习,更不可能让学生进行自主发现和自主探索;教师主宰课堂、学生被动接受知识的状态就很难改变,新型教学结构的创建也就无从说起。新型教学结构的创建如果落不到实处,创新人才培养的目标自然就会落空。

但需要说明的是:重视教学资源的建设,并非要求所有教师都去开发多媒体课件,而是要求广大教师努力收集、整理和充分利用互联网上的已有资源,只要是网站上有的,无论是国内的还是国外的(国外也有不少免费教学软件)都可采取"拿来主义"。但"拿来"以后只能用于教学,而不能用于谋取商业利益。只有在确实找不到与学习主题相关的资源(或者找到的资源不够理想)的情况下,才有必要由教师自己去进行开发。

2.4.5 创建能实现新型教学结构的各学科教学模式

新型教学结构的创建要通过全新的教学模式来实现。教学模式属于教学方法、教学策略的范畴,但又不等同于教学方法或教学策略。教学方法或教学策略一般是指教学上采用的单一的方法或策略,而教学模式则是指两种或两种以上教学方法或教学策略的稳定组合。在教学过程中,为了实现某种预期的效果或目标,例如,创建新型教学结构,往往要综合运用多种不同的方法与策略,当这些教学方法与策略的联合运用达到预期的效果或目标时,就可成为一种有效的教学模式。

能实现新型教学结构的教学模式有很多,而且因学科和教学单元的不同而呈现出差异性。每位教师都应结合各自学科的特点,并通过信息技术与课程的深层次整合去创建既能发挥教师主导作用又能充分体现学生主体地位的"主导—主体"相结合的新型教学结构。

第 **3** 章
信息技术视角下移动学习的可靠性研究

技术催生变革,当今社会正步入以云计算、物联网、移动互联网、大数据、虚拟现实/增强现实、人工智能和社交媒体等新兴技术为代表的新时代。探索现代信息技术与教育的全面深度融合,及其对教育理念和教育模式创新的引领作用,助力我国教育信息化走向"深度融合,引领创新"的新阶段,是教育业界普遍关注的热点问题。

3.1 绪 论

移动数据网络基础的完善和移动智能终端的普及应用,为移动教育的发展提供了技术条件。移动学习(Mobile Learning,M-Learning)已成为现代远程教育研究的热点,并受到广泛关注。移动学习是指利用无线移动通信网络以及无线移动通信设备获取教育信息、教育资源和教育服务的一种新型学习形式。与传统的网络学习相比,它打破了时空障碍,构建了灵活、自由、开放的学习环境,满足了碎片化学习的巨大需求,实现了任何时间(Anytime)、任何地点(Anyplace)、任何方式(Anyway)和任何步调(Anypace)(简称"4A")的学习。

2014 年是在线教育移动化的时间拐点,在"互联网+"政策的推动下,移动教育进入了高速发展的窗口期。全球领先的移动互联网第三方数据挖掘机构 iiMedia Research(艾媒咨询)于 2016 年 1 月发布《2015—2016 中国移动教育市场研究报告》。纵观报告内容可以发现:一方面,中国移动教育市场及用户规模持续快速增长,中国移动教育市场规模屡破新高,实现了跨越式的发展;另一方面,2015 年中国移动教育用户对移动教育产品表示非常满意的仅有21.8%,绝大多数用户认为移动教育产品质量有待提升。

移动教育产品的用户满意度低与移动教育市场的快速发展形成鲜明对比。当前,移动学习仍面临诸多痛点:与线下教育相比,移动学习的内容质量参差不齐、教学氛围不佳、师生互动性不足;与 PC 端线上教育相比,移动学习的网络传输稳定性差、耗费流量。艾媒咨询数据显示,移动学习用户满意度低的主要原因在于移动学习的内容质量不高(37.2%)、耗费流量多(18.6%)、学习气氛差(12.8%)以及网络不流畅(11.6%)。

移动学习内容的价值性、移动网络传输的流畅性、移动学习资源的适用性是移动学习者集中关注的重点。移动学习采用碎片化学习的特点表明,学习的有效性、高效性和可靠性是移动学习者的核心诉求。本章尝试使用思维可视化技术、虚拟现实技术、云服务、大数据分析、移动流媒体技术、HTML5 等现代信息技术对移动学习过程的各个环节进行渗透,实现信息技术与移动学习的全面深度融合,以期优化移动学习者的学习体验,最终提升移动学习的可靠性。

3.2 移动学习的要素分析

移动学习是一个动态复杂的系统,它是由若干相互区别又相互联系的要素有机组合而成的。移动学习的效果即移动学习的组成要素在不同层面、不同环节相互作用及变化汇聚形成的合力的最终体现。本书运用系统思维,通过对移动学习进行特征分析以及对现有移动学习系统结构进行解析,旨在厘清移动学习的要素构成及关系,为后续实现技术支撑下的移动学习可靠性研究提供理论指导。

由于研究视点的差异性,移动学习系统的要素划分也不尽相同。张文兰团队以传播学为研究视角,在分析拉斯韦尔的“5W”传播模式及罗密佐斯基的双向传播模式的基础上提出基于要素分析的移动学习过程模型(图 3.1),其认为移动学习传播系统应包括 5 个要素:传播者(包括学习个体、教师、教学组织、服务厂商)、信息资源、媒介与通道(终端设备及移动通信技术)、接收者(学习者)、学习环境。

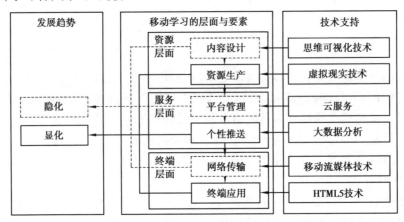

图 3.1 基于要素分析的移动学习过程模型

方海光团队对移动学习的系统支持环境进行研究,其观点可归纳为 2 条路线、3 个层次、6个要素(图 3.2)。其中,2 条路线是指学习驱动的环境路线及技术驱动的环境路线;3 个层次是指移动学习装备环境、移动学习支持环境和移动学习服务环境;6 个要素是指移动学习终端设备、移动学习网络接入、移动学习平台开发、移动学习资源建设、移动学习的内容选择与设计及移动学习活动设计。

综合上述观点,以传播学的视点切入,以信息传播途径为脉络,对移动学习的实际发生过程进行路演,将其要素依次划分为内容设计、资源生产、平台管理、个性推送、网络传输及终端应用。移动学习的要素之间存在明显的时间衔接性,且隐性涵盖了信息传播者的功能与信息接收者的诉求。随着技术的驱动演化,内容生产、平台管理、网络传输呈现隐化现象,资源生产、个性推送、终端应用呈现显化现象。

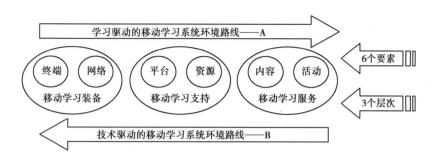

图 3.2　移动学习的系统环境路线图

随后,本书依据要素之间的耦合性与关联性,经归纳演绎将移动学习划分为 3 个层面:内容设计与资源生产归属于移动学习资源层面、平台管理与个性推送归属于移动学习服务层面、网络传输与终端应用归属于移动学习终端层面。

为切实推动移动学习的健康持续发展,现代信息技术对移动学习的可靠性支持并不能泛泛而谈,生搬硬套,而应针对现实问题,对症下药。如前文所述,移动学习内容的价值性、移动学习资源的适用性、移动网络传输的流畅性是移动学习者集中关注的重点。本书据此基于要素分析构建技术支持模型(可参考图 3.3)。其中,在移动学习资源层面,使用思维可视化技术进行内容设计,以虚拟现实技术应用于资源生产,旨在满足移动学习内容价值性的要求;在移动学习服务层面,基于云服务分布式架构平台,基于大数据分析实现个性化资源推送服务,旨在满足移动学习资源适用性的要求,实现"所得即所需";在移动学习终端层面,使用移动流媒体技术优化网络传输效果,使用 HTML5 技术跨平台多端融合显示服务于终端应用,旨在保障移动网络传输的流畅性且优化学习者的学习体验。

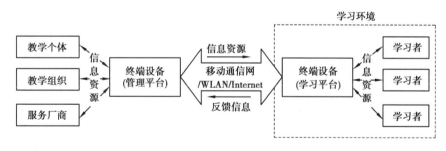

图 3.3　移动学习的系统环境路线图

3.3　可视化移动学习资源建设

移动学习资源是指支持开展移动学习的各种信息资源,是移动学习系统的重要组成部分,它是教师组织教学的工具,是学习者获得信息的途径。移动学习资源是体现移动学习内容价值性的关键,也是移动学习发生的基础与前提。

3.3.1　内容设计——思维可视化技术

思维可视化(Thinking Visualization)是指以图示或图示组合的方式,把原本不可见的思维结构、思考路径及方法呈现出来,使其清晰可见的过程。本书将思维可视化技术应用于移动学习的内容设计,主要基于两个原因:其一,移动学习的内容是碎片化的,知识结构的系统性与逻辑性必然存在缺失,思维可视化技术的显性价值可以实现零散知识的系统化;其二,教育信息化推进学习的方式由数字化学习向智慧学习变革,学习的目标随之由学会知识、学会学习上升到学会思考、学会创造的高度,思维可视化技术的隐性价值正是发展学习者的思维能力。

本书运用教学系统化设计中的内容分析方法,利用图示模型与技术工具,建构移动学习内容思维可视化的路径,具体过程如下:首先,移动学习内容的组织编排。有 3 种具有代表性和影响力的观点:布鲁纳的螺旋式编排、加涅的直线编排、奥苏贝尔的渐进分化和综合贯通的原则。其次,移动学习内容的思维分析。依据信息表征、内容要素及关联性、难度层次以及心理操作过程而定,可采用归类分析法、图解分析法、层次分析法以及信息加工分析等方法。再次,思维可视化模型的创建与归类。综合组织编排与思维分析的结果,可创建放射状、层次化、线性化以及矩阵式等可视化模型。最后,思维可视化模型的技术实现,即运用动态思维可视化工具实现可视化模型。

"工欲善其事,必先利其器"。移动学习内容的思维可视化的实现最终须由理论研究层面落实到实践操作层面。本书根据学习内容呈现过程的方式,将思维可视化工具划分为两类:一是静态工具,即思维导图类工具,具有代表性的软件有 Imindmap、Mind-manager、XMIND 等;二是动态工具,具有代表性的软件有 Prezi、Axeslide、Focusky 等。动态思维可视化工具更为注重于可视化思维的过程展现,它采用故事版的格式,将所有演示的内容都置于一张画面上,通过放大、聚焦、平移、旋转等动态效果进行展示,更能直观地体现知识结构的逻辑关联性,呈现过程会随着学习者的思路进行全局与细节间的无缝切换,具有缩放旋转自如、舞台无边界、多元素支持、云端协作等特点。

3.3.2 资源生产——虚拟现实技术

虚拟现实(Virtual Reality),即利用计算机技术模拟产生三维的虚拟世界,让使用者及时、没有限制地感知虚拟空间内的事物。它利用视觉、听觉、触觉、嗅觉等对人体进行全方位"欺骗",达到让使用者"身临其境"的效果。《地平线报告》作为教育领域的技术风向标,多次将虚拟现实列入其中,可见虚拟现实技术的关注热度。

2016 年被称为"虚拟现实元年",虚拟现实技术在教育领域的应用开启了新的篇章。虚拟现实技术与资源生产是不期而遇的:首先,从研究综述来看,虚拟现实技术的理论、虚拟学习环境及学习资源建设是虚拟现实技术在教育领域内的研究重心。其次,从行业动态来看,"创变"与"融合"是资源制作行业的高频词汇,由 NewTelk 公司及北京中科大洋科技发展股份有限公司等为代表的教育产品服务商均以虚拟现实技术为亮点推广其虚拟制作系统。最后,从技术发展来看,NDI(NetWork Device Interface)技术实现了多种媒体信号的融合及网络化的共享传输,为虚拟现实技术在资源生产中的应用打开了更为广阔的创想空间。

与面授学习相比,学习情境的塑造、学习氛围的营造及学习角色的融入是移动学习的痛点。虚拟现实技术的应用有助于摆脱现有困境,具体方式通过其虚拟性得以实现:一是虚拟场景。通过创设的三维虚拟场景让学习者在情境中主动建构知识,借助知识与情境之间的动态相互作用实现情境学习和知识迁移。二是虚拟机位。通过多角度虚拟机位,以一个实景创设多个角度富有变化的画面,让学习者全方位感知学习内容,营造"身临其境"的学习氛围。三是虚拟运动镜头。虚拟摄像机的跟踪定位技术为运动镜头提供了有力支撑,通过多景别的画面预置功能实现流畅的推、拉、摇运动效果,给学习者以画面带入感,更好地融入学习角色。

3.4 智能化移动学习支持服务

移动学习服务介于移动学习资源与移动学习终端两者之间,其提供的支持服务在于将合适的移动学习资源通过移动学习终端传送到合适的学习者手中。本书使用云技术实现移动学习资源大范围的区域聚合与共享,运用属性标注对移动学习资源施加印记,通过大数据分析建立移动学习者的用户模型进而施加个性印记,当两者印记相匹配时,即可实现移动学习资源的个性化精准推送。

3.4.1 平台管理——云服务

移动学习平台与云服务的契合点在于移动学习平台可以运用云计算的理念。按照云计算的技术模式建立新型的信息化学习环境,移动学习资源通过云服务能实现无处不在的共建共享,满足不同年龄、不同层次的学习者的不同需求。

本书认为移动学习平台的管理应充分结合移动学习的特点与云计算的技术模式,兼顾于硬件云、软件云与资源云 3 个方面:

一是硬件云。硬件是移动学习平台的基础,包括各种计算机设备、存储设备和网络设备等。硬件云具备云服务动态扩展的特性,可根据用户规模的扩展增加服务器集群数量,而不必更改移动平台的应用架构。分布式部署软硬件设备的方式,则可应对用户的并发性访问请求。数据多副本容错、计算节点同构可互换等措施可以保障服务的可靠性。

二是软件云。未来的软件使用环境必然会由桌面端走向云端,用户无须下载安装、无须考虑系统兼容性等问题,运用浏览器即可享受软件服务。软件云是移动学习平台面向云端用户提供的系统软件与应用软件服务。系统软件主要包括云操作系统、各类系统管理软件、软硬件监控软件、分布式文件系统等。应用软件主要包括云端资源开发软件,在线点播、直播、虚拟直播等应用软件以及移动流媒体转编码、视频在线剪辑等软件。

三是资源云。移动学习资源具有多态性的特点,资源云通过云服务优化移动学习资源的配置,将分散的资源整合到云平台中,化零为整,根据学科、专业、课程等属性建立横向维度信息,根据资源类型、技术参数、适用对象等属性建立纵向维度信息,进而为移动学习资源建立属性标注。依据不同的属性进行分类聚合,当移动学习者的用户模型与资源属性标注相匹配时,即可向其推送资源。

3.4.2 个性推送——大数据分析

由于知识储备层次、认知水平、学习风格、媒体偏好等的不同,移动学习者具有显著的个体差异。移动学习平台根据学习者的多种特点和行为倾向,采用相应的学习支持策略。建构学习路径进而依据路径精准推送学习资源,必然建立在对海量的学习数据的有效采集、分析、维护和应用的基础上。换言之,移动学习资源的个性化推送必然依托大数据分析。

面对移动学习者的个体差异及多样化的学习诉求,移动学习平台精准推送学习资源能够大幅提升学习者的用户体验,实现移动学习的个性化、差异化及定制化。本书认为个性推送需要历经信息采集、用户建模及数据匹配等环节。

首先,信息采集是一个动态持续的过程。初步信息可以源自学习者报名注册信息及入学测试成绩等数据。在学习者参与移动学习的过程中,移动学习平台应系统地记录学习者的学习行为,如学习者访问学习资源的媒体类型、学习时间、访问次数等,这些行为数据不断积累充实到学习者的个体采集数据中。

其次,从采集的数据中提取能描述学习者个性化的数据来建立用户模型,包括学习者基本信息描述、学习风格、认知水平和兴趣偏好等。其中,学习者描述包括姓名、性别、出生日期、联系方式、受教育水平及职业背景等要素;学习风格包括信息加工、感知、信息输入、内容理解等要素;认知水平包括背景知识、知识熟练程度、认知能力等要素;兴趣偏好包括媒体类型、资源时长、参与讨论主题及关注知识点等要素。

最后,根据用户模型的个性化数据采集信息,与资源属性模型进行数据匹配,建立适应性的资源集合,向移动学习用户推荐最佳的学习活动序列和学习资源,保持对学习者更持续的吸引力。

3.5　移动学习终端应用

移动学习是移动学习者通过使用移动学习终端借助移动互联网络及时获取各种推送的学习资源得以实现的。移动学习终端是与移动学习者最为贴近的层面,其应用效果将直接影响移动学习者的学习体验。

3.5.1　网络传输——移动流媒体技术

移动学习的突出特性在于移动性。移动互联网络的接入方式、切换方式以及网络传输的稳定性是保障移动学习用户体验的关键所在。

从接入方式来看,为移动学习提供底层物理链路支撑的无线通信网络,以适用范围及覆盖范围大小为划分依据,可分为:蜂窝移动通信网,即通过公众移动通信网提供广域覆盖的无线网络(如4G,5G或GPRS);无线局域网(WLAN),利用射频(RF)技术进行数据传输,其功能定位在于实现了有线局域网基础上的网络延伸;Wi-Fi,即在办公室和家庭中使用的短距离无线通信技术;无线AP,即适合大面积公共区域的无线通信技术。

从切换方式来看,无线网络连接的切换包括水平切换和垂直切换。由于协议标准、频带权限、覆盖范围、传输速率等差异性,蜂窝网、无线局域网、Wi-Fi及无线AP凭借各自不同的技术优势和适用场合一起共存,构成了异构无线网络环境。在移动学习发生的现实情境中,由于移动学习者进行移动而导致物理位置发生变化,或者是由于业务性能需要而追求更好的学习服务质量,则需进行无线网络接入方式的切换。具有代表性的切换方式包括同种无线接入技术的水平切换以及不同无线接入技术交换连接的垂直切换。

综上,移动学习网络传输的稳定性在于依据移动学习者所处的区域位置选择合适的无线网络接入方式,根据位置的移动变化实现自动的接入方式切换,依据通信协议及传输速率等因素自适应传送不同码流的移动学习媒体资源。移动流媒体技术是流媒体技术在移动网络和终端上的应用,其利用无线通信网络为移动终端提供音视频等流媒体服务。在实现流媒体业务的协议栈中,视频、音频等流媒体数据通过 RTP、UDP 承载,静态的图像、文本使用 HTTP 承载,对于能力交换和表示描述则使用 HTTP 或者 RTSP 封装。移动流媒体技术通过流媒体协议支持不同的无线网络接入方式,依靠不同协议间的转换引擎能实现接入方式的自由切换,支持多码流技术及自适应码流技术,根据播放终端的不同,在输出相应协议流的同时输出合适的码流,以保证所有终端均能流畅播放。

3.5.2　终端应用——HTML5

基于移动学习的终端应用方式有两种:一是在移动终端设备上下载安装移动学习 App;二是直接使用浏览器访问移动学习平台。HTML5 与移动终端应用的契合之处在于,基于 Web 的应用程序是现在及未来网络应用的发展方向,HTML5 将应用的功能直接加入浏览器内核,正引导移动技术潮流重新回到浏览器时代,其即将成为独立移动应用的终结者。

HTML5 的技术优势为移动终端的实践应用提供了技术支撑。首先,HTML5 是万维网联盟(W3C)历时 8 年制定的标准规范,鉴于 W3C 在 Web 技术领域的权威性与影响力,未来 HTML5 技术将会成为各种浏览器与平台支持的通用性网络标准。其次,HTML5 具有跨平台的优点,基于 HTML5 技术的移动教育产品可以轻松进行跨平台的移植,实现跨平台使用。再次,HTML5 支持自适应网页设计,让同一张网页自动适应不同大小的屏幕,真正实现了"一次设计,普遍适用"。最后,HTML5 迭代速度快,具有即时更新的优势,随时变更随时上线,学习者可以在毫无感知的情况下获取最新的学习变化。

HTML5 技术在移动终端的应用更能有效提高用户的学习体验。首先,HTML5 技术让应用程序重新回归到网页,并对网页的功能进行扩展,用户无须下载客户端或插件就能进行学习,操作使用更加便捷。其次,HTML5 技术的网页多媒体特性,能支持网页端的 Audio、Video 等多媒体功能,实现移动终端的多媒体应用。再次,HTML5 技术的三维、图形及特效特性,不仅加强了网页的视觉效果,甚至能使学习者在网页中看到三维立体特效,便于虚拟现实技术在移动终端的显示应用。最后,HTML5 技术的连接特性具有更为有效的连接工作效率,使得基于页面的实时聊天、在线答疑得以实现,保障了移动学习双向互动的实时性与畅通性。

移动学习是一个动态复杂的系统,其面临的诸多痛点涉及资源层面、服务层面及终端应用层面,运用单一的技术手段难以解决移动学习的所有问题。本章通过对移动学习的问题进行归因,针对不同的问题采用不同的技术手段,建立了基于要素分析的移动学习技术支持模型,最终目的在于实现移动学习与现代信息技术的全面深度融合,优化移动学习的用户体验,保持移动学习的用户黏度,提升移动学习的可靠性。

第 4 章
移动学习及其影响因素研究

4.1　移动学习的概念及特征

移动学习也称"行动学习",它的英文术语为"Mobile Learning",缩写为 M-learning、m-Learning或 mLearn。其中,Mobile 通常解释为"移动的"或是"流动的",有时也作为手机(Mobile Phone)的简称。研究者们根据不同的研究背景和研究视角对什么是移动学习有不同的理解,学术界尚未对移动学习确定一个完全统一的、精准的定义。这种对移动学习认识上的差异在学术研究领域是正常的,实际上反映了人们从不同角度对相关实践的关注和解释,并不影响其本质特征的表达。

移动学习的实践虽然出现的很早,但是正式区分移动学习和数字化学习,给出它具体的定义则是从 2000 年左右开始的。美国的 Clark Quinn、Elliot Soloway,以及英国的 Mike Sharples 等人是较早讨论移动学习的学者。纵观各种对移动学习的阐释,不难发现学者们对移动学习的研究涉及多个方面。并且随着时间的迁移,移动学习的定义变得越来越丰富和全面。最初关注移动学习发生时所需的硬件设备,后期则关注移动学习发生的场所、时间的泛在性以及移动学习资源的应用。

上面各种定义对移动学习的描述各有侧重,不同专家对移动学习的内涵及外延的认知有一定的差异,但大致可归结为以下 3 种说法:

第一种说法主要界定移动学习和远程教育的关系及其历史使命。移动学习是在远程教育和数字化学习的基础上发展起来的一种学习方式,是对数字化学习(E-Learning)的扩展。持这种观点的学者认为移动学习是有效利用移动手持计算技术设备进行的数字化学习。该种说法的代表人物是爱尔兰学者、远程教育专家 Desmond Keegan。他在 2000 年庆祝上海广播电视大学建校 40 周年举行的"新千年:教育技术与远程教育发展——中外专家学术报告会"上作了题为《远程学习·数字化学习·移动学习》的学术报告,并且预言移动学习代表着学习的未来。2009 年,加拿大阿萨巴斯卡大学的 Rory McGreal 教授也再次强调移动学习是远程教育的一个新阶段,正改变着原来的数字化学习。

第二种说法是从移动学习的实现方式出发,认为移动学习是学习技术的延伸。相较于第一种说法,这种说法更加强调学习者使用电子移动设备、移动通信网络或无线网络进行学习。其技术基础是移动计算技术和互联网技术,或称为移动互联网技术,实现载体是小型化的手持移动计算设备。这些设备具有三大特性:一是可携带,即设备形状小、质量小,便于随身携带;二是无线连接,即设备无须连线即可联网;三是移动性,指使用者在移动中也可以很好地使用。持此类观点的研究者很多,移动学习最早的定义者之一——美国计算机辅助教学专家 Clark Quinn 就是其中之一,之后 Alexzander Dye 对其作了更为详细的阐述。而在 2005 年,Wagner 和 Wilson 也认为移动学习就是充分利用泛在网络和无处不在的数字化设备进行的学习。

第三种说法既强调移动学习是一种数字化学习方式,又注重移动设备对数字化学习的改良,将眼光放在教学法层面。移动学习通过手持移动计算设备能够有效地呈现学习资源,改变学习活动的方式。在移动学习中,学习不再固定在一个地点,也可基于特定的环境触发,甚至在非预设场景中实现,扩展了原有教与学的范围。

无论以上哪种说法,在不同方面或多或少都存在不足。例如,美国孟菲斯大学助理教授 Michael M. Grant 博士认为,基于远程教育和数字化学习的移动学习定义本身就存在错误假设,这将导致移动学习从一开始就忽视了其他方面的理论基础,而基于技术实现方式的定义则可能受到技术过时的威胁。

根据上述多位专家对移动学习的讨论,并且结合多年来在移动学习方面的理论研究及项目实践,我们归纳出移动学习应具备以下主要特征:

①移动学习是随时随地发生的,不受时间、空间的各种限制,这是移动学习最重要的外在特征,即学习不再受传统固定教学场所和有线网络接入的限制。

②移动学习是无线的,用于移动学习的设备应具有双向的无线传输能力,既可以是无线局域网,也可以是无线通信网络。

③移动学习关注移动设备和移动服务两个方面。

④移动学习的内容一般呈碎片化状态,需要学习者对其重新整合和内化。

⑤移动学习自主性强,学习者应具备较好的自我指导和自我管理能力。

⑥移动学习的组织形式是多种多样的,可以是自主学习,也可以是既定步调的学习等,还可以是多人协作学习。

⑦移动学习可以具有情境相关性,不同学习者根据其所处的环境不同,学习形式和学习效果都可能有所不同。

⑧受益于移动设备的强大功能,移动学习具有丰富的交互形式。

除了以上各种特征,移动学习还具有移动设备的易获得性、便携性、个性化、非正式、跨设备的适应性,学习形式的隐蔽、直觉性,学习过程或学习效果持久性等多重局部特征。

4.2　数字媒体设备影响因素

移动学习设备在大学生中比较普及,应用非常广泛。大学生基本上都拥有移动学习设备,有进行移动学习的硬件条件,认可通过移动学习设备开展移动学习,并且具有比较强烈的移动学习愿望。

在移动通信技术的支持下,学习者可以携带移动终端进入真实的学习工作环境中,或者直接由终端模拟真实的环境与情节,通过与环境、他人以及工具之间的互动来达成知识的自主建构。此时,移动学习设备不再是传统教学内容的传递和教师获取信息反馈的技术工具,而成为在特定的学习情境中学习者获取支持、指引和扩充思维的手段。

移动学习设备是进行移动学习的基础。对于学习者而言,移动学习设备不仅是信息获取的工具,而且参与到认知的过程中,成为学习者交流信息的工具。没有移动学习设备,移动学习就无从谈起。移动学习设备功能的多少、经济适用性、网络传输速度都会影响移动学习。

伴随手机的普及以及手机网络功能的完善,特别是4G手机的广泛应用,移动学习设备在技术上日趋成熟。学生基本上都具备了拥有移动学习设备的条件,可自发使用移动学习设备开展学习活动。

因此,了解学生移动学习设备的现状,探索学生在使用移动学习设备过程中的情感认知、效果反馈等,对于人们了解移动学习系统和开发更适合学习者的学习设备具有理论意义和实践作用。

4.2.1 技术使用

使用相近的词汇包括应用(适应教学需要、以供教学使用)、运用(指根据信息技术的特性加以利用),以及利用(用信息技术为教学服务)等。使用是一种有意图的行为并且由规范所引导。相对而言,教学中的信息技术使用,更倾向于利用信息技术优化教学互动的规则性、普遍性。为了规范教学中的技术使用行为,避免出现不当的技术使用状况,人们总是编制形式多样的使用手册。

技术使用研究是阐释教师使用信息技术"教什么""如何教"以及学生使用信息技术"学什么""如何学"的问题。教育信息化中的技术使用,是指在现代教育理论和思想的指导下,将现代信息技术应用到教学的各个环节中,从而优化传统的课堂教学,形成新的教学模式,培养学生的创新精神与实践能力。

技术使用是作为使用主体的人基于一定的教学目的来操作信息技术的活动。技术使用内含着三大结构性要素——技术使用的主体(使用者)、技术使用的客体(人工物)以及使用主体与客体之间的关系(互动过程)。人、物和关系要素相互作用、相互联系,构成了信息技术与课堂教学整合中技术使用的有机整体。

首先,教师、学生等技术使用者作为人的要素。技术使用者是技术系统(聚焦技术的生成)和社会系统(关注技术的使用)日渐融合、协同共生的黏合剂。信息技术的教育应用不仅依靠信息技术的设计者,更依赖于信息技术的使用者。技术使用需要坚持使用者的主体地位,以作为技术使用活动的动力支持。

其次,硬件、软件等使用对象作为物的要素。技术使用的客体丰富多样。凡进入使用者视野中的信息技术产品,均有可能成为技术使用的对象,直接表现为工具、机器等物质形态的技术。当然,技术使用者并非仅仅为了能用信息技术去做什么,而是应用信息技术促进学生发展。

最后,将技术使用者与使用对象的互动关系作为关系要素。信息技术是对教学关系的具体化,体现了教学要素及其关系。在信息技术与课堂教学的整合中,信息技术使用中的关系要素表现在技术使用者与使用对象之间相互联系、彼此限制的互动过程中。例如,计算机与教学的深度融合不仅包含可接触、可体验的计算机软硬件,还包括师生之间的讨论、协作等教学关系。

4.2.2　移动学习设备

随着科学技术的飞速发展,移动学习设备发生了日新月异的改变,移动学习活动更加多样,使得移动学习设备的概念更加难以界定。但国内外许多专家已经就这方面的研究从不同角度有所涉及。一些专家认为,只要能够支持随时随地进行移动学习的设备,都称为移动学习设备;北京大学的移动教育实验室就将"移动学习设备"直接简称为"移动设备",Clark Quinn将移动学习设备称作"信息设备";甚至有学者认为书本具有实现随时随地获取知识的功能,所以书本也应是移动学习设备。

从属性上讲,移动学习设备只是学习的工具,具有工具的基本特征,即作为学习者与学习环境之间进行有效沟通和交流的中介和手段。移动学习设备已参与到学习者的学习活动过程中,有了一定的认知功能。此外,移动学习设备还具有独有的特点,可以简单概述为:

①可携带性(portability),即设备整体面积较小、自身的质量小,可轻松携带;

②无线性(wireless),即具有无线网络通信功能,无须连线;

③可移动性(mobility),即学习者可随时随地使用,"移动地"进行学习。概括而言,移动学习设备,是指任何时间、任何地点都可帮助学习者以任何方式获取数字化学习资源,以满足其学习需求的无线便携式移动设备。

4.2.3　设备使用视角下的移动学习影响因素

回顾国内外对设备使用视角下移动学习影响因素的研究,国外主要是关于移动学习设备软件的开发和学习效果的调查等,国内也主要是关于移动学习本身的研究比较成熟,很少有较为全面的从设备使用角度分析移动学习影响因素的研究。

在全球化信息技术革命环境的影响下,社会各界越来越重视信息技术在教育教学活动中的应用问题。虽然在信息技术实施的过程中,关于用户的参与和满意度的相关研究大约有 30 年的时间,但学习者的个体行为和对信息技术的接受程度,仍然是信息技术应用过程中的关键问题之一。信息技术相关的接受理论比较多,大多从学习者个体的心理行为出发进行研究,比如,动机模型(Motivational Model,MM)、计划行为理论(Theory of Planned Behavior,TPB)、理性行为理论(Theory of Reasoned Action,TRA)、技术接受模型及其扩展模型(Technology Acceptance Model,TAM/TAM2)、技术接受和统一理论(Unified Theory of Acceptance and Use of Technology,UTAUT)等。技术接受行为在我国的研究时间较短,研究的应用领域空间也相对狭小。其中,Davis 的技术接受模型是从行为科学理论中提出来的,是信息技术领域中最为广泛应用的模型,如图 4.1 所示。该模型论述了感知有用性和感知易用性对学习者使用信息技术意愿的影响。

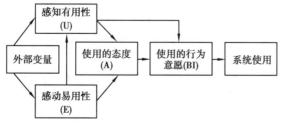

图 4.1　技术接收理论

技术接受模型中涉及的主要因素有两个:一是感知有用性(Perceived Usefulness,PU),表述为如果个体用户预期地感觉到了组织内部使用的具体应用系统,那么可以相应地提高他的工作业绩程度;二是感知易用性(Perceived Ease of Use,PEOU),表述为个体用户预期使用的目标系统容易程度,这里个体用户使用的态度,是其在使用系统时,主观上的积极感受或是消极感受。使用的行为意愿指的是个体意愿地去完成某个特定行为的可测量程度。该模型认为个体用户的使用行为意愿决定了目标系统的使用,而使用行为意愿则由使用态度和感知有用性决定($BI = A + U$)。使用的态度由感知有用性和感知易用性决定($A = PU + PEOU$),外部变量和感知易用性决定感知有用性($PU = PEOU + external\ variables$),外部变量则决定感知易用性($EOU = external\ variables$)。

将设备使用的研究引入我国高校大学生移动学习的研究中,为从使用移动设备的角度来关注学生移动学习的状态和效果提供了新的思路;分析学生在移动学习设备使用中的意见,为移动设备设计、移动学习资源的开发提供了参考和建议。

4.3　信息传播与互动影响因素

移动互联网带来了新的传播环境,移动学习设备开创了社会信息传递的新方式,移动信息的传播也必然形成新的信息传播规律和特性。从信息传播学视角来研究移动学习,有更多值得反思的内容,从信息传播角度来研究移动学习的影响因素,也有着其独特的价值。信息传播视角下移动学习的影响因素研究,对提高移动学习的效果,具有一定的理论意义和现实意义。

4.3.1　移动学习的发展背景与传播媒体的发展密不可分

加拿大学者麦克卢汉提出"媒介即讯息"的著名观点,认为真正有价值的信息不是各个社会时代发展的具体传播内容,而是每个时期所使用的传播工具的性质及其开创的可能性。每一种新媒介的产生都开创了人类社会发展交往和社会生活的新方式,媒介形成了人们感知和认识世界的新方式。

作为数字化学习的新类型,移动学习与传播媒体的发展紧密相连。德斯蒙德·基更在亚洲开放大学协会第18届年会所做的报告中提出,移动学习的来源,是远程教育所做的研究得出的一条规则;技术本身不具有教学的特性,技术被大众普遍拥有后,才使得开放大学和远程教育取得了成功。因为掌上电脑、手机、笔记本电脑、个人数字助理(如PDA)等移动设备被人们广泛使用,移动学习才应势而生,并逐渐扩散开来。

4.3.2　移动学习过程与社会传播过程有着很高的相似性

移动学习过程与传统学习和网络学习过程有着很大的不同。如果仅从传统的教与学的规律来分析移动学习,已无法解决移动学习中的实际问题。信息传播作为审视移动学习的独特视角,对移动学习影响因素的研究有着重要的指导意义。

移动学习过程因移动设备的内存和通信网络局限而造成学习的信息交互没有传统学习丰富和强大,有时会出现反馈不及时等现象,这与社会信息传播时出现的现象十分相同。信息传播必须遵守当时当地相应的文化属性和政治规则,不断发展的移动学习也必然要符合社会发展的一般规律,遵守国家的各项政策和文化引导性,适应社会的需求。

4.3.3 信息传播视角下的移动学习影响因素研究

移动学习与传统学习最主要的区别在于教学者身份的模糊,学习者几乎感觉不到教师的实质存在。学习者利用终端设备以自主学习的学习方式为主,而不再是传统意义上师生"face to face"交流的互动学习。从广义上讲,移动学习是在移动设备媒介基础上建立起来的一种教与学的活动,是一种非在场的传播活动。

在理论层面上,目前移动学习的研究大多集中在系统平台、资源开发和移动设备自身特有的功能上,但是在对其信息传播理论方面的研究却相对较少。从教育传播学的视角来分析移动学习,探讨信息传播视角下的移动学习影响因素,可以让更多的人使用移动设备更好地从互联网上获取信息,为移动平台的开发者和进行资源建设的人员提供建议。

在实践层面上,对移动学习的传播过程、移动学习中的信息传播要素的特性以及信道干扰、信息迷航等问题进行研究,探究出信息传播视角下移动学习的影响因素,针对这些影响因素,进行相应的现状调查和分析;根据信息传播视角下的移动学习现状调查和影响因素的调查结果,制订相应的干预策略,为今后移动学习平台和技术的使用提供了参考,优化移动学习的信息传播效果和移动学习效果;从实际出发,对国内现有的移动学习平台进行分析,对使用移动设备开展学习的人员进行调研,分析改善移动学习效果的方法和策略,为移动学习应用的开展提出建议。

4.3.4 信息传播视角下移动学习影响因素的构成

拉斯韦尔的"5W"传播模式提出了传播系统的 5 个要素:传播者、信息、媒介、受众和效果。贝罗的传播模式中将传播过程分解为 4 个要素:信源、信息、通道和受传者。将其引申到教育传播过程中,则为教育者、教育信息、教育媒体和受教育者。

从信息传播的视角来看,移动学习即学习者与其他人员利用移动设备在移动管理平台上进行信息资源的传递与接受并加以反馈的传播过程。它有互动传播模式的特点,但其内容更复杂,环节和影响因素较多。移动学习的信息传播系统与传统教育传播系统有着较大的区别。相对于传统教育的传播过程,移动学习的信息传播过程模式的表现形式、功能等发生了变化,教育者与受教育者之间、教育媒体与受教育者之间的关系也有所扩展。

从信息传播的角度看,移动学习传播系统应包括 5 个要素:传播者、信息资源、媒介、接收者、学习环境。据此,移动学习传播系统应包括 4 个要素:传播者(教学个体、教学组织、服务厂商)、信息资源、媒介(终端设备及移动通信技术)、环境,如图 4.2 所示。

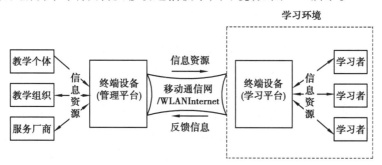

图 4.2　基于要素分析的移动学习过程模型

1)传播者因素

教育信息的传播者是教育信息资源的策划者与提供者,决定着教育传播活动的质量和效果。从移动学习系统中传播者的构成来看,主要有移动学习系统中的个体、移动学习系统的管理机构(组织)、致力于移动学习研究与实践的企业等服务厂商(社会)3类。

传播者(学习者)是移动学习系统中信息资源的接收者,也是系统传播效果的反馈者。在移动学习中,教育者与受教育者之间的关系不再是固定不变的,教育信息资源的发布者就是教育者。移动学习者既可以是教育信息资源的发布者,又可以是教育信息资源的接收者。此时,对学习者而言,移动学习工具不只是信息获取工具,更是思维认知工具、情境创设工具、表达交流工具与传播评价工具。在移动学习过程中,学习者特征、学习者的学习方式、学习心理等都是影响移动学习进展的重要因素。

在学习者特征方面,我国移动学习者日均使用手机浏览器时长集中在2 h以内,家里和公司等地点也成为用户使用地点,由此用户使用习惯初步形成。移动学习者的学习心理显然与传统学习者和网络学习者有着不一样的心理变化与心理感受。学习者要适应移动学习的"碎片化"特点,只有强调学习者学习动机的激发和维持,移动学习才能完成有效学习。

2)信息资源因素

移动学习的信息资源即信息传播的内容,主要以知识、消息、问题、游戏、控制信号等形式存在。在师生分离的状态下,信息资源是学习者开展移动学习必不可少的部分。移动学习中的信息资源与网络学习中的信息资源具有一定的相似性,但也存在其自己的特点。

移动学习的信息资源不仅成为教师向学生传授的课程内容,而且成为学生开展自主学习、协作学习以及探究学习的资源支持。相对于传统学习和网络学习方式,移动学习方式以基于资源的自主学习为主。

3)媒介因素

传播媒介是学习内容和学习资源传递的载体,是学习者实现移动学习的重要条件。离开了移动传播媒介,移动学习也就成了无本之木。在移动学习过程中,媒介与通道主要包括终端设备和通信方式两大类。媒介与通信方式的不同决定了移动学习模式的不同,如基于手机短信的学习模式、基于WAP站点的学习模式、基于校园无线网的学习模式等。

4)环境因素

学习环境是移动学习中的重要影响要素,存在于学习环节的方方面面。移动学习的学习环境应包含资源环境、参与体验环境、工具支持环境、社交环境等方面,具有泛在性、无线性、互动性、混合性等特点。移动学习环境中存在许多多变因素,网络变化、周围环境等随时会对学习者的学习产生干扰和影响。因此,相对于传统单一的学习环境来说,移动学习过程中的信道干扰因素格外值得注意。

在移动学习过程中,人们应重点关注的问题具体包括:目前信息传播视角下的移动学习研究有哪些特点,影响移动学习的因素有哪些,改进移动学习的学习策略等。根据信息传播视角下的移动学习过程和各要素之间的关系,信息传播视角下移动学习的过程如图4.3所示。

在移动学习中,学习者通过在移动网络发布资源成为教育传播过程中的教育者,实现了角色转变。移动学习虽然是以学习者的自主学习为主的,但是教师等支持人员的作用不容忽视。此时,教师通过创设问题和研讨,以及丰富多样的信息资源、组织协作学习等方式,引导学生开展自主学习。在学生遇到困难时,教师要给予及时有效的支持,要借助移动通信技术等对学习者的学习加以引导。当学习者遇到困难向教师寻求指导建议时,教师通过移动设备将建议反馈给学习者进行指导,或对有同样问题的学习者一起指导。

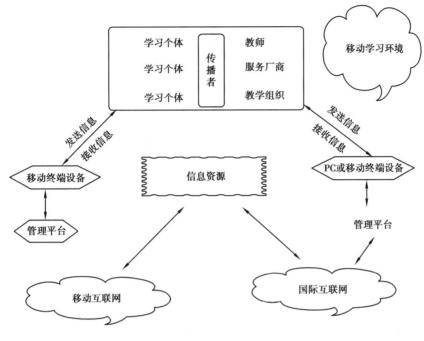

图 4.3　信息传播视角的移动学习过程

4.4　分布式认知影响因素

在应用分布式认知理论分析移动学习的影响因素时,首先要理解分布式认知理论和移动学习的相关概念,国内外对移动学习影响因素的研究,以及分布式认知理论在教育中的相关应用。

4.4.1　分布式认知的内涵

传统的认知观把认知看成在个体层次上从大脑内部信息处理的角度对其进行解释,忽视了认知发生场所的社会的、物质的和人工制品的周围环境。作为包括所有参与认知的事物的新的分析单元,分布式认知是指认知分布于个体内、个体间、媒介、环境、文化、社会和时间等之中。认知行为发生的过程可以看成通过媒介来表征事件信息并进行传播的过程。其中,媒介可以是内部的(如个体的记忆),也可以是外部的(如地图、图表、计算机数据库等)。如图 4.4 所示,在具体情境中,记忆、决策等认知活动不仅分布于工具中,而且分布于不同性质工作的人中。分布式认知理论认为,分布式认知系统是由许多单个的知识成果相互作用,产生更强的新型知识成果。

从原有认知心理学和分布式认知的比较来看,分布式认知的视角要比原有认知心理学的视角更广阔,把认知从个体的头脑中扩展到个体所在的情境之中(表 4.1)。

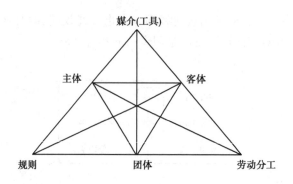

图 4.4　认知在社会中的分布

表 4.1　原有认知心理学和分布式认知比较

维度	对象	
	原有认知心理学	分布式认知
关注的对象	个体	个体和环境
认知过程	内部	内部和外部
认知任务分布	内部表征	内部表征和外部表征
对学习的隐喻	知识的获得	知识的建构和意义的获得
媒介的作用	传递教学信息	帮助建构知识
媒介是否参与认知	否	是

　　近年来,通信技术的不断发展为人们的生活提供了方便,特别是移动技术的发展改变了大学生的学习方式。在进行移动学习的同时,大学生怎样有效地进行移动学习,使学习效果达到最佳,这不仅需要移动学习资源的不断开发和改进,还需要为移动学习的开发提供理论上的支持。分布式认知理论认为,人类的认知不仅依赖于人的身体,同时还需要人类的语言交流、文化背景和现实环境。在分布式认知视角下,移动学习有了更大的发展空间和潜力。

4.4.2　分布式认知理论视角下移动学习影响因素研究的提出

　　分布式认知借鉴了认知科学与社会心理学等方法,认为认知在个体内部、其他个体、制品以及环境、文化、社会和时间中分布存在。分布式认知系统中的个体、制品、文化、策略等,可以与大学生移动学习中的学习者、网络环境、学习氛围、教学策略进行一致的匹配。移动学习本身也具有分布特征,移动学习建立在分布式的网络环境中,移动学习的环境包含了大量的学习者,具有明显的社会分布性,移动学习的环境也是文化分布的网络环境。分布式认知理论和框架可为移动学习的研究提供新的视角,为移动学习的应用打下良好的基础。在分布式认知视角下分析影响大学生移动学习的因素,可以为移动学习提供新的理论模型,为移动学习的开展提供参考。

　　在理论层面上,对移动学习的研究多在资源开发、移动终端设备、移动学习环境等方面展开,但把分布式认知应用到移动学习中的理论相对较少。将分布式认知理论应用到移动学习中,会促进移动学习的发展。分布式认知理论在网络学习环境设计,以及 E-Learning 系统设计、开发与应用等方面都有应用,而且提供了一些新的研究视角。分布式认知理论认为,认知不仅分布在个体内部和人与人的交互,还包括了制品之间的交互、环境的交互、文化的交互和社会的交互。分布式认知理论更加明确了移动学习的影响因素,为移动学习的发展提供了新的理论基础。

在实践层面上,分布式认知理论认为,移动学习的影响因素包括人、媒介、环境、文化和社会,并且这些因素之间有交互作用。针对这些影响因素,对移动学习的影响因素进行现状的调查和研究,然后根据调查结果,得出移动学习的影响因素,提出移动学习应用的最佳策略,为移动学习应用提供参考。

4.4.3　分布式认知视角下移动学习影响因素的构成

根据分布式认知理论,社会个体的社会认知活动不但依赖于作为认知主体的自身,还需对自己认知活动中的各种信息进行主动加工,同时其认知活动与认知对象、认知工具及认知环境紧密相关。

分布式认知理论在教育技术学领域的应用较广,为移动学习的开展提供了理论基础。移动学习是信息技术发展的新的学习方式,大学生更能接受新的学习方式,移动设备在大学生中的应用比较普遍,学习的时间比较自主和宽裕,而且能与正式学习和非正式学习相结合,可以优化当前大学生的学习。

分布式认知理论为移动学习提供了全新的视角。分布式认知理论认为,认知活动存在于个体、个体之间、媒介、环境、社会、文化和时间中。因此,移动学习的影响因素可以分为学习者因素、学习环境因素、学习资源因素、媒介因素、社会和文化因素,如图4.5 所示。

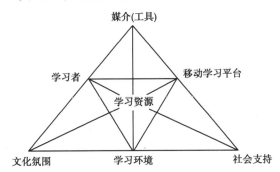

图4.5　分布式认知视角下移动学习影响因素及其关系

1)学习者因素

学习者是影响移动学习的主要因素。学习者的认知特征、知识基础和学习方式将影响移动学习的效果。在移动学习中,学习者是信息资源的接收者,也是信息资源的发布者。在移动学习交流互动的环境中,学习者可根据自己的喜好和需求开展灵活多样、内容丰富的学习活动。

移动学习重视信息的共享与交互,共享是指学习者之间的信息共享,交互是指学习者之间、学习者与工具之间的交互。在移动学习中,在学习者与移动工具之间存在交互,学习者与学习者之间、学习者与教师之间也存在交流活动。

2)学习环境因素

学习环境为学习者提供互动的条件,成为满足学习者学习兴趣的重要基础。根据分布式认知理论,学习环境的好坏也会影响认知的发展。

移动学习的环境也成为移动学习的影响因素。移动学习的环境是移动学习的重要组成部分,存在于移动学习的各个环节,对移动学习者会产生很大影响。移动学习的学习时间比较灵活自由。学习者可根据学习需求和学习偏向,选择自己认为合适的时间、地点开展学习活动。当然,在嘈杂和喧闹的环境中,人们的注意力很难集中,不会产生好的学习效果。

3)学习资源因素

学习资源是否丰富、能否满足学习者的需求,会影响移动学习的效果。例如,不同的移动设备会有不同的特点,移动学习资源在一部分移动设备上能完全显示,但在另一部分移动设备上就不能完全显示,导致大学生无法正常开展移动学习,影响了他们移动学习的学习兴趣和学习效果。

移动学习资源要考虑不同的应用情境。例如,分析是个体学习者利用还是小组合作利用,学习者是在何种条件下利用,学习者是使用什么移动设备对资源进行应用,以便为学习者提供适宜的学习资源。

4)媒介因素

媒介是传播移动学习资源的载体。媒介是移动学习必不可少的组成部分。离开了媒介,移动学习就不能正常进行。分布式认知理论把媒介作为参与认知的一部分。在移动学习中,"媒介就不再是传统的教学观所认为的只是单单传递教学信息的工具,而是可以作为认知的一部分参与到认知中来"。学习者可以选择不同的媒介来开展移动学习,减少了认知负荷,提高了学习效果。

5)社会和文化因素

根据分布式认知理论,移动学习不仅分布在个体和个体之间,还分布在社会和文化中;学习过程不再是学习者个人的事情,而是各种认知之间的交互。在移动学习中,社会的重视和倡导是其顺利发展的重要因素。其中,信息技术发达的地区人们更能接受移动学习,不同文化背景的人可能对移动学习也会持有不同的态度。

4.5　学习文化影响因素

情境学习理论认为,学习过程的实质是个体与其他学习者和环境等的相互作用过程。在此过程中,学习者参与到学习实践中,通过实践活动提升自身的能力,提高自身的社会化水平。学习者通过学习活动,主动参与到实际活动中,并且与周围的实际环境保持着动态的平衡,在真实的活动中和相应的文化背景下发生社会化学习活动。

移动学习不仅需要了解传统学习的优缺点和局限性,熟练掌握移动学习手段,更应深刻了解移动学习的本质,综合利用不同移动学习开展教学活动。移动学习要充分考虑文化的影响,并在教学实践中发挥资源呈现、社会交流等多元价值。

根据英国学者威廉姆斯"文化唯物论"的观点,文化不仅是现实反映的观念形态的东西,而且是构成和改变现实的主要方式,在构造物质世界的过程中起着能动作用。从表面上看,移动学习是教育信息资源形态向移动化演进的过程,是教学环境向移动化发展的过程。然而,从文化学的角度来说,移动学习实质上是移动学习文化全方位渗透学习方式的过程,是移动学习文化深层次影响学习方式的过程,是移动学习文化环境下传统学习文化解构和新学习文化重构的过程。

4.5.1 学习文化视角下移动学习影响因素的提出

移动学习不仅是移动学习资源的应用,而且是移动学习背景下对学习文化的传承与创新。根据文化的物质、行为和制度 3 个层面,移动学习可以在教学资源、教学行为和教学理论 3 个层面展开分析。物质层面的移动学习主要表现为课程教学中各类移动学习信息工具、移动学习信息产品以及移动学习信息环境等移动学习资源。行为层面的移动学习主要体现为教学实践中应用移动学习来获取、处理、交流课程内容,以及解决课程问题过程中的移动学习行为及方式。除了表现在的物质层面和行为层面之外,制度层面的移动学习还包括或显或隐、无时无处不在发挥作用的移动学习理论。其中,物质层面的移动学习资源是移动学习的基础性因素,行为层面的移动学习行为是移动学习的实践性因素,制度层面的移动学习理论是移动学习的引导性因素。

在物质层面,移动学习是将移动学习与其他技术结合后,形成形式多样的多媒体教学工具,构建表征形式多元的移动学习资源,构建功能强大的移动学习环境。如何利用课余时间进行有效的学习,是大学生关注的热点。这就需要移动学习资源符合学习者的特征,要更加方便、快捷、短小,以便于查询和学习。

在行为层面,为了广泛深入地推广使用移动学习,教师和学生应该学习、掌握移动学习的使用方法、操作步骤甚至制作技能,进而改变、重塑新的教学行为。于是,移动学习不断融入课程中,不断优化教师和学生之间的教学行为。此时,被广泛应用的移动学习会不断改变教师、学生长期形成的行为习惯,而足以影响教学要素之间的关系,革新师生的教学方式和学习活动。

移动学习不仅将教学材料移动学习化,更是借助移动学习感官经验促进学生学习。移动学习的广泛运用,融入了教育中教师和学生的行为习惯。技术的本质就是生活世界中的各种因素和它们之间的相互关系,人造物只不过是生活世界中的这些要素和它们之间的关系的物化或物象化。移动学习在教学活动中并不是孤立地发挥作用,而是融合于教师、学生和内容等教学要素中,体现在教学关系和教学环境的方方面面。移动学习逐渐成为教学活动的要素,不断影响教学活动,构建新的教学形态——移动学习。

移动技术能为交流协作提供强有力的支持,帮助人们交换和共享信息、扩展人们的活动范围以及参加活动的成员范围。通过移动电话、移动 MSN、移动博客、移动 Wi-Fi、电子邮件等来建立自己的社交论坛和学习圈子,参与"移动学习共同体"的讨论和交流。此时,普遍应用的移动学习会影响乃至改变教师和学生长期形成的行为习惯,很容易让原本"适应"的教师和学生变得"不适应"起来。移动学习既要顺应师生原有行为习惯的"惯性",又要支持他们新行为习惯形成的可能。为了更好地应用移动学习,教师和学生应学习掌握其使用方法、操作步骤甚至制作技能,进而改变和重塑自身的行为习惯。

在制度层面,移动学习是深刻的教育文化变革,除了重视教育资源的开发、教育行为的优化外,还必须关注蕴含移动学习因素的教育观念。为此,人们需要加强移动学习的基础理论研究与学习,与时俱进地更新教育观念,以期更好地引导移动学习的实践活动,提高移动学习的综合效益。伴随移动学习的应用,移动学习成为新的教学方式。因此,移动学习因素需要被纳入教学理论中,以形成蕴含移动学习因素的新"理论",指导移动学习应用的新"实践"。在制度层面,移动学习理论即分析如何利用移动学习手段,将复杂的教学内容移动学习化,以建构、传达和表示复杂的知识,开展丰富多样的移动学习活动,帮助学生、记忆、建构和应用知识,促进学生综合素质的全面发展。

4.5.2　学习文化视角下移动学习影响因素的构成

移动学习具有个性特点,同时也具有一定的社会性特点。在进行移动学习时,学习者基于阅读和思考的个性化学习活动中,获取的知识内容是自己经过仔细的思考和讨论得来的,因而深刻且符合自身的特点,但相对于教师直接传授知识,需要具备强烈的学习动机和坚定的学习毅力;所获取的知识内容,相对而言,比较广泛但不够深入和细致。

移动学习不仅是移动学习资源的应用,而且是移动学习背景下学习文化的传承与创新。根据文化的物质、行为和制度3个层面,移动学习可以在教学资源、教学行为和教学理论3个层面展开分析,如图4.6所示。3个层面在移动学习中扮演着不同角色,发挥着不同作用,共同构成了移动学习系统。其中,物质层面的移动学习资源是开展移动学习的前提,在移动学习中作为基础性因素;行为层面的移动学习行为是发挥移动学习的关键,在移动学习中作为实践性因素;精神层面的移动学习理论指导移动学习的有效开展,作为移动学习的引导性因素。

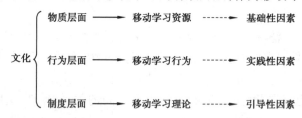

图 4.6　学习文化视角下移动学习的层次模型

1)物质层面的因素:作为基础的移动学习资源

在物质层面,人们将移动学习与其他技术结合后,开发了多种类型的移动学习工具,构建了表征多样的移动学习资源,开放了功能丰富的移动学习平台。例如,在通常的移动学习中,学习者多是在利用零碎时间、合适的终端和有益的内容进行学习。因此,人们构建移动学习资源时,需分析移动学习者的特征,开发形式上获取方便、内容上短小适用的移动学习资源,便于学习者的下载浏览或开展其他学习活动。

尽管教育资源种类多样、功能丰富,但并不是可以"拿来"就应用于移动学习中的。只有经过针对性的设计开发后,学习资源才能成为移动学习需要的教育资源。移动学习凭借强大的技术优势,可以成为教师的移动教学手段、学生的移动学习认知工具、合作学习的移动学习交流媒介等。由此可见,移动学习要按照学习需要和基本规律,与其他媒体相互作用,促进教学活动资源发生变化。

了解学习资源是怎样进入移动学习的,有利于分析移动学习资源的应用特征。从产生来源的角度看,移动学习主要有两种:一种是其他领域的学习资源应用于移动学习;另一种是开发出的针对移动学习的移动学习资源。一般意义上的移动学习只有经过不断调整,满足移动学习的内在需要后,才能融入移动学习中。

当学习资源仅仅作为产品而存在于移动学习之外时,移动学习并不会对移动学习产生深刻影响。学习资源必然会经历与移动学习融合的过程,才能有效渗透到移动学习中。因此,学习资源不能只是从自身的可能性中得到解释,而必须纳入移动学习系统中加以剖析。移动学习资源作用于移动学习,使移动学习发生改变时,已经和移动学习融合在一起。此时,学习资源按照移动学习的需要不断调整后,融入移动学习中。移动学习的学习资源虽然在种类上还是学习资源,但已经不再是原来的学习资源,而是按照移动学习需要改变的学习资源。

2)行为层面的因素:体现实践的移动学习行为

随着移动学习的不断普及和广泛应用,移动学习并不是游离于教育活动之外,而是与教师、学生和教学内容等教学要素深入融合,涉及了教学关系和教学环境的方方面面。因此,作为教学的重要组成部分,移动学习与其他教学活动的要素一起,不断影响着教学活动。

究其原因,学习平台和社交媒体为移动学习中的交流协作提供了有效支持,帮助人们在移动环境下分析资源,扩展人们移动学习的活动,支持泛在学习的发生。例如,借助移动网络,学习者可以通过移动电话、微信、微博、电子邮件等来建立移动学习的社交论坛和学习圈子,通过跨越时空的讨论和交流形成了"移动学习共同体"。

此时,支持泛在学习的移动学习形式将会影响乃至改变教师和学生长期形成的传统学习行为习惯,革新传统的教学方式和教学活动。为了促进移动学习形式与传统学习形式的有效结合,移动学习既要尊重教师、学生和管理人与等原有行为习惯的"惯性",又要支持他们移动学习新行为习惯的产生。为了更好地应用移动学习,教师、学生乃至管理人员应该学习、掌握移动学习的方法、移动学习工具的操作步骤,甚至移动学习资源的开发技能,以便更好地改变和重塑自身学习的行为习惯。

3)制度层面的因素:作为指导的移动学习理论

随着信息技术在教育方面的应用,信息化教育成了以现代信息技术为支撑的新型教育形态。教育思想、教育理念的转变是开展信息技术与学科整合活动的前提。思想不转变,在传统教育理念的指导下使用信息技术,只会是"穿新鞋走老路",不能做到信息技术与课程有机融合。

移动学习的创新不仅在于教学手段,更在于教学理念上。移动学习为教育带来了移动学习工具和学习资源,更为课程带来了新的教学方式。如果教师还采用原来的教学理论开展移动学习的教学活动,就会出现用旧"理论"指导新"实践"的现象,显然不能适应移动学习普遍应用的新情况。例如,有的大学生对使用学习设备这种新型的移动学习方式感兴趣,并有较为强烈的移动学习愿望,但由于缺乏老师和专家的鼓励与引导,没有系统的学习方法和技巧,进而导致学习效率不高。

从教育文化的角度看,移动学习的不断应用,催生了深刻的教育变革。作为移动学习的参与者、规划者,人们除了重视开发移动学习资源、优化移动学习行为,还应关注影响移动学习的理论观念。为此,相关人员要根据移动学习的发展和现代教育的需要,研究与学习加强移动学习的基础理论,不断创新移动学习的观念,以更好地利用移动学习理论指导实践活动。

随着移动学习在教学中的应用,人们需要将移动学习因素纳入教学理论中,不断丰富教学理论的新内涵,以更加有效地指导移动学习应用的实践活动。在制度层面,关注移动学习的教学理论,分析如何利用移动学习手段,建构、传达和表示复杂的知识;如何发挥功能强大的移动学习环境,开展丰富多样的移动学习活动,从而充分发挥移动学习的教育潜能,支持综合型、创造性人才的培养。

第 5 章
基于数字环境技术的教学设计概述

5.1 多媒体环境的教学设计

随着信息技术在学校教学中的广泛应用,信息化的教学环境已成为实现教学改革、学习方式变革的必要基础和前提。相对于传统的以粉笔和黑板为主的教学环境,多媒体教室则是在传统教室的基础上,增加了多媒体计算机和配套的显示设备之后形成的教学环境,并且多媒体教室已成为学校信息化教学应用中最为典型且普遍的支撑环境。

5.1.1 多媒体教室

我们常见的多媒体教室,一般包含以下 4 个重要的组成部分:多媒体计算机、中央控制系统、投影显示系统、实物投影仪等多种现代教学设备。

1) 多媒体计算机

多媒体计算机是多媒体教室的核心设备,主要用于储存、加工和发布各种教学信息,例如,通过播放 PPT、视频、音频等不同形式的多媒体资源向学生传递教学内容。另外,多媒体计算机还可作为中央控制系统的操作平台,各种不同形式的多媒体资源都需先进入中央控制系统,再经由计算机操作界面或其他控制设备进行操作控制,完成各种信号间的切换后,实现对视频、音频的全面控制。

2) 中央控制系统

中央控制系统是将多媒体教室中各个多媒体设备组合起来的关键设备,它通过系统集成的方法将多媒体教室中的必要设备操作集成在一个控制平台上。通过操作控制面板,可以便捷地实现对多媒体计算机、投影仪、音箱等设备的控制,使复杂的过程简单化。

3) 投影显示系统

视觉是学习者接收教学内容的重要通道,因此投影显示系统便显得尤为重要。对于标准的多媒体教室来说,投影显示系统主要由投影机和幕布组成。常用的投影机有液晶投影机 LCD 和数字光处理投影机 DLP 两种。其工作过程主要是先通过多媒体计算机接入相应的承载着教学信息的图像和视频信号,再经过投影机将各种信号投影到幕布上。投影显示系统使学习者与教学内容的距离进一步缩短,使无法触及的抽象信息更为具体化。

4)实物投影仪

实物投影仪是一种新型的视觉媒体设备,本质上是一种图像信息采集的设备,通过设备中的摄像头将放置在展示台上的景物转换成视频信号,再通过投影仪或者计算机显示出来。在教学应用中,实物投影仪的使用能够使事物的真实面貌进一步放大,并展示给学生,当然,除了可用于实物展示,它还可对图片、照片等资料进行投影,或直接代替黑板,展示教师在纸面上的板书。目前在一些有条件的学校中,实物投影仪已成为多媒体教室中的必备设备。

利用多媒体教室进行课堂教学,打破了传统教学的局限性,为教师提供了一个可灵活操控的多媒体教学环境。多媒体教室的使用为教师带来很多便捷,在利用多媒体教室进行教学的过程中,常用的主要功能包括以下 4 个方面。

(1)演示操作

演示操作通过将多媒体计算机信号投影在大屏幕上,可以辅助教师进行计算机软件演示、操作系统教学等。

(2)计算机辅助教学

计算机辅助教学借助教室中的各种多媒体设备,展示各类多媒体教学资源辅助教学,是多媒体教室的主要功能,在多媒体教室中,教师可以利用多媒体设备同时呈现文字、图片、视频、音频等多种媒体信息的特点,将教学内容以图文并茂的方式呈现给学生,在调动学生学习积极性的同时,协调学生通过多种感官来建构、理解知识,辅助学生进一步理解、掌握教学内容。

(3)图文实物演示

实物视频展示台将教学模型、实物、幻灯片、照片、底片投放到大屏幕上,可将细节性的信息进行放大呈现,帮助学生更好地了解某种实物或过程性信息,有利于学生的学习。

(4)播放音像资料

在多媒体教室中,教师可以利用 VCD/DVD 机或直接通过多媒体计算机播放与教学内容相关的音像资料,通过投影展示给学生,并对教学内容进行播放控制,对重要内容进行提示讲解等。

5.1.2　多媒体教室环境下的教学要领

在多媒体教室环境下,为了达到更好的教学效果,充分发挥多媒体设备辅助教学的作用,在设计课堂教学过程中,需要注意以下 3 个方面。

1)根据学习者特征及其认知需要选择使用多媒体

在设计多媒体教学时,学习者特征及每个年龄段特有的认知结构是我们不能忽视的一个方面,教学的设计只有与学习者的特征相适应,才能达到"物尽其用"的效果。

在小学低年级,学生的思维方式以直觉思维为主,此时的教学,可以灵活采用一些图片、动画、视频、音频等媒体资源来丰富教学内容的表现形式,并通过多媒体的呈现形式,在对学生的视觉、听觉通道进行刺激强化、吸引注意力的同时,使教学内容更为直观、形象化,帮助学生理解、掌握知识点,也进一步保证了学习质量。而对于小学高年级的学生来说,此时的多媒体教学重点应是帮助学生完成直观思维到抽象思维的过渡,因此,这一阶段的形象化教学可以适当减少。

在中学阶段,帮助学生学习抽象概念,培养学生的逻辑思维能力是这一阶段的重要任务,尽管这时的形象化教学仍不可或缺,但是更多的时候,多媒体是作为一种辅助理解抽象概念的手段出现在教学中的。例如,"算法与程序设计"一直都是中学信息技术教学中的一个难点,难学且难教,而近两年则出现了一系列的趣味编程软件,我们最为熟悉的应是 Scratch,通过可视化的编程方式,Scratch 不仅降低了编程难度,还使程序设计思想更为简明易懂,使枯燥无味的内容更具趣味性,很好地激发了学生学习程序算法的积极性和主动性。

2)根据实际的课堂活动需要选择适当的多媒体和资源形式

教学活动是课堂教学的基本组成单位,教学活动是否能够有效开展,直接影响着课堂的教学效果。在多媒体教室中开展教学活动时,需要依据实际的课堂活动选择适当的辅助多媒体和资源。例如,在进行教师演示软件、学生观察模仿的教学活动时,教师可将自己在多媒体计算机上的操作过程进行实时投影,帮助学生以一种"间接"但直观的方式观察教师操作的全过程,方便学生进行模仿操作,掌握软件操作技能。又或者是,在进行传统的讲授式教学时,教师便可通过多媒体计算机来播放展示各种辅助学生理解的教学资源,帮助学生进一步加工信息、建构知识。

3)注意选择运用多媒体的最佳时机

实际上,教学媒体和资源的使用对教学效果有着重要的影响,多媒体的使用不仅要恰当,还要适时。多媒体最佳的使用时机是指在课堂教学活动中能够较好地发挥多媒体的技术优势,帮助学习者保持或者转化形成良好的学习精神状态,以保证达到最终的教学目标。在运用多媒体教学的过程中,有以下 3 点建议。

(1)无意注意的适时调动

注意力对学生的学习起着主要的影响作用,但是大多时候学生的注意力集中的时间是有限的,当教师强制性地要求学生时刻保持注意时,不仅不利于学生的学习,还容易引起学生的厌烦心理。而在一定的条件下,无意注意的调用,可在不增加学生认知负担的前提下激发学生的学习积极性。教师可抓住这一点,进行灵活运用。

(2)活跃状态的激发

处于抑制状态的学生的学习往往是被动的,这个时候教师应充分利用多媒体的技能优势,采取合适的方式将这种抑制状态转化为兴奋状态,让学生、课堂活跃起来。

(3)理性认识的升华

学生的心理兴奋不是教学的最终目的,只是为达到良好的教学效果所创造的必要心理条件,其实类似于吸引学生的注意力。教师通过各种多媒体设备调动学生的学习积极性后,应因势利导,采取有效的方法,利用媒体资源使学生的认识升华到新的境界,将兴奋状态引向理性的升华,保证教学目标更好地实现。

5.1.3 多媒体教室应用案例

【案例】   物联网就在身边——初识物联网

1)案例背景

设计者	教案名称	学生	教 材	课时
俞丽薇	物联网就在身边——初识物联网	小学六年级	江苏凤凰科学技术出版社《信息技术》	1

2）教学目标

（1）知识与技能

①知道物联网的概念，了解物联网在各个领域的应用。

②小组讨论问题，培养发散思维，提高创新能力。

③通过对模型的探究，培养动手能力，提高发现问题与解决问题的能力。

（2）过程与方法

①通过教师提出的问题、视频等材料，发挥想象力，了解物联网及应用。

②探索作品的实验现象并展开想象力，以及设计模型的实际应用。

（3）情感态度与价值观

①以小组为单位的学习过程，提高团队意识，培养人际交往和沟通能力。

②作用的描述展示、设计理念和功能说明，培养语言表达能力，提高自信心。

3）教学重难点

重点：物联网的概念；认识物联网的应用。

难点：了解物联网的概念。

4）教学准备

PPT 课件、视频资料、造型模块、实验器材（手机、电子门铃等）。

5）教学过程

教学环节	教师活动	学生活动	设计意图
视频导入，引发问题	教师：同学们，今天的课将会为大家打开一个崭新的世界，大家期待吗？首先请大家看一段视频，边看边思考，你从中获取了什么信息？ （播放视频） 教师：随着科技的发展，我们的生活变得越来越智能。这一切都要归功于物联网技术。 那么到底什么是物联网呢？它又给我们的生活带来哪些变化？带着这些问题，我们一起走近物（强调）联网。	学生回答在视频中看到的一系列的现象。 学生了解本节课的主题：物联网。	通过视频让学生直观地看到物联网世界。有些现实案例可以引导学生与实际生活相联系；有些想象中的应用则激发了学生的兴趣，吸引了学生的注意力。 从视频引出课题，并通过两个问题说明本节课的主线。
实例探究，解决问题	教师：先请同学们阅读材料，回答什么是物联网，并用自己的话进行解释。 教师通过手机来帮助学生认识物联网的概念：现在的智能手机功能非常强大，教师有个饭后散步的习惯，于是就在手机中安装了一个计步器软件，点击PPT，展示某款计步器软件界面。它可以帮助我记录走的步数和时间，并计算消耗的热量。	同学阅读材料并回答。 学生观察数据，了解计步器的作用。	学生通过阅读，初步了解物联网的概念，教师抛出问题让学生展开思考。 学生对于晦涩的概念难以理解，教师通过手机计步器的实验来帮助学生走近物联网。

续表

教学环节	教师活动	学生活动	设计意图
	示意学生看手机并回答走路的步数、消耗的时间和热量。 教师请学生现场体验计步器的应用。 教师:请你(女生)绕着我们教室走两圈,其他同学帮她一起数步子,看看计步器准不准。现在开始。(等待学生走完) 你说下手机显示走了多少步。 同学们数了多少步? 略有偏差,看来还是比较准确的。 再请一位男生来测试。 手机显示走了多少步,同学们数了多少步? 也有一定的偏差。 教师:那计步器到底是怎么工作的,又为什么会有误差呢? 请同学们阅读材料,解开计步器的奥秘(等待阅读完成)。 教师:点击PPT,展示阅读材料。	两位学生现场体验计步器的作用,引出问题:计步器是怎样工作的,为什么会有误差?	学生现场体验计步器可以调动课堂气氛,让学生在体验中发现问题,并通过阅读来解答问题,提升了学生发现和解决问题的能力。
实例探究,解决问题	阅读材料内容如下: 1. 手机计步器通过什么电子元件来实现计步的功能? 答:震动传感器和电子计数器。 2. 手机计步器的作用是什么? 答:使用手机计步器可以很好地对运动进行监控,以帮助运动者管理自己的身体。 3. 为什么计步器会有误差? 答:走路时手机放置的位置、人的走路姿势、计步过程中手机经常用于接听电话等其他因素,这3种行为都可能影响震动传感器对人体震动的识别,从而导致计步器产生误差。	学生通过阅读材料来解答3个问题。	学生通过问题的答案对计步器进行简单的、类似物联网概念一般的定义,为下一步深刻理解物联网的概念做铺垫。
	教师:同学们,通过阅读我们知道了手机计步器是靠什么元件来计步的;手机计步器的作用是什么;为什么计步器会有误差。 教师:计步器就是通过感应设备记录步数、时间并计算所消耗的热量,为运动者提供合理的散步建议。 教师:其实物联网就是一个物体和物体通过某些设备按照协议相连接并交换信息,来实现对物体的智能化识别和管理的一种网络。	学生在计步器概念的基础上理解物联网的概念。	将物联网的概念通过关键词来理解,分为物体和物体;通过设备(对应计步器中的感应设备);实现……(对应计步器中的"提供合理的散步建议");一种网络(强调)。

教学环节	教师活动	学生活动	设计意图
探究实际,集思广益	教师:我们再来看几张图。这是什么?(点击 PPT,展示公交刷卡图片,图片说明:刷卡器通过感应公交卡中的电子标签实现扣费。) 　　谁来说说公交卡是怎么工作的? 　　(公交卡通过电子芯片和收费系统相连,让我们的出行更加便捷) 　　大家看这个(点击 PPT,展示智能楼道灯图片,图片说明:智能楼道灯通过感应装置检测周围环境从而控制明暗)。 　　谁来介绍一下自己家里的楼道灯? 　　通过感应什么? 　　(夜间,智能楼道灯通过感应装置识别到有人经过就会自动点亮) 　　GPS 导航,谁来说说有哪些作用? 　　(点击 PPT,展示 GPS 导航图片。图片说明:导航仪与卫星定位系统展开信息交互,帮助我们到达目的地) 　　(通过与卫星定位系统展开信息交互,为我们指明前行的方向。) 　　同学们,如果我告诉你们这是一辆正在行驶的汽车,你们会觉得惊讶吗? 　　(展示无人驾驶智能汽车的图片) 　　老师:驾驶员在驾驶智能汽车时,可以不用时刻保持注意力,同样得益于物联网技术的应用。这样的智能汽车主要依靠车载传感器来感知车辆周围环境,并根据感知所获的道路、车辆位置和障碍物信息,控制车辆的转向和速度,从而使车辆能够安全、可靠地在道路上行驶,实现无人驾驶。随着智能驾驶技术的不断成熟,相信在不久的将来,我们的马路上会出现越来越多的智能汽车,交通事故也会越来越少。	学生通过图片和自己的现实体验来进行阐述。 　　学生通过自己的想象,利用现学的知识来解决现实问题。	通过几个比较贴近生活的例子来让学生加深理解。 　　在学生对物联网有了初步认识后,让他们将理论应用到实践中去,并培养他们关心时事的习惯,激发他们的好奇心。

续表

教学环节	教师活动	学生活动	设计意图
联系实际，开阔视野	通过上述例子，同学们看到物联网的许多实例，广泛应用于交通物流、工农业、家居等多个领域（展示物联网应用图片）。 教师：老师这里有一个小设备，谁来试试？（请学生通过电子门铃，发出声音） 教师：同学们，这个电子门铃我们在哪里看到过呢？ 学生：商店、银行。 教师：对，同学们都有一双善于发现的眼睛。 教师：除了这个电子门铃，你们还在哪里见到过物联网的应用？请小组交流。 学生：感应水龙头、感应门、感应灯、报警器、GPS 定位。 教师：同学们说得非常好，这么多的物体通过相关设备或协议相连接，组成庞大的物联网，它无处不在，就在我们身边，让我们的生活更加智能。（补充板书）	同学们亲身体验电子门铃，并回答它的现实应用，继而展开小组讨论，说说身边的物联网应用。	学生在了解完诸多实例后联想到身边的物联网应用，引出物联网就在身边的课题，揭开物联网的神秘面纱。教师再次对概念进行组织，使学生加深印象，整合知识。
合作探究，创意无限	教师：同学们，理论源于实践，老师为同学们准备了一些设备，大家看这像什么？（展示小车模型） 教师：这是模型的内部电路图，中间有供电装置和中控模块，车尾是一个感应装置（展示感应装置图片）。谁来测试一下？ （车尾面向黑板，让学生穿过车和黑板间的空地，看到 LED 灯亮起） 教师：亮了吗？ 学生：亮了！ 教师：好的，当我们经过感应装置时，车灯才会亮，那么你来试想一下：老师的这个设计意义是什么？ 学生：倒车不会撞到人。 教师：很好，这位同学和老师想到一起了。	同学们通过观察图片和亲身体验，描述小车的实验现象，并猜想小车的设计意图。	通过讲解和研究小车的 3D 模型，让学生体验实践研究的过程，为学生独立完成实践研究做铺垫。

续表

教学环节	教师活动	学生活动	设计意图
合作探究,创意无限	因为司机倒车时难以分辨车后方是否有人,容易造成交通事故,有了这个倒车报警器,就可以避免事故的发生。 　　同学们,看完老师的设计,你们是不是也跃跃欲试了呢? 老师为每个小组准备了设备,请同学们拿到设备后仔细阅读操作说明,并将实验现象记录在作业纸上。 　　好,请每一组的组长来拿设备。 　　(大约 2 min 操作,1 min 写) 　　教师:现在请各小组组长汇报自己组的成果。 　　学生:…… 　　(2 min 汇报) 　　教师:好,现在请大家再思考一下:怎样才能把你研究的设备运用到实际生活中,帮助你解决困难? 　　请大家展开讨论并根据设备设计一个解决生活实际问题的应用。 　　(3 min 汇报) 　　教师:同学们的想法都不错,给我们的物联网世界添了新色彩,老师相信以后更多的物联网应用将从你们手中产生,让我们的生活更加智能,更加美好。 　　好,这节课就到这里,下课。	学生按小组研究所给模型的实验现象,并发挥想象,为模型设定现实用途。	通过小组探究,促进学生的团队意识,增强分工合作的能力,培养严谨的实验探究精神。 　　"小小发明家"则给予学生自由畅想的空间,使其在想象的基础上采取严谨的科学态度,真正当一回小发明家。

教学评价

　　这节课的教学主题是"物联网",对于学生来说,可能是既熟悉又陌生的内容,因此,在课堂导入环节中,教师通过一段视频,让学生感受生活中的物联网。在授课环节中,教师通过手机计步器、公交刷卡、GPS 导航等物联网在生活中的应用,来一步步深化学生对物联网定义的理解,使晦涩的概念更为简明易懂。在而后的探究活动中,教师设置了小组合作探究的环节,通过教师引导下的小组合作,对模型进行动手探究,不仅很好地激发了学生的学习兴趣,也达到了培养学生探究精神的目的,总的来说,这是一节不错的导入课。

5.2　交互式电子白板环境的教学设计

　　电子白板型多媒体教室也是多媒体教室的一种类型。交互式电子白板作为一种新兴的教学媒体的教学工具,不仅传承了现代多媒体教学的优势与特点,同时也保留了传统的黑板教学手段的优点。目前,交互式电子白板已成为信息化教育最有力的辅助工具,凭借其"技术集成高、资源整合强、交互功能好"的优势,在教育领域得到了广泛的推广和应用。

5.2.1 交互式电子白板

交互式电子白板是一个结合数字投影仪和计算机的具有触摸感应功能的白板。投影仪能将计算机屏幕的图像投影在白板上,使用者通过手指或电子笔直接触控白板,对计算机进行操控。交互式电子白板主要由具有感应功能的电子白板和电子笔等硬件及相配套的白板软件等组成。它融合了计算机技术、电子通信技术,集传统黑板、普通白板、幕布等多种功能于一身,是一种具有人机交互功能的教学设备。

由上述对交互式电子白板的描述可知,交互式电子白板的系统主要由硬件和软件两个部分构成。

1)硬件构成

(1)必要硬件

交互白板板面是我们在使用交互式电子白板时的操作和感应界面,通过感应笔或者人手直接接触白板板面,白板内的电磁感应和红外扫描等定位装置能够接收识别这些操作信息,并转化成数字信号,传输到计算机中,继而通过投影仪将信号投射到交互白板上,因此交互白板板面不仅是我们的操作界面,也是计算机的显示界面、投影仪的幕布。与白板相连的计算机没有特殊的要求,台式或者笔记本计算机都可以。学校在建设交互式电子白板教室时,可以参考普通的多媒体教室购置计算机。投影仪是构成交互式电子白板环境的另一个重要设备,在选择合适的投影仪时,需着重考虑投影仪焦距的问题,一般认为,中短焦距的投影仪是最合适的。

(2)其他外围设备

交互式电子白板系统中还可接入一些其他外围设备,如实物展示台、扫描仪,以及无线键盘、无线鼠标、感应板或投票器等远程输入设备。其中,感应板是指一种小型的无线面板,感应板板面上的内容可以与交互式电子白板上的内容进行交互显示。也就是说,通过终端控制,感应板上的内容可以在交互白板上显示,而交互白板上的内容也可在感应板上显示。感应板的应用使教学变得更加便捷,将教师从讲台上解放出来的同时,也拉近了教师与学生之间的距离,教师可以在教室的任一位置通过感应板来控制交互白板的板面内容,学生也能更加便捷地对教师上传的教学内容进行编辑,将个人想法及时地与教师或班级其他同学进行共享。感应板的应用,实现了教师、学生、媒体间的多方位互动,为教师与学生提供了一个共享的知识构建的交互空间。

无线键盘和无线鼠标的作用类似于感应板,也能达到方便教师与学生远距离控制白板显示内容的目的,但每次进行远距离操作的人数和距离都是有限的。

投票器是目前课堂上比较受欢迎的一种设备。通常,教师将问题投影在电子白板上,让学生通过投票器来选择自己认为正确的答案,而学生的选择结果也会在班上大多数学生选择完毕后呈现在白板上,此时,教师便可根据学生的选择结果来对学生的学习情况进行判断,为教师的下一步教学提供参考依据。但实际操作中,常常会因学生的投票器没有对准白板板面而产生误差。

2）软件构成

交互式电子白板除了包含上述的硬件构成外，软件构成也是其系统的重要组成部分，主要包括配套的驱动程序和应用软件等，缺少了这些必要的软件支持，电子白板就无法发挥其具有的教育功能。

在实际教学中，交互式电子白板除了具有操作便捷的交互功能外，更主要的是它可以实现对教学资源的灵活应用。其教学资源的来源除了电子白板自身所具有的丰富资源库外，还可源于3个方面：一是从相关制造商那里购买专门的学科软件资源；二是教师可以从网上查找符合教学需求的相关资源；三是教师对现有资源进行修改或自主创造教学资源。借助这些丰富的资源，多媒体投影系统下教学材料高度结构化和固定化的问题可以得到解决，这些资源可以让教师的教学更为灵活，更能适应学生的学习需要。

上述情况是常规的电子白板的配置，另外，华中师范大学国家数字化学习工程技术研究中心研制开发了一种新型的电子白板"PGP电子双板"（表5.1）。与常规的电子白板的不同之处在于，它在吸取西方电子白板的优点的同时，首创单机双定位技术，在传统电子白板的基础上研发形成电子双板，实现了资源利用和教学设计的融合。它采用电子双板的交互联动及遥指技术，配合互动短焦投影机的动作捕捉和投射，加上丰富有趣的课件，创造出一种全新的多媒体教学解决方案。教师可根据自己在讲课时的需要灵活地演示教学内容。两块板可分别显示不同的内容，也可显示相同的内容，两块板之间还可以互动，即当在一块白板上做某种操作时，另一块白板上的内容便会随之发生变化，这种双板展示的形式，可以将同一教学内容以视觉（图像）形式和语言（文字）形式组合呈现，图文并茂，意义关联，有效地解决了PPT教学中只能顺序播放、无法前后对照进行意义关联和做笔记困难等问题，从而帮助学生更好地理解知识，为学生提供更为生动且丰富的学习体验。

表5.1　PGP平台的组成

序号	名称	规格/型号	说明
1	电子双板系统	PGP-DE-78S	根据华中师范大学国家数字化学习工程技术研究中心的专利技术专门研制开发的产品（必备）
2	短焦投影机	LX-649W	两台短焦投影机配合使用（必备）
3	PGP课堂教学展示系统	PGP-S-Viewer-1.0	配合电子双板，教师课堂教学时展示工具（必备）
4	PGP教学课件制作系统	PGP-S-Maker-1.0	教师制作教学课件、组织教学内容时使用（必备）
5	PGP课堂交互服务器模块	PGP-S-Server-1.0	与学生端交互设备（计算机/交互终端）配合，可进行课堂交互（可选）
6	PGP课堂交互终端	PGP-Handin-1.0	PGP课堂交互学生终端（可选）

另外，在一些交互式电子白板应用比较早的国家，很早便开始关注电子白板的网络资源建设。例如：英国普罗米修斯公司推出了ACTIVboard，并建设了普罗米修斯交互白板社区；英国

政府出资建设了英国国家白板网,提供了与电子白板相关的信息、学习资源、应用案例等;而我国也在积极建设自己的白板资源网,像巨龙公司的电子白板网站,教师可以在其中找到诸多适用的教学资源。

5.2.2 交互式电子白板环境下的教学要领

媒体技术专家克拉克认为,教学设计是预设学生学习过程的猜想。利用交互白板进行信息技术课堂的教学设计时,我们需要依据课程标准的指引,深入挖掘教材知识,创建知识间的逻辑框架,合理地统筹安排各个教学要素。教师作为整个课堂教学的总设计师,在设计基于白板的教学时,需要把握以下4个方面。

1)教学资源的设计

交互式电子白板最大的特点就是它自带丰富的资源库,这些资源是各个学科教学时常用的,上课时,教师可以直接使用,如各种绘图工具、各式各样的图形以及一些实验学科需要用到的实验仪器等,当然,教师也可以在课前将自己制作的一些资源导入,以便在课堂上使用。教师课前向交互白板中导入各种类型的资源,课中就可以快速地调取已有的资源。甚至还可在资源中的图片、音视频材料上进行标注、编辑、组合并讲解,这些操作使教师的课堂教学变得更加灵活,大大推动了教学活动的开展。

2)教学情境的设计

建构主义理论认为学习需要情境,生动、直观的学习情境往往更能有效地唤醒学生长时记忆中的有关先验知识,从而使学生能够利用原有的知识去同化和理解当前学习的新知识,对新知识进行意义建构。很显然,交互式电子白板是创设情境的有力工具,白板中丰富的资源和各种媒体的无缝连接,为教师创设真实的教学情境提供了有利条件。例如,在情境导入环节中,教师可以利用交互式电子白板的一些特有功能,将视频播放功能与编辑功能结合,在播放视频创设教学情境时,暂停视频播放,利用彩色笔在视频画面上书写或编辑,来强调视频中的某些知识。

3)教学方法的设计

课堂教学的方法多种多样,既可以只用一种,也可以综合使用多种教学方法。交互式电子白板强大的交互功能及其自带的多种教学工具能够为各种教学方法提供最有力的支持。基于交互式电子白板的教学方法的设计,主要体现在:教师通过白板直接控制音视频媒体资源的播放,或利用荧光笔、拉幕及放大镜等工具有效地吸引学生的注意力,加强学生对学习内容的关注;使用批注功能适时地强调本节课的重难点,促进学生对重难点的理解;指导学生在回答问题或展示习题答案时,使用投影仪功能,及时反馈评价,提高教学的时效性。

4)教学过程的设计

基于交互式电子白板的教学过程的设计更加注重教学过程中学生的互动环节。交互式电子白板既操作简便,又支持远距离操作。因此,教师在实施教学过程中可以成为学习者中的一员,参加学生与学生之间的互动。高中阶段的学生主动意识较强,教师也可以让学生自己借助交互式电子白板查阅资料、操作交互式电子白板、讲解学习内容,让学生动起来。此外,教学过程的设计还应具有创新性,教师可利用多种方式激发学生,把死板的教学环节设计成多方位、多形式的课堂游戏,让学生在课堂上有更多的表现机会。这不仅体现了以学生为主体的教育思想,还更好地培养了学生的自学能力。

交互式电子白板给课堂教学带来了技术的革新,为我们的教学提供了丰富的资源和工具,但交互式电子白板并不能自动化地优化教学,其关键还在于教师要在充分熟悉电子白板、了解学科教学以及学生特点的基础上,进行合理设计,寻求技术、学科和学生间的结合点,让技术交互进一步在课堂中得到深化,实现教学深度交互,实现技术与课堂的深度融合,达到生动优质的课堂教学效果。

5.3　多媒体网络环境的教学设计

多媒体网络教室是建立在局域网基础上的一种多媒体网络学习环境。多媒体网络教室与多媒体教室的最大区别在于学生和教师都拥有自己的计算机。在多媒体网络环境中,可以实现多媒体教室的所有功能,例如,为学生提供各种类型的多媒体资源。此外,借助于网络的资源查找与共享功能,多媒体网络教室能够为学生提供更好的合作与交流途径,从而为实现学生自主学习、协作学习、探究学习等提供良好的支持环境。

5.3.1　多媒体网络教室

多媒体网络教室是在多媒体教室的基础上加入计算机技术和网络技术的一种新型教室。在多媒体网络教室中,能够实现多台计算机和计算机网络、多媒体设备的连接,能够较好地实现图形、图像、声音、文字等多种媒体的综合应用,实现网上多媒体信息的传输和共享;同时,多媒体网络教室还可与校园网、互联网连接,实现更大范围内的资源共享。

1)硬件构成

(1)教师机和学生机

标准的多媒体网络教室中的计算机包括教师机和学生机两个部分。教师机是指教师使用的计算机,相对于学生机而言,教师机在 CPU、内存等方面的性能更好一些,不仅与其他媒体设备相连,还能通过网络设备与学生机相连,也能通过局域网连通互联网。学生机主要用于接收来自教师机的各种信息,也可接入网络,方便学生进行资源共享或开展协作学习等。

(2)服务器

服务器在本质上是指性能比较高的计算机,充当着为整个网络用户提供各种服务的重要角色,同时,它也是网络资源管理和共享的核心。服务器的性能对于整个网络的资源共享性能有着重要的影响,其性能的高低直接影响着资源共享的效率,因此,服务器的维护和管理常常需要专业的技术人员来负责。在学生机数量比较多的情况下,可选择在机房内单独设置各种服务器,如 Web 服务器、FTP 服务器等。在学生机数量较少的情况下,可通过在教师机中安装各种服务器软件使其具备服务器的功能,从而不再单独设置服务器。

(3)网络通信设备

网络通信设备包括传输介质和网络连接设备两大类,主要有同轴电缆、双绞线、光纤、网络接口卡及中继器、路由器等网络连接设备。以往的多媒体网络教室多采用交换式以太网进行配置,主要的网络通信设备是以太网交换机、五类双绞线和以太网卡。近年来,随着无线网络技术的不断成熟和发展,无线网络教室逐渐成为发展趋势。

（4）多媒体设备

在多媒体网络教室中，为了实现网络互联功能和多媒体功能，一般还应根据需要配置相应的多媒体设备，如投影显示系统、音响系统等，为多样化、高质量的教学提供物质基础。教师机还可加配实物投影仪、扫描仪及采集卡等部件；学生机可配置声卡、光驱、耳机等部件。

2）软件构成

（1）网络教学系统

网络教学系统是指在计算机网络系统的基础上开展网络多媒体教学所提供的控制系统，分为基于硬件方式的多媒体控制和基于软件方式的多媒体控制两种。其中利用专门的多媒体教学软件进行教学控制和信息传输是最为常见的。这种控制方式的实现主要是通过在教师机和学生机上分别安装相应的教师端、学生端程序，由此可以实现各种教学和控制功能，如将教师机的屏幕、教学材料、语音等教学信息传递给学生机，或者是对学生机实施诸如遥控辅导、锁定等。

（2）多媒体资源系统

丰富的多媒体教学资源是实现高质量的网络教学的前提，包括辅助备课系统、学习资源、素材库等。除了系统购买，学校也可通过教师上网收集整理或自己制作教学资源等方式构建校本资源库。

5.3.2　多媒体网络教室的功能

作为良好的信息化学习环境，多媒体的网络教室不仅可以完成多媒体教室环境下的讲授式教学，还为自主、合作、探究性的信息化学习提供了强大的支持。

1）创设教学情境

创设教学情境是激发学生参与学习活动积极性的一个有效途径。根据情境性质的不同，可将其分为问题情境、现实情境、具有丰富学习资源的情境、合作教学情境等。利用网络多媒体教室所具有的能够同时呈现图片、视频、音频等多媒体资源的优势，可以更好地创设问题情境，展现学生需要解决的问题的全貌，在帮助学生理解问题的同时，调动学生解决问题的积极性。此外，利用虚拟现实、增强现实等技术能够模拟出接近于真实生活的现实情境，包括那些学生不易接触的或者不宜接触的情境，甚至可以使教学情境拓展到现实的人际交往中去，模拟现实生活中的人际交往，将合作学习拓展到更为广泛的地域和人群中去。

2）传递教学内容

传递教学内容是多媒体网络教室的一个重要功能，而传递教学内容的方法也有很多。例如，当讲授一些操作性的内容时，教师只需在教师机上一边操作讲授，一边将自己在教师机上的画面同步传递到学生机上，就可以保证所有学生能够同时观察教师的操作步骤，再也不用担心后排学生因座位的原因，不能及时跟上教师操作进度的问题了，必要时，教师还可通过麦克风将自己的指导话语一同传递给学生。当然，相应地，也能将学生机上的信息传递到教师机及其他学生机上，让学生进行操作示范或者作品分享等。当需要学生进行课堂自学时，教师可以很方便地利用多媒体网络教室的文件传输功能，将资源从教师机传输到所有学生的学生机上，避免了资源拷贝的麻烦。

3）拓展学习资源

为学生提供丰富的学习资源有助于学生全面了解所学习的知识。在多媒体网络教室中，为学生提供丰富的学习资源显得更为简单,为学生提供拓展性的知识是主要目的。我们知道资源的表现形式有很多,如文本、图像、动画、视频、音频等;这些知识的表征形式也是多元的,可以是多种观点、多种方案、多角度、多层次的内容;这些资源的来源有很多,可以是教师自己制作的课件、学习网站,也可以是各种教学资源库,如各种数据库、电子图书馆等,还可以是通过网络检索引擎找到的各种资源。

4)提供认知工具

认知工具是支持、指引和扩充学习者思想过程的心智模式和设备,能帮助和促进认知过程,在培养学习者批判性思维、创造性思维和综合思维中起着重要作用。认知工具包括内部认知工具(认知策略和元认知策略等)和外部认知工具两类。外部认知工具有以下几种:问题/任务表征工具、静态/动态知识建模工具、信息搜集工具、协同工作工具、管理与评价工具等。近年来,计算机正在逐渐成为一种辅助学生进行学习、知识构建的认知工具,尤其是在自主、探究性的学习中,外部认知工具对于达到良好的学习效果显得越发重要。计算机作为认知工具在教学中的作用主要体现在以下几个方面:作为课程学习的资源工具,作为情境探究和发现的学习工具,作为小组协商和交流讨论的通信工具,作为知识构建和创作的实践工具,作为概念图的工具,作为自我评价和学习反馈的工具等。

5)提供交流环境

在多媒体网络教室中,教师与学生之间、学生与学生之间信息的传递交流是十分便捷的,教师除了可以通过网络教学系统提供的"广播教学"功能,进行一对一或者一对多的信息传递外,还可通过系统自带的"分组讨论"功能,将班级内的学生进行分组,而多媒体网络教室还提供论坛、留言板、BBS 等交流工具及软件自带的其他信息交流工具,可以方便地构建小组协作学习所需的交流环境,有力地支持了网上的交流、评价、合作等新型的学习方式。

5.3.3　多媒体网络教室环境下的探究型教学设计

进行多媒体网络环境下的探究型教学设计主要包括设计学习任务、设计网络学习环境、组织安排学习活动及设计学习评价方案 4 个方面。

1)设计学习任务

基于网络的探究型教学主要是以任务为驱动,让学生以自主探究、协作学习的学习方式,在解决问题的过程中完成学习任务,达到学习的目标。

学习任务的来源主要有两个方面:一是对已有的课程资源进行重新开发,二是来源真实的生活。在对已有的资源进行重新开发、组织设计时,教师需要依据教学目标,分析与本单元学习相关的一个甚至多个学科知识点之间的联系,并基于某一学习主线提炼相关知识点,进而整合成为一个学习单元,然后根据本单元的内容,进一步设计真实的学习任务。因为基于学生所熟知的生活情境的任务,往往能激发学生的探究动机,并且这样的任务也更具有一定的层次性、开放性,使学生能根据自己的喜好和能力水平进行选择。在这个过程中,教师还应仔细分析学生在完成本单元学习任务后,其知识与技能、情感态度与价值观的变化,确定学生在完成学习任务后,能够获取相应的知识与技能,并形成正确的情感态度与价值观。

2)设计网络学习环境

在探究型教学中,学习活动的顺利展开还需合适的网络学习环境作支撑。网络学习环境的设计主要包括 3 个方面:辅助性学习资源、学习工具、协作交流平台。

基于网络的探究型教学不是将学生放任于浩瀚的网络信息海洋中,教师除了需要为学生提供示范性和引导性的学习资源以激发学生学习动机外,更为重要的是根据学习任务的范围和难度,为学生提供多样化的资料线索,以防止学生在学习任务中"迷航"。在组织和提供这些学习资源时,需要注意的是,教师需要收集有助于学生完成学习任务的相关资源。这些学习资源还应丰富多彩,能扩大学生的知识面,支持学生的扩展性学习。最为重要的是,教师应按一定的知识结构来组织学习资源,以方便学生的学习和阅读。

此外,教师还应考虑为学生提供一些便捷的信息检索工具,以提高学生的信息检索效率,使学习活动便于展开。

3)组织安排学习活动

网络环境下的探究型教学虽然具有较大的灵活性和不确定性,但是预先进行合理的规划,是保证学习任务顺利完成的一个重要保障。因此,为了保证教学的有效开展,教师需要依据实际情况,对整个教学内容和进度作出规划,其跨度可以只是课堂上的几十分钟,也可以是几周。

教师除了要做到对教学的整体把握外,还需为学生学习活动的展开提供必要的指导策略,避免学生在自主探究的学习活动中迷失方向,不仅浪费了大量的时间,还达不到预定的学习目标。另外,对于需要合作开展的探究性活动,教师需要特别关注合作学习小组的构建,例如,要处理好小组内的角色、制订小组合作规范、确定小组规模等。

4)设计学习评价方案

网络的学习环境与多媒体教室有所不同的是,在网络化的学习过程中产生了大量的"过程性"信息和"结果性"内容,都是重要的评价内容。其中"过程性"信息主要用于考查学生在学习过程中的探究能力、协作能力、学习能力等。而"结果性"内容,则是从学习成果的角度对学生在课堂学习中学习成品的质量考核。结合"过程性"信息和"结果性"内容这种多元化的评价方式能够实现对学生在网络环境下学习的全面评价。

5.3.4　多媒体网络教室应用案例

案例:算法和算法的描述

1.案例背景

设计者	教案名称	学　生	教　材	课　时
周思博	算法和算法的描述	高中一年级	广东教育出版社《信息技术·选修 1 算法与程序设计》	1

2.教学目标

(1)知识与技能

①理解算法的概念。

②知道算法的特征。

③运用自然语言和流程图描述算法。

(2)过程与方法

①理解用自然语言、流程图清晰描述解决问题的过程,确立算法的概念。

②理解计算机处理问题的思想方法。

（3）情感态度与价值观

①通过具体问题的解决过程，了解算法对问题解决的作用和意义。

②提高分析和解决问题的能力，培养严谨的思维习惯。

3. 教学重难点

重点：算法以及具体问题的算法描述。

难点：运用流程图描述算法；理解计算机处理问题的思想方法。

4. 教学准备

苹果平板电脑（iPad）及相关应用程序（App）（一台设备/一名学生）、自制课件。

5. 教学过程

教学环节	教师活动	学生活动	设计意图
新课导入	过河问题的探索 　要求：以小组为单位讨论过河问题的方法与步骤。 　问题：船夫要带一匹狼、一头羊和一捆青草过河。船夫只有一条小船，一次只能带一样过河；船夫走开时，狼会吃羊，羊会吃青草。请帮船夫设计一个具体的步骤，安全地将狼、羊、草带到河对岸。 　解决方法一： ①船夫带羊过河，羊留下，船夫返回； ②船夫带狼过河，狼留下，带羊返回； ③船夫带草过河，草留下，船夫返回； ④船夫带羊过河。 　解决方法二： ①船夫带羊过河，羊留下，船夫返回； ②船夫带草过河，草留下，带羊返回； ③船夫带狼过河，狼留下，船夫返回； ④船夫带羊过河。	学生独立使用过河 App 进行试验：两人一组讨论，得出成功的方案，分享给全班同学。	以游戏激发学生的学习兴趣，让学生在游戏中编写解决问题的具体步骤，轻松引入算法的概念。
讲授新知	1. 算法的概念与特征 算法是解决问题的具体步骤。 　算法是在有限步骤内求解某一问题所使用的一组定义明确的规则。 ①有序性； ②有穷性； ③可行性； ④…… 结合过河问题讲解和分析算法的特征。 　练习1：根据概念，判断实例是否为算法——制作南瓜粥的食谱。 　练习2：下列关于算法的叙述，错误的是（　　）。 　A. 做米饭的算法是刷锅、淘米、添水、加热	学生认真听讲、积极思考、回答问题。	介绍算法的概念及特征，结合过河问题进行分析，通过练习巩固，让学生充分理解新知识。

续表

教学环节	教师活动	学生活动	设计意图
讲授新知	B.审题、列式解答、写出答案、检验是解答数学题的算法 C.算法可以描述 $S = 1 + 2 + 3 + \cdots$ 这一问题 D.算法要按步执行，每步操作必须准确 2.算法的描述 算法可以通过多种方式进行描述。 (1)自然语言(以过河问题为例) ①船夫带羊过河，羊留下，船夫返回； ②船夫带狼过河，狼留下，带羊返回； ③船夫带草过河，草留下，船夫返回； ④船夫带羊过河。 (2)流程图 ①用流程图描述算法(以过河问题为例，图1)。 图1 ②流程图常用的符号(图2)。 图2		以过河问题为例，介绍描述算法的两种方法。 讲解流程图的绘制与规则。通过举例和练习，让学生了解如何绘制流程图。

流程图符号表：

图形符号	名称	说明
⬭	起/止框	表示一个算法的开始或者结束
▱	输入/输出框	标明输入、输出的内容
▭	处理框	标明所进行的处理
◇	判断框	标明判别条件，并在框内标明条件成立或者不成立时的两种不同流向
→	流程线	表示从某一框到另一框的流向

学生参与 iTunes U 中本课的学案，了解流程图的绘制过程。

教学环节	教师活动	学生活动	设计意图
讲授新知	③绘制路程图的注意事项 练习:用流程图描述制作南瓜粥的算法。 参考流程图(图3): 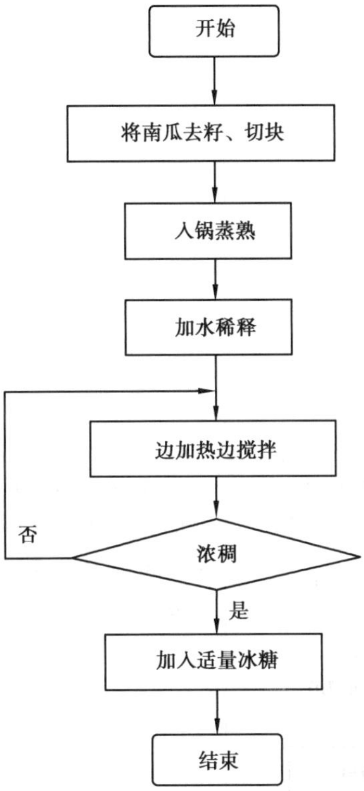 图3		
综合练习	设计算法并描述 　练习:有两个杯子 A 和 B,分别盛放酒和醋,要求将两个杯中的液体互换,即 A 杯中放醋,B 杯中放酒。请分组讨论解决这一问题的具体步骤,并描述算法。 　提示:可以引入新的杯子。 　参考算法: ①找一个空杯子 C; ②将 A 杯中液体倒入 C 杯中; ③将 B 杯中液体倒入 A 杯中; ④将 C 杯中液体倒入 B 杯中; ⑤完成交换。 　参考流程图(图4):	学生每两人一组讨论算法,独立使用 Grafio App,绘制流程图并分享。	通过综合任务,让学生体验从设计算法到描述算法的完整过程,并运用专业的流程图软件对算法进行描述,对新知识进行综合练习。

续表

教学环节	教师活动	学生活动	设计意图
综合练习	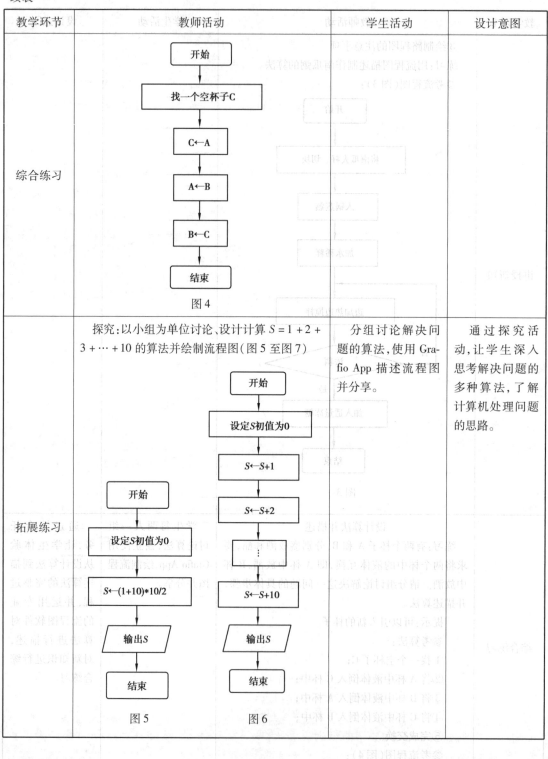		
拓展练习	探究:以小组为单位讨论、设计计算 $S = 1 + 2 + 3 + \cdots + 10$ 的算法并绘制流程图(图5至图7)	分组讨论解决问题的算法,使用 Grafio App 描述流程图并分享。	通过探究活动,让学生深入思考解决问题的多种算法,了解计算机处理问题的思路。

教学环节	教师活动	学生活动	设计意图
综合练习			
课堂小结	①算法是解决问题的具体步骤。 ②算法具有有序性、有穷性和可行性。 ③用流程图的方式可以直观地描述算法。 提升:在运用计算机程序解决问题的过程中,算法是核心。一个算法的好坏,直接影响程序的通用性和有效性,影响着解决问题的效率。	学生认真回顾本节课的知识内容,回答问题。	将本节内容总结、提升。

教学评价
本节课的创新之处有以下几个方面:第一,在上课伊始采用游戏的方式来吸引学生的注意力,激发学生的学习兴趣。通过归纳游戏的过程,讨论解决问题的具体步骤,巧妙地引入本节课的重点——算法。第二,本节课分析和讨论了生活中的 4 个实例,由简到复杂,难度循序渐进,让学生逐步理解算法的概念和特征并学会用流程图描述算法。学生在体验从设计算法到描述算法的完整过程时,不仅综合运用了本节课的新知识,也了解了计算机解决问题的算法思想。第三,教学媒体的使用,学生人手一部 iPad,使用 3 款简单易学的 App 完成本节课的所有活动。而在课堂中使用 iPad 进行教学对教师是充满挑战的:①不是所有学生都能够正确、熟练地操作 iPad;②学生很难长时间地将注意力放在教师讲授的内容上;③如何充分运用 iPad 的功能;④如何清楚地展示学生的操作成果。在这节课中,教师很好地解决了这些问题。 　总的来说,这节课较好地实现了教学目标,学生反馈良好,是一次比较成功的教学实践。

5.4 创客空间环境的教学设计

"创客"一词源于英文单词 Maker,是指那些基于自己内心的渴求,努力将自己的各种创新想法转变为现实的人。而随之出现的"创客空间"则是为这些创客们实现创新、交流想法、结交朋友提供的一个平台。最早的"创客空间"可追溯到麻省理工学院尼尔·歌申菲尔德教授2005 年创建的 Fabrication Laboratory(Fab Lab)。从 2015 年起,"创客文化"在全国范围内掀起了一股"创客运动"的热潮,这股热潮也悄然进入中小学,智能机器人、3D 打印技术、虚拟现实技术、无人机、可穿戴设备等开始出现在"创客空间"中,在这样一个自主学习和开放分享的实践空间中,学生们的创造力和想象力能够得到充分的释放。

5.4.1 创客空间

创客空间其实是一个集合了加工车间、工作室的实验室,它是一个开放的空间,接纳志同道合的创客们在其中共同创作、共享资源。在中小学,创客空间的建设主要是培养学生动手实践的能力,并为学生提供应用知识的机会和场所,将学生从传统的"知识消费者"转化成"知识创造者"。因此,从这点看,中小学的创客空间其实需要具备开放实验室、讨论室、社团活动室等功能。

因此,创客空间的建设并不是一件轻而易举的事,相对于普通的计算机机房、多媒体教室等,创客空间的建设还需满足以下这些必要条件。

1)要有足够大的空间

场所的大小需要根据实际情况而定。一般来说,至少需要将创客空间分为创造区和展示区,因此,创客空间至少要有一间普通大小的教室,里面可以放下 4~6 张工作台及一些体积比较大的加工仪器,如 3D 打印机、3D 扫描机、激光切割机、红外回焊炉等,而展示区则主要用于存放学生的创客作品及一些半成品。另外,除了要考虑空间大小的问题外,创客空间场所的选择也是一个关键。首先,考虑创客空间本身就是一个开放性极高的场所,在这里经常要组织一些作品分享活动或者创客比赛等,因此,场所的选择要尽量宽敞且要避开大部分的上课教室。其次,创客作品的分享一般是面向全校师生,往往会有很多观众,如果空间和条件允许,还可在创客空间中安排出容纳教师、学生及其他观众的临时场地。

2)提供足够全的工具

创客空间鼓励学生积极动手实践,将自己创造性的想法实现出来,因为创客空间需要配备各类金属、木制、塑料及电子工具,供学生进行创作。所以用于制造各种结构部件的 3D 打印机,以及常用的电工工具、制作工具及小型车床、焊台、万用表等应该是必备的,如果有条件,最好可以配备用于切割亚克力板或其他材料的激光切割(雕刻)机。教师还可在创客空间内为不同水平的学生购置初级、中级、高级学生所用的实验箱。另外,还可在创客空间中配置 1~2套传感器模块套件,供水平较高的学生研究,也可在一些展示活动中使用。

3)实现足够长的开放时间

理想的创客空间应该是一个全面开放的空间,做到全天开放。但实际情况下,为了不影响学生的日常学习,中小学的创客空间一般在课余时间开放,学生可以在课余时间自由支配自己的时间。如果允许,还可在周末向学校周边的其他学生开放,让尽量多的学生了解创客,参与到创客文化中去。

5.4.2　创客空间环境下的教学设计

创客空间环境下的教学设计大致可分为以下 7 个阶段:

1)选定创造项目

在完成基础知识与模仿型项目的学习后,学生便初步具备了独立创造的可能性,这时,教师可让学生根据自己在初级阶段所学习的内容,结合自己的兴趣爱好来进一步确定自己后期要进行创造的作品。当学生确定创造项目时,教师就是学生的"参谋长",帮助学生判断项目完成的可能性,对于一些实现难度大的项目,教师不能一口回绝,打击学生创造的积极性,应委婉表达并给出修改意见,帮助学生改进项目设想,激发学生创造的信心。

2)设计实施方案

任何活动的开展都需要提前准备好相应的实施方案,以保证活动有序、顺利地完成。因此,在学生正式开始制作作品之前,需要预先制订好作品的实施方案,制订方案能够帮助学生明确作品制作的大致流程,并按计划做好必要准备。实施方案的设计主要包括两个方面:一是确定作品制作的主要步骤,确保学生作品制作的有序进行;二是分配制作的时间进度,保证学生在规定的时间内完成作品。实施过程中如果遇到问题或其他影响因素,学生可以自行修改或在教师的引导下对方案进行适当的修改。

3)发现问题

实施方案是学生对所要创作的作品制订的初步计划,过程中难免有考虑不全面的地方,学生需要结合实际情况,分析出自己在产品制作过程中可能存在的问题。这些问题可能是资源上的问题,也可能是技术上的问题或知识上的问题等。学生需要进行全面思考,将需要解决的问题逐项列出,寻求问题的解决方法。在这个过程中,教师仍然发挥着重要的引导作用,除了引导学生全面思考问题,教师还需照顾学生的情绪,避免学生因为问题过多而失去创造的信心,教师应对此进行合理引导,给予学生解决问题的信心。

4)自主探究

上个环节中发现的问题是学生在创作过程中的主要阻碍,因此,在这一阶段,学生要依据自己所学的知识或者借助于互联网资源,自主探究问题的解决策略。在创作过程中,如果遇到自己实在无法解决的问题,学生还可向同伴或者教师求助。在这个过程中,教师充当着辅助者的角色,辅助学生自主探索,必要时予以指导,当然,这种指导是启发式的指导,不能直接告诉学生要怎样做来解决这个问题,而是引导学生自己说出可能的问题解决方法,做到"不愤不启,不悱不发"。在这个过程中,学生可能需要用到多种资源,教师要为学生准备必要的资源,为学生的自主探究提供物质保障。

5)动手制作

经过前期的准备,便到了学生动手操作将自己的创新想法转变为现实的时候。在这个过程中,学生将体会到自己动手的乐趣,充分发挥自身的主动性和创造性。当然,在这个过程中,学生还是会遇到一些棘手的、难以解决的问题,从而再次进入"发现问题—自主探究—动手制作"的良性循环中。

6）分享交流

作品完成后，便到了作品展示、经验交流的环节。在这个环节中，学生分别展示自己的最终成果，并分享自己的制作理念和制作过程中遇到的问题，以及后期又是如何解决问题的，互相传授经验，共同成长。学校还可以组织学生定期与校外创客空间进行交流，让学生感受创客的文化与魅力。

7）作品评价

对学生的评价，也是创客教育理念下的教学与传统教学的一个重要区别。创客教学不仅关注对最终学习结果的评价，也注重对学习过程的评价，并且对学生的评价是由教师、同伴、学生自己等多个方面共同负责的，是一种多维评价。评价的内容也十分丰富：从对最终作品的评价来看，评价者需要对学生作品的创意性、实用性等多个方面进行评价；从学生的表现来看，需要对学生在制作过程中的问题解决、时间安排等方面来评价，实现形成性评价和总结性评价的有效融合。

5.4.3　创客空间应用案例
自动控制温度的机器人——温度传感器的运用
1. 案例背景

设计者	教案名称	学生	教材	课时
李晶	自动控制温度的机器人——温度传感器的运用	小学五年级	广东教育出版社《信息技术》	1

2. 教学目标

（1）知识与技能

①认识温度传感器和 LED 显示器。

②了解温度传感器的组成部件及基本原理。

③会用条件表达式中的"＞＝、＜＝、＜、＞"逻辑符号设置判断条件。

④能在诺宝 RC 软件中编写"自动控制温度的机器人"的程序并在仿真环境中设置模拟场景测试该仿真程序。

⑤会根据需求设计拼搭出机器人。

⑥发现机器人实现"自动控制温度"功能的过程，实现程序的下载和调试。

（2）过程与方法

①创设情境，抛出问题，以任务为驱动，开展小组合作。

②通过组内合作探究的方式，寻求解决问题的策略，在实现策略的过程中，强化带有判断功能的程序设计的思路，进一步掌握程序编写的方法。

③通过分析，设计并搭建结合实际需求的机器人，强化和巩固机器人硬件搭建的技巧。

④反复调试、下载机器人程序，熟练掌握智能机器人设计制作的方法。

（3）情感态度与价值观

①通过小组合作，共同解决问题，形成合作探究的学习氛围。

②在与他人合作探究中亲历"发现问题—分析问题—解决问题"的过程。

③在实现问题解决的过程中,获取成功和失败的体验以及创新的乐趣。

④通过调整机器人程序、总结失败经验,逐步形成自我反思、归纳总结的习惯。

3. 教学重难点

重点:对"温度传感器"的工作原理的理解;对仿真环境中引入虚拟"火源"的理解。

难点:掌握"设置条件表达式",实现"温度控制"功能。

4. 教学准备

①软件:Windows XP 以上操作系统、诺宝 RC 软件、多媒体教学控制系统。

②硬件:多媒体教室、电子白板及实物投影、诺宝机器人套件(微型计算机、数据线、温度传感器、风扇、蜂鸣器、LED 显示器、支撑部件等)。

5. 教学过程

教学环节	教师活动	学生活动	设计意图
情境导入,抛出问题	1. 视频展示。生活在阿根廷动物园的名为"阿杜罗"的北极熊,因为不能适应热带气候,整日胃口不佳,郁郁寡欢,疑似患上了忧郁症(这只北极熊已于 2016 年去世)。 2. 提出问题(展示熊的图片)。如何能让这只北极熊不再忧郁? 3. 引导学生分析原因,思考问题。	观看视频之后,展开小组内讨论。回答问题:可以让北极熊凉快一些,或者回到北极去,它的心情就不会这么郁闷了。	引用的视频是一段新闻报道的截图,更有真实性。从北极熊这一让人喜爱的动物形象入手,更能吸引这个年龄段的学生,从而激发他们的学习兴趣。结合"爱护动物、保护环境"的主题,能让学生在课堂中感受信息技术对现实生活的实际意义,有助于学生世界观的养成。
头脑风暴,寻求策略	1. 提出问题。如何实现自动控制阿根廷动物园北极熊生活环境的温度? 2. 引导学生小组讨论,思考问题,生成策略(图1)。 图 1 3. 板书课题。自动控制温度的机器人。	小组讨论,找到解决问题的策略:可以用大冰块降温;可以用飞机将北极熊运回家乡;可以安装功率较高的空调……	让学生天马行空地展开想象,启动头脑风暴,让学生的大脑迅速转动起来。这里安排1 min组内讨论,让小组内一开始就形成团队合作的氛围,对后面顺利开展课堂教学有着积极意义,且通过学生们思维的碰撞,逐渐达成共识,能够更好地分析问题、寻求策略,有助于团队意识的培养。

续表

教学环节	教师活动	学生活动	设计意图
学习新知，突破重点	1.试一试。猜猜温度传感器是如何工作的。要求学生观察温度传感器，将其连接到微型计算机上，观察指示灯的变化，猜测温度传感器的工作原理。 2.课件展示。认识温度传感器的组成。 3.讲解温度传感器的工作原理(图2)。 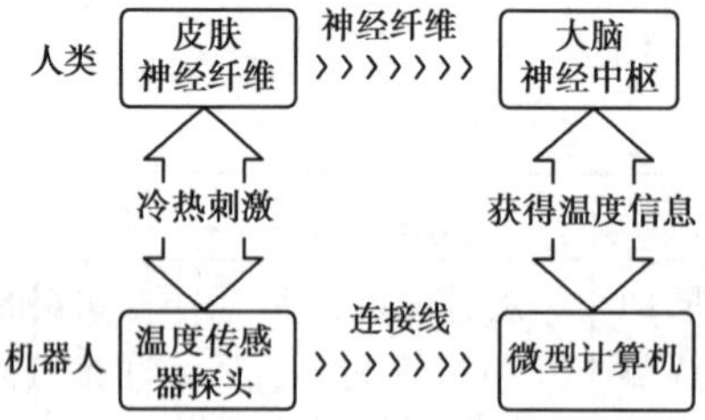 图2 温度传感器的探头相当于感受温度变化的神经纤维，它能够测量环境、液体及物体表面的温度，测量范围为0～100 ℃，传感器连接线将测量的数值传输给微型计算机。 4.提出问题。如何显示温度传感器探测到的温度？ 温度传感器探测到的温度，可以利用LED显示器来显示，方便我们测量和读取数值。 ①演示操作编写能够测量环境温度的机器人程序的方法(图3)。仿真环境中借助"火源"传感源来模拟实际的火苗，实现温度的变化。 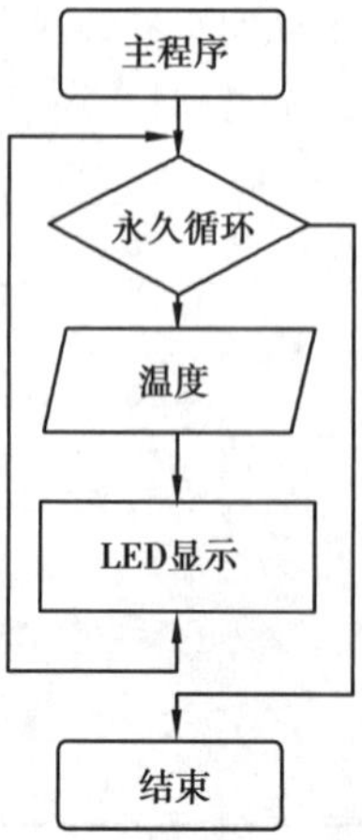 图3	尝试将温度传感器连接到微型计算机上，学生会观察到温度传感器的指示灯会随着探头触碰到手指发光，从而认识到温度传感器上的探头是获取温度变化的重要元件。 通过对比人类感知温度的方式，理解温度传感器的工作原理，思考如何显示温度。回答：通过LED显示器来显示温度。 观察、思考，开展小组合作，完成温度传感器测试环境温度的仿真，合作搭建测量环境温度的机器人。 利用温度传感器测出的温度是环境温度，学生在实践中能够发现，可通过对温度探头哈气或用手掌捏住温度探头等方式让数值发生变化。	温度传感器的工作原理、如何在程序中使用该模块，是本课需要突破的第一个重点。所以在设计这个环节时，重在让学生观察和体验，尝试和猜测的环节能够激发学生的好奇心，鼓励学生积极动手，增强分析思维能力的训练。 这里用温度传感器和LED显示器来测试温度的程序中，"永久循环"模块的应用并不陌生，只需通过提问来提示学生，避免学生忘记该模块的使用。而"移动传感源"的技巧，在之前的仿真环境设置中也已经学习过，在这里只需巡视学生操作时予以提醒即可，不需再提出来影响教学进度。

教学环节	教师活动	学生活动	设计意图
学习新知，突破重点	提出问题：能否不要"永久循环"模块？ ②小组合作，编写程序并仿真。 ③搭建机器人并下载程序，利用机器人测量环境温度。 提出问题：机器人测出的环境温度如何让它发生变化？		
理清思路，设计程序	1.提出问题。怎样让微型计算机来控制调节温度系统？ 2.小组内开展讨论，分析程序结构，回答问题(图4)。 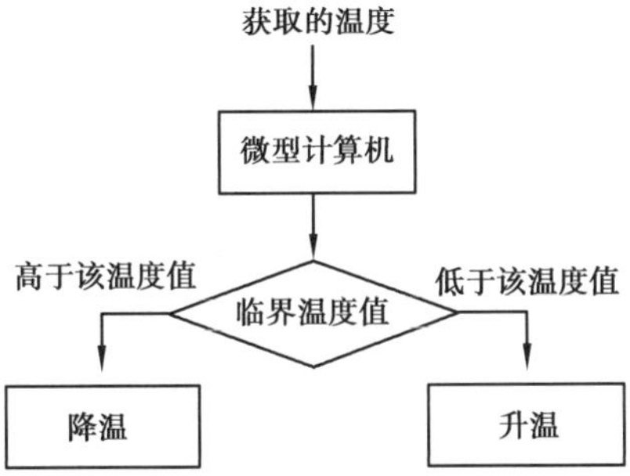 获取的温度 微型计算机 高于该温度值　临界温度值　低于该温度值 降温　　　　　　　　　升温 图4 3.条件表达式的设置。温度变量 >0，表示温度高于 0 ℃。	小组讨论，思考并回答问题：当温度高时启动降温系统，当温度低时启动升温系统。	这一环节的内容是学生进行编程展开实践操作之前的另一个障碍，需要引导学生展开充分的讨论，充分帮助学生理清算法的思路。 利用动态的课件展示程序结构的逻辑关系，让学生更进一步了解该程序同以往的"非此即彼"的逻辑判断有所不同，需要有一个临界数值作为判断，进而引出条件表达式在设置上与以往的不同之处。
动手实践，解决问题	1.小组讨论。使用什么输出部件来模拟降温系统的开启和关闭？ 提示学生可以通过风扇的开启和关闭来模拟降温系统的启动和关闭。 2.汇报小组如何实践。 3.课件展示实践步骤，开展小组合作学习，完成实践任务。	组内成员通过交流，可以确定利用蜂鸣器、LED 显示器、风扇等输出部件来模拟温度调节装置。完善机器人程序和搭建机器人。	如果直接按照教材中提及的风扇来实现降温，就体现不出这节课的亮点了。风扇这一输出部件在这个环节中只是抛砖引玉，充分调动学生的积极性，鼓励他们启动头脑风暴，利用多种输出设备实现降温系统的模拟，使最终的课堂作品更加精彩纷呈。
分享评价，归纳总结	1.展示部分小组的机器人成果。要求小组合作介绍机器人如何实现温度控制，并通过操作演示，展示其小组的合作成果。 2.教师评价，其他小组学生评价，给出改进的意见。 3.归纳总结课堂教学活动。	小组汇报展示制作的机器人，并汇报设计过程中遇到的困难及解决方案。聆听、思考、参与课堂总结。	设计过程中肯定会遇到类似"风扇一直开启"这类的问题，需要学生动脑筋找到原因，体会调试的过程。

续表

教学环节	教师活动	学生活动	设计意图
延伸思维，启发创新	通过这节课大家齐心协力找到的策略，相信阿根廷动物园里的阿杜罗北极熊的忧郁症一定会好起来。 1. 课件展示图片。阿杜罗的生存状态受到了大家的关注，利用自动温度控制系统，它生活的环境一定会越来越舒适。 2. 提出问题。你能找出身边有哪些地方使用到温度传感装置？	观看图片，思考并内化课堂知识点。 思考身边的温度传感装置——空调、电热水壶、冰箱……	课堂的结束部分与开头的情境引入产生呼应，刚开始提出的问题，在课堂结束之前已经找到了方法并得以解决，使课堂的"任务驱动"教学策略得以完整的呈现，有助于学生将知识点内化。 通过提出问题，引发学生更深层次的思考，将教学的触角延伸到课堂之外，让学生觉得意犹未尽。
教学评价			

这堂课的内容很充实，从学生分析问题、生成策略到在程序中理解结构仿真，通过下载调试实现策略的模拟，40 min 的时间相对来说比较紧凑。这就需要教师在课前做好学情分析和教材分析，将最需要在课堂上呈现和解决的问题放在这短短的 40 min 内完成。

这节课的内容呈现虽然比较完整，但也暴露了不少为了赶进度而出现的问题。例如，让学生在分析策略的环节中，应给学生足够讨论和思考的时间；在点名让学生表达想法时，应更深层次地挖掘学生的想法，让学生的思路完整地呈现出来。在实践过程中，不少学生出现了问题，应该给足时间让学生表述清楚自己遇到的问题，而不是越组代庖来帮助学生陈述现象。学生展示环节中第一组不成功的机器人也没有给足够的时间让其他小组学生表达清楚如何来解决这个现象和问题。

对于常规课堂的温度传感器的学习来说，建议将课时设置为 2 课时。第 1 课时讲程序的结构以及设计，让学生完整地吃透、弄懂，不急于在课堂开展实体机器人的制作，可以在第 2 课时中再要求学生下载和测量，并逐渐梳理学生在调试过程中遇到的问题，合理引导学生寻求解决问题的方案和策略，真正把课堂交还给学生。

第 **6** 章
移动学习的教学设计

6.1 移动学习的教学设计研究概况

国内外对于移动学习的教学设计已经有了较多的关注和研究,但是无论在移动学习的教学设计模式、教学设计流程上,还是在移动学习的教学设计原则上都没有达成一致,或是形成通行的标准。本节主要通过文献分析,介绍国内外在移动学习的教学设计方面的研究现状。

国外对于移动学习的教学设计的研究处于探索阶段,主要集中于对教学设计原则的研究,也有一些研究针对移动学习的教学设计方法和教学设计框架。其中,对移动学习的教学设计框架的研究涉及移动学习环境设计、资源设计及活动设计 3 个方面。美国圣地亚哥州立大学的王敏娟等分析了学习和认知理论、人机交互原则、设备与方法论对移动学习资源设计的影响,针对移动学习的教学信息设计提出了许多的参考建议。David Parsons 等人通过对移动学习环境要素的分析,提出了一个移动学习环境设计框架,为优化移动学习体验提供了系统性的支持。另外,还有学者从移动技术、人类的学习能力以及社会交往 3 个方面提出了移动学习理性分析框架,试图解决移动学习中存在的信息过载、知识导航和合作学习等教学问题。该框架对移动学习设备的开发、教材的编制、教学设计以及学习策略的制订等方面都具有一定的指导意义。

对移动学习中教学设计方法的研究则相对较少,南非开普敦大学信息系统系的 Stanton 和 Ophoff 将现有的教学理论整合在移动学习的教学设计方面,通过对移动学习教学设计各方面的分析,提出了一个普遍适用的教学设计流程。SCORM 标准的制定者,美国 ADL 实验室则在移动学习研究中为教学设计师开发了移动学习决策路径。

移动学习的教学设计原则是目前学术界研究最集中的主题。Eliasd 通过对移动学习教学设计的分析,扩展了远程教育中普遍使用的通用教学设计原则,并强调教师在教学设计时应该将重点放在内容上,而不是寻找下一代新技术方面,他对移动学习的教学设计原则进行了补充并提出了相关建议。Hemngton 等人通过对已有移动学习项目的数据分析,归纳出了移动学习教学设计的十一项原则。另外,Clark 和 Mayer 以认知负荷理论和信息加工理论为指导思想,提出了多媒体教学设计的六大原则,该理论对移动学习的教学资源设计也具有较大的指导价值。ADL 在其发布的白皮书《移动学习手册》(*Handbook of Mobile Learning*)中根据移动学习的特点提出了移动学习的内容设计应遵循十个额外的原则。另外,俄勒冈大学的研究者也讨论了针对成人学习者的移动学习的教学设计原则。

国内对于移动学习教学设计的研究也处于初步探索阶段,同样也是对于移动学习教学设计的原则与模型的研究较多,涉及移动学习的教学设计方法与流程的研究较少。

国内对于移动学习教学模式探索主要集中在移动学习资源设计模型、活动设计模型及综合设计模型方面。肖君等人总结了当前移动学习在正式与非正式环境中的应用模式以及移动学习的设计模型,提出了一种用于设计移动学习资源和活动的综合模型。连红以 ADDIE 与 ASSURE 教学设计模式为指导,结合广播电视大学系统在远程开放教育方面的特点,提出了一种移动学习教学设计模式。另外,黄荣怀、王晓晨等研究了移动学习的学习活动设计框架,通过对移动学习定义、发生的条件及基本特征的分析与归纳,得出了移动学习活动设计模型。程志等人依据活动理论分析了微型移动学习活动系统的构成要素及其相互关系,构建了微型移动学习活动的设计框架。张博夫等人分析了移动学习的定义、支持技术以及移动终端设备特性,构建了高校移动学习资源的设计框架。陈伟超、刘海军根据移动学习的移动性、碎片化、交互性等特点,分析了移动学习中学习对象的特征,在肯普的教学设计过程模式的基础上提出了基于建构主义的移动学习教学设计模式,并对其进行说明,论证了其对移动学习的适用性。朱世美、邹霞通过分析移动学习的理论基础、技术支持及实现方式,构建了移动学习中的教学设计模式,并结合各中小学教师教育技术能力培训对该模式进行了应用举例。另外,笔者也调查了平板电脑上学习资源设计和开发的现状,分析了手机、平板电脑和台式电脑在硬件特征、使用习惯和用户体验上的差异,总结了基于平板电脑的教学资源设计框架和设计要点。

在移动学习的教学设计原则方面,连红在构建移动学习教学设计模式的同时提出了移动学习的教学设计的原则。王萍在移动学习通用设计准则的指导下从定位、功能、内容、交互学习方式、网络服务几个层面探讨了基于微信的移动学习设计原则。孙怡夏通过论述移动学习对学习环境的拓展,基于建构主义以学习者为中心的思想,结合移动学习的特点提出了移动学习的教学设计应遵循的原则。

通过对国内外移动学习的教学设计的文献研究可见,国内外对于移动学习的教学设计的研究还处于探索阶段,研究者们提出了各种教学设计模型和设计原则,但能够占主导地位,为学界普遍认可的模式不多。不论是国内还是国外的相关研究均是基于移动学习的特点,以一定的教学理论为指导,在一般教学设计框架的基础上进行分析与拓展,在研究方法上具有较高的一致性。

6.2 移动学习设计的理论模型

移动学习的教学设计涉及移动学习的资源设计、移动学习的活动设计、移动学习的环境设计以及综合设计框架的研究。本节从媒体功能、抽象模型、基于活动的学习设计和移动学习资源设计 4 个角度入手对现有的模型进行归类,详细介绍了国内外主要的移动学习教学设计模型,并对其一一解读。

6.2.1 移动学习系统的媒体功能模型

对移动学习的教学设计的研究可以从媒体入手,移动技术作为一种新兴媒体有其独特的特点。在第2章中曾讨论过移动媒体作为大众传播媒体的特点。在本书中,将从教学媒体的视角重新审视移动媒体在教学活动中的功能和作用。

2006年,Leonard Low 基于移动学习中用户对媒体的使用活动,在网络时代来临之前普遍强调的3R技能(阅读、协作和算术)模型的基础上,提出了移动学习的4R模型,以此作为移动学习活动的分类。他认为,移动学习具有记录(Record)、重新诠释(Reinterpret)、回忆(Recall)和联系(Relate)4种功能。这4种功能不仅涵盖了传统的学习活动,而且包括学习评价(自我、形成性和总结性评价),以及教学和学习支持活动(支持教师教学和学习者学习的工具)。4R模型反映了教学理念的转变,从"学习者为中心"的角度定义的4R包括:

(1)记录(Record)

移动技术的使用增强了学习者获取和建构知识的能力。学习者可以使用移动设备获取、保存、记录和创建信息(图6.1),既可以是学习者对移动设备上获得知识或任务的反馈,也可以是对其他刺激(如学习情境或教师的刺激)的反馈。这些信息被记录在移动设备上,或是通过移动设备上传到远端存储。

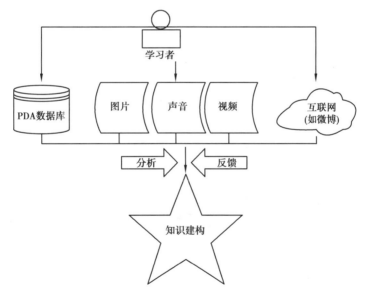

图6.1 收集和记录新知识

(2)重新诠释(Reinterpret)

在这种模式下,学习者通过加工和分析信息学习。他们利用移动设备发现、处理或加强现有的信息,将已有的数据转化为新的知识,或者对信息数据进行重新混搭以促进学习。在此场景中,移动设备起到了增强和补充学习者自身的感官和处理能力的作用。

(3)回忆(Recall)

学习者作为信息和资源的使用者,使用移动设备随时随地查看存储在移动设备上的信息、事件和经历,这些数据也可存储在远端服务器上,通过移动设备访问。因此,学习者可以更好地对各种信息进行回忆和加工,如图6.2所示。

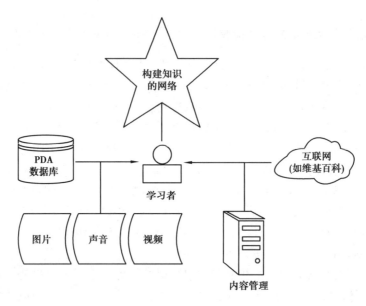

图 6.2　回忆和加工已有信息

（4）联系（Relate）

学习者作为社会情境和知识网络的组成部分，可以使用移动设备与其他学习者或教师进行交流与协作。学习者还可通过移动设备与教师或学习伙伴进行同步（如手机进行通话）或异步（如论坛、邮件）交流。此外，将移动设备连接到网络，还可进行文档的推荐与共享，如图6.3 所示。此类活动还包括基于移动技术的评价、教学和学习支持活动。

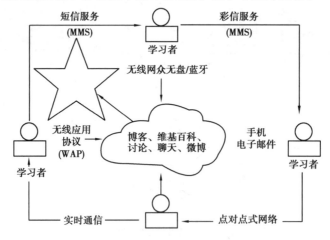

图 6.3　学习者通过移动媒体相联系

6.2.2　Clark Quinn 的 4C 模型

2010 年 2 月，Clark Quinn 在 Leonard Low 的 4R 模型的基础上，提出了 4C 模型，如图 6.4 所示，用以解释移动学习中移动终端和移动技术所发挥的功能，或者说是移动学习系统的功能。模型中的 4 个"C"分别是内容（Content）、计算（Compute）、获取（Capture）和沟通（Communicate）。

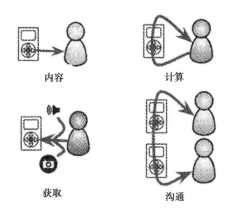

内容　　　　　　　　计算

获取　　　　　　　　沟通

图 6.4　Clark Quinn 的 4C 模型

1）内容（Content）

移动设备常见的用途是获得媒体资源（内容），包括动态内容（如音频或视频）和静态内容（如图形、照片和文本）。移动学习的学习者大多是利用碎片化的时间（如等车、上班途中）学习，根据需求获取或推送有价值的学习内容。另一种情况是移动学习发生在真实情境中（如真实的医院、维修车间），或者其他需要实时获得帮助的场景。在这些情境中，内容既可以提前下载到移动设备上，也可以在线访问。

2）计算（Compute）

在许多情况下，学习者并不善于进行各种类型的计算，快速运算是计算机应用程序的长项，因而学习者与计算机相结合才是更有效的学习方式。在移动学习中，学习者将获取的信息实时输入设备中或者利用移动设备捕获数据，设备中的相关应用就可帮助学习者加工处理数据并转化成有价值的信息。例如，某个专用的手机应用可以根据输入的识别故障码反馈维修建议，用户可以不用去查维修手册直接依据程序的指导排除故障。又如，手机上的应用可以将一些不可理解的数据波动根据现有的模型转化成有意义的数据图表，用于各类评估。

3）获取（Capture）

移动设备不仅可以呈现信息，也可以获取信息。手机上搭载的摄像头和 GPS 之类的传感器可以捕捉和获取数据并保存，供以后分析和使用。例如，我们可以使用手机拍照或者录像功能记录一个事件的完整过程或是某个物体全方位的信息。记录下来的数据可以直接存储在移动设备中，也可发送到远程的服务器端。这样既方便分享内容以促进交流和沟通，也有利于学习者回顾和反思。

4）沟通（Communicate）

虽然移动终端具有许多功能，但实时或非实时通信仍是它们的主要功能。从媒体角度来看，"沟通"是手机之类的移动终端的基本功能，手机最初应用于教育就是用来促进师生和生生沟通交流的。沟通还可表现在其他方面，如在听讲座时，学习者可使用移动设备上的功能软件实时提问、互动或投票，也可利用现有的社交软件分享资料与交流。

除了用 4C 模型解释和说明移动学习系统应具备的功能之外，Quinn 还列举了职场学习、学校教育以及元学习 3 种不同情境中 4C 模型在移动学习课程设计中的应用，见表 6.1。

移动学习的教学设计应针对不同情境、不同的课程需求，因此承担课程设计与开发的人员应结合具体情境，依据不同的需求进行设计与开发。4C 模型既分析了移动学习系统的功能，也讨论了3种具体场景下移动学习的应用,具有一定的可操作性,也比较全面,对于当前的移动学习系统与课程的开发具有较好的参考价值。

表6.1 4C模型应用于3种情境中的移动学习课程设计

模型	职场学习(绩效支持)	学校教育(正规学习)	元学习
内容(Content)	岗位协助、示范演示	简介、概念、范例	学习指导、路径获取
计算(Compute)	表单、决策树、计算器	练习、模拟、测试	交互学习指导
获取(Capture)	情境获取	绩效获取、表征	学习路径、过程
沟通(Communicate)	专家、同伴	导师、同伴	学习导师、协作者

6.2.3 移动学习教学设计的抽象模型

与功能模型不同,抽象模型从更宽泛和更基础的层面讨论了移动学习的影响因素及各因素之间的相互关系,以及移动学习在模型中的地位和作用。下面详细介绍两个经典的移动学习抽象模型:FRAME模型和LTCS模型。

1)FRAME模型

Koole从移动技术、人类的学习能力及社会交往3个方面提出了一个移动学习的理性分析框架(The Framework for the Rational Analysis of Mobile Education,FRAME),试图解释和解决移动学习中信息过载、知识导航和合作学习此类将新技术应用于教育过程中带来的问题。在FRAME框架中,移动学习被视为一定情境下的学习经历,学习者个人或者学习者之间通过合作使用内容并创造新内容。人和内容的交互,以及人和人的交互通过移动媒体技术实现。

FRAME框架是一个典型三交叉文氏图,如图6.5所示。模型中的3个圆分别代表设备(Device)、学习(Learning)和社会(Society)3个方面。模型中任意两个圆的交叉重叠部分代表两方面共有的属性,三方面的交叉点(DLS)在文氏图的中心,定义了移动学习的属性。

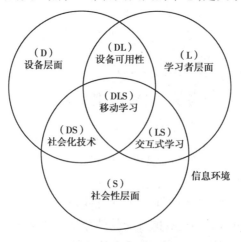

图6.5 FRAME模型

(1)设备层面(D)

模型的设备方面涉及移动设备的物理特性、技术以及功能特征。其中,物理特性包括输入/输出能力、运算能力和处理速度、存储能力、兼容性、可扩展性等。由于设备硬件与配套软件会对学习者的身体和心理舒适度产生显著影响,它为学习者与学习内容、学习任务交互提供了接口,因此对这方面的功能及特点的评估很重要。

(2)学习者层面(L)

学习者层面的属性涉及个体的认知能力、记忆能力、先验知识、情感以及动机因素等。该模型以信息加工理论与发现式学习为理论基础,描述了学习者是如何利用已有的知识进行编码、记忆与转化信息的过程。

(3)社会性层面(S)

模型的社会性层面涉及社会性交互与合作的过程。学习者本着互助合作的原则和他人交流沟通,从而使得学习者之间能够交换信息、获取知识,并保持学习的文化性。合作的规则受学习者所在的文化环境或交流发生地点影响。在移动学习中,这种文化既可以是在现实中存在的,也可以是在虚拟空间中存在的。

(4)设备可用性(DL)

设备与学习者的交集,主要是关注设备的可用性。与移动设备处理和存储信息的能力相关。移动设备的这些特性在学习过程中会对学习者的认知负载、对信息的访问能力、场景切换能力(从一个物理空间到另一个物理空间或虚拟空间)产生作用,进而影响用户的心理舒适度和满意度。

(5)社会化技术(DS)

在 FRAME 模型中,社会化技术描述的是移动设备怎样支持多人和多个系统之间的交流与合作。设备的硬件和软件提供了多种不同的连接手段。许多移动设备都可提供多个渠道的通信,如短信服务、语音通话,并能通过无线网络接入互联网。更重要的是,这些技术促成了人们的各种目的和方式的信息交换与合作。

(6)交互式学习(LS)

作为学习和社会的交集,交互式学习表现的是学习与教学理论的融合,主要以社会建构主义的哲学思想为基础。在此,学习被看成基于多方面有意义协商之上的协作活动。此外,还需考虑处于独特文化与环境中的远程学习者的需求。这样的背景设定会影响学习者的理解能力、协商能力、整合能力和解释能力,以及在正式或非正式的学习情境下变革和创新的能力。

(7)移动学习(DLS)

在该模型中,移动学习是设备、学习和社会性 3 个方面的焦点,也是整个模型的中心。移动学习能加强学习者之间的协作,帮助他们更有效地获取信息,提供更加情境化的学习体验。在理想情况下,有效的移动学习能够强化学习者的学习活动,帮助他们评估和选择相关信息,重新设定目标,以及从不同角度重新思考对概念的理解。移动学习提供了一个良好的移动学习环境,使得移动学习者可以与教师、学生、课程资料以及物理和虚拟情境进行交互。

FRAME 模型抽象地勾画出了移动学习的主要影响因素。通过该模型的指引,设计者可评估各个领域的因素在移动学习中的利用程度,以此设计出更有效的移动学习体验。在国内我们也看到了一些基于该模型研究成果的教学实验,如北京广播电视大学基于该模型在大学英语课程中的移动学习实证研究。根据此项研究报告,实验组和控制组相比在考试通过率方面大幅度提升,而且绝大部分成人学习者对这种学习方式持欢迎态度。

2）LTCS 模型

肖君、王敏娟和李雪通过对当前移动学习在正式与非正式环境中的应用模式和已有移动学习设计模型的回顾,讨论了移动学习的教学设计原则和设计流程,提出了一种新的移动学习设计的综合模型,即"地点、技术、文化和满意度"模型(LTCS 模型),如图 6.6 所示。

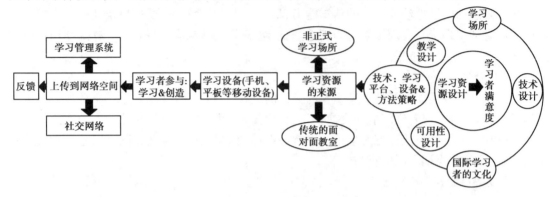

图 6.6　LTCS 模型

LTCS 模型以 Keller 的 ARCS 模型及在其基础上衍生的 Shih 的移动学习模型为蓝本。该模型可用来作为建构移动学习平台的依据,也支持学习者对学习资源进行设计或改编。基于这个模型,移动学习设计者在设计时应从学习者的 4 个变量(地点、技术、文化和满意度)入手分析。这些变量源于社会科学中已有的各种模型,而且在教育技术领域也为研究者普遍认可。具体解释如下:

(1)地点

地点在移动学习中具有双重含义。地点因素从宏观层面上看可以是当地或全球的,从微观上看是学习活动发生的特定位置,包括正式或非正式的学习环境。针对不同地点,移动学习应有不同的设计。

(2)技术

LTCS 模型中的技术定义宽泛,不仅包括常规技术(如计算机、设备、网络和学习平台),还包括教学技术(如教学方法和学习方式)。该模型从技术手段上将移动设备分为便携设备、网络为中心的设备、网络门户、移动计算机 4 类。设计者在开展移动学习时应充分考虑设备本身的技术能力。

(3)文化

文化是指全球化的电子学习和移动学习的跨文化维度。该模型用于分析文化对学习的影响,部分改编自 Hofstede 在《文化维度》中提到的 5 个文化变量,包括权力距离指数、个人主义、男性气概、不确定性回避和长期的定位。

(4)满意度

满意度既是移动学习设计和实施的目标,也是结果。在 LTCS 模型中,移动学习的教学设计包括教学设计、技术设计和可用性设计。三方面设计的最终目标是促进并保持学习者的高满意度。

LTCS 模型克服了早期模型中存在的一些不足,特别强调了为移动学习方案设计者提供多元文化的支持。设计者可以使用这个模型所提供的方法将多学科的成果整合成一个启发式设计模式,将移动学习的教学能力最大化。

6.2.4 基于活动的移动学习设计模型

以活动为中心的教学设计是2000年后逐渐普及的教学设计思想,建立在活动理论的基础之上,主张将教学系统看成学习活动的序列,教学应以活动为中心整合教学资源、学习环境等要素最终为学习者服务。这种教学设计思想延伸到移动学习领域,也带来了移动学习设计思想的变化,出现了一些以活动为中心的移动学习设计模型。

黄荣怀、王晓晨和李玉顺在通过对移动学习的定义、发生条件及其基本特征的分析的文献研究基础上,对移动学习的活动设计进行了系统的研究,在分析了国外30多个移动学习项目后,得出了移动学习活动设计模型,如图6.7所示。并对该模型中活动设计的6个基本环节,即需求分析、学习者分析、学习场景设计、必要技术环境、约束条件分析和学习支持服务作了详细的解释。

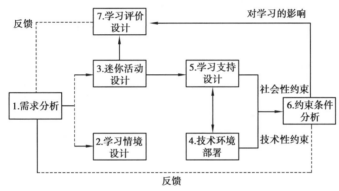

图6.7 移动学习的活动设计模型

按照该模型,需求分析是移动学习活动设计的首要步骤,目的是判定学习任务是否适合以移动学习的形式展开。并非所有的学习活动都适用于移动学习形式,而且移动学习中学习者的实际特点和特殊需要也有多样性。

移动学习的学习场景包括背景、用户、目标、时间、活动等多个要素。迷你活动是移动学习中常见的微型活动,由一个或多个子活动组成,旨在提高学习者的知识与技能。首先,进入部署技术环境和提供学习支持服务的阶段。两者密切相关,在提供某种技术环境时,必须事先考虑所需提供的支持服务。其次,对社会性约束和技术性约束的分析。社会性约束主要是指那些对交互和协作产生影响的障碍;技术性约束是指缺乏必要的技术性支持系统和工具或欠缺使用技能。再次,对学习评价的设计。学习评价受约束条件分析的影响,反过来又会反馈到整个设计过程中,促使前端的需求分析不断细化和完善。

MLADM模型提出以后,研究者又列举了3个已有的移动学习成功案例,参照该模型对其学习活动设计流程进行分析和验证。结果显示,在进行项目或活动的设计过程中,研究人员都有意或无意地考虑了上述6个基本环节,这和MLADM模型的内在联系和逻辑是一致的,从客观上印证了该模型的正确性。

此外,还有学者依据活动理论分析了微型移动学习活动系统的构成要素及其相互关系,论述了活动理论给微型移动学习活动设计带来的启示。在此基础上,他们还构建了一个微型移动学习活动的设计框架。该框架主要包括6个环节:需求分析、核心要素设计、活动设计、活动中介设计、活动情境设计及活动评价设计,如图6.8所示。其中核心要素设计又分为活动主体设计、活动共同体设计和活动客体设计 3 个步骤。活动中介设计又分为活动工具设计、活动规则设计和活动分工设计 3 个小环节。该模型和前面提到的 MLADM 模型具有一定的相似性,详略程度和关注点略有不同。

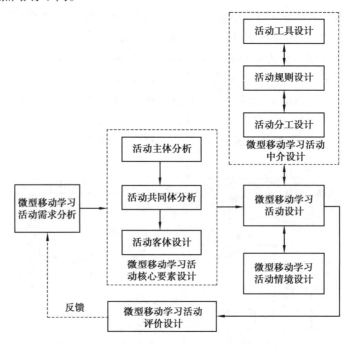

图 6.8   微型移动学习活动的设计框架

随着信息化教学的推广和应用,活动理论作为一种解决教学问题的新框架或新视角具有较大的潜力。基于活动理论分析和理解教与学的活动也适用于移动学习。因此,以活动为中心分析移动学习中的各要素及相互关系,进而构建移动学习设计框架,可为移动学习教学设计的开展提供具体的、可操作的方法。

6.2.5   移动学习资源教学设计模型

学习资源包括学习材料、终端设备、支撑服务系统和学习环境等。移动学习资源构建是展开移动学习活动的前提。开始移动学习资源设计前,设计者应掌握移动学习资源的种类和特点,熟悉可用的移动学习关键技术支持以及典型移动终端设备的物理特性。

移动学习资源的开发与设计是移动学习实施过程中至关重要的环节,学习资源的开发和使用贯穿整个移动学习过程,健全的设计模型对移动学习资源建设极具现实意义。从文献分析的结果来看,目前国内外研究集中在移动学习资源的设计原则方面,而对设计模式的研究则较少,尚未出现标准化、规范化的移动学习资源教学设计模型。比较典型的研究有张博夫等人对移动学习资源设计框架的研究。他们系统地分析了移动学习的定义、支持技术以及移动终端设备特性,提出了开发高校移动学习资源必须遵循的原则:兴趣原则、片段化原则、交互性原则、简洁化原则和规范化原则。

作者还进一步构建了一个高校移动学习资源的设计框架,如图 6.9 所示。根据该框架,移动学习资源的设计和开发可包括 5 个主要阶段。

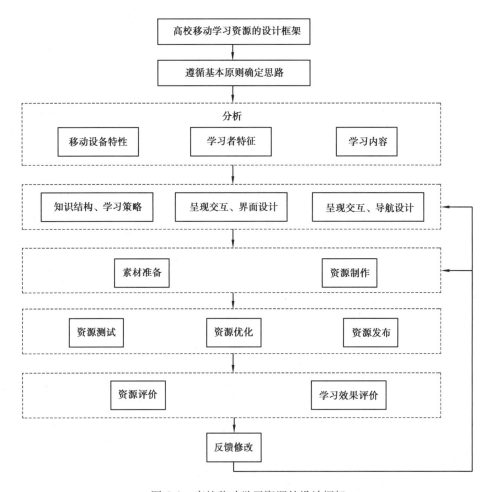

图6.9 高校移动学习资源的设计框架

第一个阶段是移动学习资源设计的前期分析,包括学习者分析和学习内容分析。学习者分析是基于学习者已有的基础和学习者本身的特征进行分析。学习内容分析是应用最小颗粒原则对知识内容的分割和重组,以适应在移动场景中使用。

第二个阶段是知识结构设计、学习策略设计和资源呈现形式设计。为体现学习者时间碎片化的特点,知识点的设计要具有片段性、灵活性、交互性强等特点。学习策略的设计主要是允许学习者自主选择学习内容和学习路径,并适时给予协助与反馈,激发学习者的学习兴趣。资源呈现形式设计包括资源组块、媒体呈现形式、界面和导航设计。

第三个阶段是移动学习资源开发,包括媒体素材准备和资源制作,主要和移动技术本身的技术特点相关,需要考虑媒体素材的兼容性和适应性。

第四个阶段是移动学习资源测试,主要测试资源在终端设备上的适应性,根据测试结果修改后发布到相关平台或设备上。

第五个阶段是移动学习资源评价,要求知识点在终端设备上有效呈现、界面简单和美观、导航清晰、交互快捷。

6.2.6 移动学习环境的设计框架

学习环境是影响学习者学习的外部环境,它是比学习内容更宽泛的概念。对于移动学习环境设计,也有一些学者提出了自己的设计模型。David Parsons、Hokyoung Ryu、Mark Cranshaw 等人分析了移动学习环境的特征和要素,从学习目标、学习经历、移动学习环境、通用移动环境 4 个设计角度入手,提出了一个综合性的移动学习环境设计框架,试图为移动学习设计提供系统性的支持。研究者还进一步通过 Ambient Wood、Thinking Tags、Uniwap mobile teacher training、Mobile Learning Organiser 4 个移动学习项目验证了该框架对于移动学习教学设计的帮助。这 4 个项目的成功表明了该框架是一个有效的移动学习设计模型。

图 6.10 展示了移动学习环境设计的 4 个角度以及各方面的相互作用。移动学习有可能处于一个动态、复杂的情境中(如救援服务或者急诊),而且常常是非正式的。移动学习既可能是个别化的,也可能是以合作学习的形式开展的。对于个别化的学习,学习目标通常是新知识技能,或是对原有知识技能的改善,映射到学习经历中就是学习组织好的内容,获得一定的成果和反馈,达到一定的目标,通过一定的形式表征等。对于合作学习,还包括团队合作能力和社交能力,映射到学习经验中就是冲突、竞争、挑战以及和社会性交互等。这些学习经历还可进一步映射到移动学习环境的身份、学习者、活动、时空、设施和合作等要素,最终通过通用的移动技术实现,在一定的移动技术环境中实施。

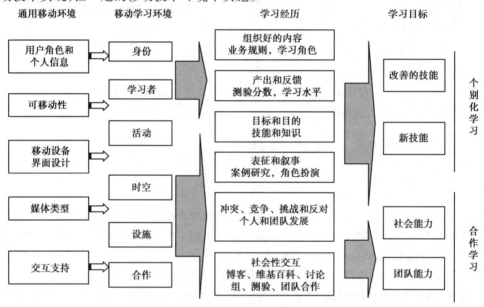

图 6.10　移动学习环境的设计框架

6.3　移动学习设计的流程和方法

6.3.1　通用的移动学习教学设计方法

Stanton 和 Ophoff 提出了一种通用的(广义的)移动学习设计方法。该方法是一个抽象框架,只定义了移动学习设计的阶段过程,没有对移动学习提出规定的内容与结构。该模型强调了移动学习设计应关注的 8 个方面(图 6.11)。最上方的教学法和情境影响着移动学习课程的设计理念;中间部分是关于目标、内容、递送手段和课程结构与设计开发密切相关的要素;最下方的实施和评价是课程投入使用的环节,完善该流程可确保设计能够达到预设目标。下面是对模型中各个步骤具体内容的讨论。

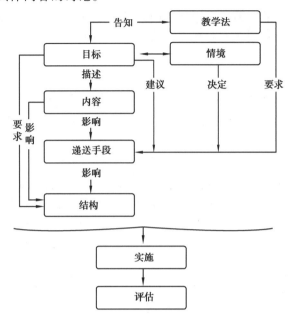

图6.11　一个广义的移动学习设计方法

1)目标(Objectives)

确定目标是移动学习设计的第一步。在此阶段要确定"为什么"要开发这个课程以及想要得到"什么样"的结果,目标的提出应考虑教学法和情境因素的影响。目标制订由大到小,最先确定机构和组织目标,然后细化到针对学习者的学习目标。从图6.11可知,目标是设计的关键,它会影响设计的其他方面,牵一发而动全身。如果目标发生改变,就需要重新考虑其他设计要素。

2)教学法(Pedagogy)

教学法在图中与模型中的"目标"以及"递送手段"两个要素相连。教学设计师应规划好如何通过视觉、听觉和交互手段来满足不同的学习风格。此外,设计师还应关注通过提供课堂以外的知识挖掘学习者的潜能,提高学习者的批判性思维和解决问题的能力,鼓励学习者对自己的学习负责。

在这个环节中,确定课程的目标属于哪种类型的学习,需要设计什么样的学习策略,需要什么样的学习方法都是非常必要的。设计师可考虑设计布鲁姆的学习目标分类中的高阶能力目标来提高学习者的思维水平。

3)情境(Context)

情境是移动学习设计需要考虑的一个较大的领域,并且学习情境的选择需依赖于学习类型,这对于教学设计是否有效非常重要。情境同样也与"目标"以及"递送手段"密切相关。基于Al-Hmouz等人以及Koole的研究,学习情境涉及的内容可分为以下3类:

①个人情况,如学习者和动机及先前的知识。

②学习者使用课程的境遇和场景,如何时、何地、在什么社会情境下使用课程。

111

③学习环境,如所提供的学习设备、内容、安排等。

对于上述 3 类信息,教学设计师应根据学习的基本情况估计这些情境因素对教学设计的影响,特别是在计划教学目标和确定课程传递手段两个方面。在情境方面要作出一些设计方面的权衡,无论将学习内容打包在应用程序内安装到移动设备上,还是联网随时获取学习资源,两者都各有利弊。在设计时,还需预先估计学习环境和设备功能对移动学习可用性的影响。

4)内容(Content)

内容是指要教什么,学习者要学什么。关于内容设计不仅包括要递送的材料,还要确保达成教学目标所有必要信息都可从移动学习平台上访问。因此,内容和教学资源的结构以及递送手段直接相关。

5)递送手段(Delivery)

递送手段回答了如何让学习者获得信息的问题。前文已论过,目标、教学法和情境都是影响信息传递的因素。在递送手段方面还涉及如何充分利用移动传播媒体本身的特点,包括多媒体的选择,声音、图像、视频和文本的配合,以确保学习内容的可获取等。移动学习平台的技术特征和可用性也和递送手段相关,这部分还受使用情境的约束和限制。

6)结构(Structure)

Stanton 和 Ophoff 理解的结构和我们通常对结构的认知略有差别。他们主要是从事件流的角度看教学资源的结构,是指在合适的情境和教学法的指导下,我们什么时间传递能够符合目标需要的内容。它是设计规划的最后一个阶段,就如课程的安排,结合前面所有要素,确保将这些要素以某种方式组合在一起,能指导学习者在移动学习环境中灵活、自主地学习。

7)移动学习课程的实施(Implementation)与评估(Evaluation)

在模型中,移动学习课程的实施与评估独立于移动学习课程资源设计之外。要注意的是,在实践中实施环节在规划设计之外,应被细化执行。评估阶段也受该模型中其他各环节的影响,反之,也可用于评估移动学习设计的各个环节是否有效。评估应与目标直接关联,通过可测量的结果来评估目标的实现情况。

该方法的价值在于用结构化的方式汇集了各种相关主题,引导设计者综合考虑移动学习课程设计和开发的各方面影响因素。这个框架具有较好的灵活性和兼容性,有利于移动课程的规划与创建,以确保移动学习的各方面目标(如技术、情境、可用性和教学法)得以实现。设计者通过模型中的步骤能够把握全局,避免只关注于一个方面的错误,如关注了个性化却忽视了教学法对设计的影响。

6.3.2 移动学习决策路径模型

为了推动移动学习的实践,为移动学习的设计和开发提供参考,美国国防部的 ADL 实验室联合其他两个军方研究机构提出一种设计和开发框架:移动学习决策路径模型(Mobile Learning Decision Path,MLDP)。MLDP 的目标是为教学设计师设计移动学习提供指导。

设计师经常要为适应移动学习而重新设计已有的学习内容模块,以适应在某种场景中进行移动学习。此时,学习内容(需要传给学习者的材料和信息)已成为课程或培训活动(面对面或者电子学习)的一部分。重新设计这些内容,并用适合在移动学习中使用平台的媒体格式转制,对于设计师来说存在一定的困难。MLDP 通过一个简单的项目框架来解释设计师应如何在培训内容、学习目标和课程内容已经具备的情况下实现移动学习解决方案,所以 MLDP 可支持为将移动学习内容移动化而进行重用、重新设计的场景。在企业培训中,移动学习的另一个主要应用领域是绩效支持工具,它是一种额外的参考资源,可在需要时为用户完成任务提供支持。同样,教学设计师也不熟悉移动绩效支持工具的设计,它可以基于现有的教学资源开发,也可以从零开始设计。MLDP 也适用于移动学习中的移动绩效支持工具的开发设计。MLDP 对决策的支持如图 6.12 所示。

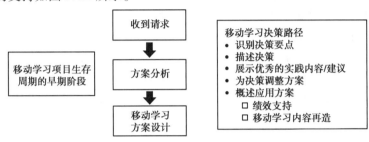

图 6.12 MLDP 在项目早期的阶段可用于辅助决策

根据 MLDP 模型,设计师的具体决策活动分为以下 5 个步骤:

(1)设计师收到最初的需求

通常教学设计师会收到一个需求清单或描述,列出了客户预期达到的一系列目标。设计师根据这个清单作出初步判断,确定是否应使用移动学习技术。

(2)确认掌握决策所需的信息

设计师咨询相关方以及最终用户,确认已经掌握了决策所需的信息。

这部分定义用户对移动学习的基本构想,设计师需要整理出开始项目之前所有需要回答的问题,包括一些能帮助分析和决策的具体问题,其目的是确保教学设计师在项目开始前获得所需的全部信息,这对于后面作出判断、权衡移动学习解决方案是至关重要的。

(3)设计师考虑如何使用移动技术以满足学习需求

分析相关的约束条件和已有的优秀实践,考虑采用何种移动学习解决方案。包括如何使用移动技术,以及移动技术在项目中的地位和作用,确定何时向移动学习转换。在这里还要考察实施方案的技术细节,如可用性、设备功能以及移动解决方案的功能特点。

(4)设计师确定采用具体的移动学习实施方案

涉及重新设计移动学习内容,设计移动绩效支持工具的具体工作。确定整个移动学习项目何时需要完成重新设计并投入使用,确定判断项目是否成功的标志,以及考虑如何达到成功。

(5)设计师根据 MLDP 提供的建议作出决策并调整

参考 MLDP 资料库中的建议和优秀实践修订解决方案,并对项目实施的风险作出估计,避免和减少风险,帮助用户贯彻整个实施方案。

MLDP 模型可以辅助教学设计师在移动学习的分析与设计阶段作出合理的决策。MLDP 在选择和优化移动学习的解决方案时可以帮助设计师在适用性、成本、效果等方面作出权衡,可以帮助设计师理解问题解决方案对移动学习实践的影响。

6.3.3 以 ADDIE 与 ASSURE 模型为指导的移动学习教学设计模型

在通用教学设计模型中,ADDIE 与 ASSURE 都是常见的过程模型,它们表述了教学设计活动的主要步骤和重要环节。其中,ADDIE 模型将教学设计活动分为分析(Analysis)、设计(Design)、开发(Develop)、实施(Implement)和评价(Evaluate)5 个阶段。而 ASSURE 模型则将教学设计过程分为分析学习者特征(Analyze Learners)、陈述目标(State Objectives)、选择媒体和材料(Select Media and Material)、运用媒体和材料(Utilize Media and Material)、要求学习者参与(Require Learner Participation)及评价与修改(Evaluate and Revise)6 个环节。

连红以 ADDIE 与 ASSURE 教学设计模式为指导,分析了移动计算技术和无线网络技术自身的特点以及外部使用环境的差异,结合广播电视大学系统远程开放教育的实践,提出了一种适合移动学习的教学设计模式,如图 6.13 所示。该模式讨论了移动学习设计的流程和主要阶段,将教学设计活动划分为分析、设计、整合、评价等 6 个环节,具体如下:

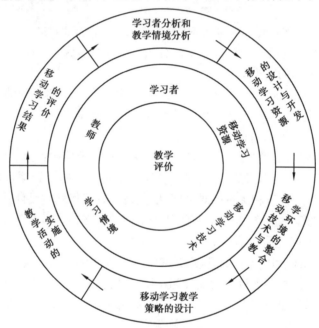

图 6.13 移动学习的教学设计模式

(1)学习者分析和教学情境分析

该环节的主要工作是分析学习者使用无线网络技术的技能,确定是否需要在学习中整合移动计算技术,以及确定天气、安全状况等外部环境的约束。

(2)移动学习资源的设计与开发

该环节主要包括阐明学习目标,选择适当的学习内容呈现方式和组织结构,开发数字化移动学习资源,安排学习活动实施计划等。

(3)移动技术与教学环境的整合

根据移动设备的特点考虑整合方案,重点关注实用性,并且构建移动学习环境,包括如何获得设备以及部署网络连接等。

（4）移动学习教学策略的设计

基于移动学习的开放环境选择合适的教学策略，可采用自主学习、合作学习、探究学习等教学策略。

（5）教学活动的实施

安排教学活动并创设教学情境；为学习者使用移动学习提供足够的技术支持；观察学习者个人的学习情况和/或合作学习情况，并给予适时反馈和指导。

（6）移动学习结果的评价

连红认为，移动学习中对学习结果的评价不宜采用传统的标准化测验。建议采用替代性的评价方式，如让学生展示自己的作品或者能够利用已学的知识技能来完成实际工作。

6.4 移动学习设计原则

和教学设计模型相对应，移动学习的教学设计和实施都有赖于一定的原则作为指导，这些原则主要是一些价值判断标准。国内外学界在移动学习的教学设计原则方面已有一些成体系的探索研究并取得了初步的成果。这些关于移动学习教学设计原则的研究各有特色，分别关注移动学习教学设计的各个方面。其中有些设计原则是和我们前面介绍的教学设计模型相对应的。下面选取几个典型的研究逐一介绍和分析。

6.4.1 移动学习教学设计的 11 项原则

2009 年，为了推动移动技术在高等教育课堂中的应用，Herrington 等人基于他们在移动学习项目——"新技术、新教法：使用移动技术创新教与学"中的发现，采用基于设计的研究方法，分析了移动学习设计、实施和评价的过程，从不同的角度提出移动学习教学设计的 11 项原则，这 11 项原则的具体内容分别如下：

1）在真实情境中使用移动学习

移动学习发生在真实情境中。学习者参与的问题、挑战、调查和探究都是发生在真实情境中的，具有个性化特征和现实相关性，可让学习者获得更加深入的理解。学习的情境可能是在商业环境中、教育环境中或者纯粹的日常生活中，往往会涉及协作、反思和表达活动。

2）在移动的情境中使用移动学习

移动电话、智能手机、PDA 以及 MP3 播放器这些移动技术均支持学习者在移动中学习。移动学习非常适合学习者在跨主题、时间和空间的不同情境中学习。例如，通勤人士在上下班的路上或旅途中可通过移动学习在一天不同的时间里完成不同的学习任务。

3）为移动技术应用探索提供适应的时间

高校学生在使用手机和平板电脑方面几乎不存在任何困难，他们是数字化时代的原住民。他们以各种不同的方式探索移动技术特点，以及这些技术设备在教育中的用途。在探索如何进行移动学习方面，学习者可采用分享知识、同伴辅导以及参与真实情境中的任务这些已经被证明的有效方式。

4）混合使用移动和非移动技术

有些学习任务需要综合使用移动与非移动设备，以产生更好的效果。比如，教师使用桌面端工具开发和制作电子课本并发送到电子书包（移动端）中供学生使用就是移动和桌面相互整合的一个典型例子。移动设备具备的展现媒体材料和在线同步信息的功能弥补了其自身的不足，增强了它们的能力。

5）自发地使用移动学习

在前面章节中，我们已经讨论过移动学习具有很强的、自发的、非预期的和随机的特征。我们需要培训和引导学习者自发地使用移动学习方式，例如，用手机记录和分享学习内容，为个人或社区提供宝贵的知识。

6）在非传统场合使用移动学习

移动学习可以在人们需要的任何地方发生。正式学习发生在教室和报告厅等正式的教育场所，而等公交车、与同事共进午餐或者工作时间和场合发生的多是非正式的学习。移动设备以及无线网络的普及使得移动学习能够随时随地发生，因此，原来因技术条件不具备而学习难以发生的非传统场合是移动学习的主战场。

7）独立学习和合作学习的方式均可

移动学习可以是个人单独进行，也可以是多人合作协同。教师既可以设计个别化的移动学习活动，如收听播客；也可安排一组学员共同创建和共享播客，这是与他人合作的学习过程。

8）探索移动学习的适用性和潜力

在一些情况下，可以通过多种移动学习技术达成活动目标，其中一种技术会比其他技术更具优势。例如，数码相机可以拍摄出比手机分辨率更高的图像，但是手机的便携性更好，可以有更多的机会在各种场合中使用。一种技术不可能适用所有的情况，因此，需要在实际应用中根据教学需要和约束条件的限制探索出局部最优的技术方案。

9）学习者使用自己的移动设备

学习者尽可能在移动学习中使用自己的设备，以确保熟悉和使用过设备的相关功能。若是让学习者使用其他新设备，不仅需要一个尝试和学习的过程，还要进行一些个性化设置。

10）将移动学习作为知识建构的工具

记录、展示、分享或者反思知识建构或者多人协同建构的活动在教学中是很常见的。移动技术为这类知识建构的过程提供了更多机会。将移动技术与网络技术结合使用，可以激发学习者的动机，并提供促进知识建构的相关资源，这些资源是可复用的、可持续的，还可扩展以供大规模的用户使用，如在微信群中分享的学习内容。

11）移动学习不仅要消化知识更要产生新知识

从内容生产和使用的角度来看，现有的移动学习实践主要是通过电子图书、视频内容、移动网站等形式对学习内容进行消化。然而，在教学策略上，教师应更多地采用建构主义的教学方法，通过对内容积极建构和合作建构促进学习者学习。常见的形式是通过移动设备创作新的学习内容和随后将制作好的内容分享并进一步讨论和反思，Wiki 和微博、微信这些应用都可帮助我们促进知识的创造和共享。

6.4.2 基于 UID 的移动学习教学设计原则

Elias 在《移动学习的通用教学设计原则》一文中通过对已有的移动学习教学设计研究进行梳理，以远程教育领域的 8 个通用教学设计原则（UID）为蓝本，并在 UID 的基础上对移动学习的教学设计原则进行了补充并提出相关建议，强调教学设计师应该将重点放在内容上而不是寻找下一代新技术上。该设计原则详见表 6.2。

表 6.2 以 UID 为基础的移动学习教学设计原则

UID 原则	移动学习设计
1. 公平使用	以尽可能简单的形式传递学习内容； 使用云计算和文件存储分享平台
2. 灵活使用	将内容封装为小块呈现； 鼓励非传统的作业提交方式； 由学习者自己解读和丰富课程
3. 简单直观	保持代码简单； 应用开源软件
4. 信息明确、可见	（注：本条原则无扩展）
5. 容错	搭建脚手架，支持情境化的学习模式
6. 可获得性高，技术门槛低	使用短信阅读软件和其他移动设备特有的辅助技术
7. 学习者共同体和对学习支持	鼓励多种移动通信工具并用； 根据学习接入方式和喜好分组学习
8. 教学氛围	向学习者发送定期提醒、要求、测验和问题； 加入学习者发布的内容

6.4.3 对移动学习资源设计原则的研究

1）移动学习资源教学设计六项原则

Clark 和 Mayer 基于认知负荷理论和信息加工理论，提出了多媒体教学设计的六项原则：多媒体原则、形式原则、邻接原则、避免冗余原则、一致性原则和个性化原则。2006 年，Levert 在此基础上，讨论了在移动学习中如何将这些原则用于教学设计，并给出了相应的解决方案。

（1）多媒体原则

多媒体原则就是建立文本与图形两种呈现方式之间的联系。Clark 和 Mayer 发现，文字与图片相结合的方式比简单的仅有文字的呈现方式更加有利于学习者学习。考虑到移动设备的屏幕更小，设计者要创建较小的单元内容，故在使用文本和图片时更应有所设计。基于多媒体原则，在移动学习中应使用小块的文本创建内容，使用弹出式图像，并将屏幕的滚动限制在最低限度。

（2）形式原则

形式原则关注的是内容呈现形式和模式。Clark 和 Mayer 建议使用音频替代文本，以获得更好的学习效果。音频可以通过移动设备直接传递，或者与其他内容相整合。而且，通过音频传递信息可以为文字内容的展示留下更多的空间。在设计移动学习资源时尽可能使用音频内容而不是文本，尽量使用短小的内容陈述，以减少下载时间。此外，考虑音频的使用，需为用户提供耳机。

（3）邻接原则

文字要与相对应的图片相邻，或者将文字作为图片的一部分呈现。在某些案例中，可以使用弹出式文本或者标题、标签来表述图片内容。在 PDA 或手机屏幕上，可使用弹出窗口显示额外的信息。此外，研究还发现练习或者问题和反馈信息显示在同一页面上时会有更好的效果，切勿打开一个新的窗口显示反馈。因为这样将会产生额外的认知负荷，不利于学习。

（4）避免冗余原则

冗余原则要求避免在同一时间出现不同格式的重复信息。例如，语音解说与之前的文本完全相同，则要尽量避免解说与文字同时出现在一起。移动设备的屏幕上通常没有足够的空间容纳较多的文本，所以根据冗余原则与形式原则，其优点是使用音频叙述的方式传递内容，但缺点是在移动设备上不方便或者不可能下载较大的音频文件。但也要注意在一些特殊情况下，如语言学习，重复的文本是必要的。

（5）一致性原则

为了强化效果，一些 E-Learning 课件都设有背景音效或者音乐，或是通过动画效果来美化作品。这些额外的媒体对于学习不仅无用，反而增加记忆负担，分散学习者的注意力。Clark 和 Mayer 建议避免添加背景音乐和环境噪声。同样，额外的媒体使用会增加下载容量。一致性原则要求在设计移动学习资源时要消除任何与学习内容无关的内容，不要添加多余的插图、音乐或者环境噪声。

（6）个性化原则

研究发现，采用对话形式呈现教学内容具有更好的学习效果。个性化原则建议在学习内容安排上采用对话风格呈现，而不是正式的文本和音频叙述。基于个性化原则，移动学习资源的设计可以使用音频指导，或者在屏幕上通过图标链接指导内容，构建指导者或内容与用户的对话。此外，在语音解说和文本中使用第一或者第二人称更容易营造轻松的氛围。

需要注意的是，随着技术的发展，移动设备的屏幕变大，运算速度和网络速度有了很大的提升，Levert 基于小屏幕设备提出的某些解决方案已开始逐渐不适应当前移动技术的水平，但其中主要的部分仍具有指导意义，因为需要有批判地使用这些原则。

2）移动学习的消息设计

消息设计是对向用户呈现信息的方式和方法的研究与实践，合理、优化的设计可以提高人们应用信息的效能。教学消息的设计是对信息和符号的规划及使用，以促进认知，影响情感和心理动机。它涉及的研究领域包括学习和认知理论、人机交互原则、设备及方法论等。随着越来越多的信息技术在教学中应用，也有学者开始将消息设计的相关理论和经验用于教学媒体的设计与评估。

王敏娟和申瑞民根据移动设备的特性以及它们对活动支持将移动设备分为 4 类：独立设备、联网设备、移动计算机和网站，从消息设计的角度提出了适应不同设备的设计原则：

①原则 1：根据最小公分母设计。

②原则 2：先为 E-Learning 设计，然后为移动学习做适配。

③原则 3：为智能手机设计短小和"浓缩"的学习内容。

④原则 4：在为 3G 和 4G 移动终端设计时要有创新。

这两位专家在该项研究中，还给出了在移动学习教学资源设计时的一些建议，可供我们在实践中参考：

①应通过对多媒体信息的设计来促进学习者有意义地学习。

②根据学习环境是正式的还是非正式的设计学习。

③基于设备类型和设备可支持的活动设计能够在不同类型设备上使用的内容。

④为学习者的"移动"而设计(使用音频、字幕、图标、颜色和符号)。

⑤使用字幕功能提供不同场景下的消息适配,并且为字体与布局确定设计准则。

⑥要考虑文化因素对设计的影响,如颜色的使用。

此外,他们还展望了未来在移动学习消息设计方面需要研究和解决的问题。比如,学习理论将如何影响移动设备上的教学设计策略。又如,随着网络接入、设备设计和信息交换技术的发展,如何扩展移动学习体验。对这些问题的探索将有助于移动学习的设计人员形成一定的知识基础,从而指导进一步的研究。还可以以此制订出设计和开发标准,改善移动学习资源和产品。

3)ADL 对移动学习资源设计的建议

美国国防部 ADL 实验室在其发布的《移动学习手册》中,根据移动学习的特点提出了移动学习内容设计应该遵循的一些原则,部分内容如下:

①内容简短、重点突出。

②创建独立于上下文(高封装性)的小内容模块。

③设计非线性的内容。

④将内容和表现形式分离,以便于内容更新。

⑤如果学习者有余力,则引导他们探索扩展知识。

⑥使用报事贴、索引卡和模板等工具制作故事版,实现快速开发。

⑦通过列表项的呈现方式使得内容更加简洁。

⑧为"移动"制订合适的学习内容和体验。

⑨认识到交互性在绩效支持方面可能不是特别重要。

⑩应用教学模式时充分考虑移动设备的能力,设计使用移动设备记录信息并讨论和共享学习活动。

⑪精心设计的检查单也许比互动游戏更有用。

⑫为用户设计不是为设备而设计。

6.4.4　其他对移动学习教学设计原则的探索

Dillard 通过对 31 篇参考文献的整理,分析了移动学习在教学设计方面的优势和挑战。她认为移动学习在教学技术方面有巨大的优势,但相应的教学理论和教学模式并未有显著突破。移动学习为教学环境带来的变化主要体现在以下几个方面:

①可以提供情境感知的学习。

②可以提供个性化的学习。

③学习递送的方式具有灵活性。

④以学习者为中心。

⑤推动非传统环境下的学习。

⑥提供即时可用的学习服务。

⑦推进终身学习。

但是,同时这些技术也带来了一些挑战。例如,学习内容碎片化,教师对于学习过程的控制力不高,技术存在一定的局限性,熟练程度受技术素养的影响,容易受外界干扰等。以上这些优势和挑战充分体现了移动学习使用场景和其他学习技术之间的差异,因而在设计和实施移动学习时,这些差异都应考虑在内。

基于以上移动学习的优势和存在的问题,Dillard认为应该在现有的教学设计理论基础上重新审视教育过程,修订为移动学习服务的教学设计框架。她提出了针对成人学习者的移动学习教学设计六原则,具体如下:

①原则1:简单而直观的界面设计。具备可用性的设计应该是简单的、一致的,使学习者能够快速、轻松地学会使用。

②原则2:集成交互式的多媒体资源。充分利用移动设备具有的多媒体(音频和视频)优势,克服小屏幕中文本呈现和阅读给用户带来的不便。

③原则3:构建微型的、模块化的课程与学习活动。设计小模块、易于整合的单元,便于在零散时间片段中使用,消除长内容被打断而造成的糟糕体验。

④原则4:设计引人入胜而且有趣的学习内容。能够吸引学习者的学习活动应该具备可应用性、内容生动有趣,并且符合他们的需要。

⑤原则5:设计情境化的、与学习者相关且有用的学习内容。移动学习可以是情境感知的,要利用这种能力根据当前的位置、环境和时间信息营造独特的真实或是模拟场景以促进学习。

⑥原则6:设计可以即时递送的学习内容。根据需要及时传递学习内容和支持服务信息,为学习者解决当务之急。

连红在对移动学习教学设计模式的研究中,根据移动学习的特点提出了移动学习教学设计的一些原则。她认为移动学习设计要体现开放性思维,教学目标要量化,教学单元要短小,内容单元的封装性要好,教学内容要贴近实际,参考资源丰富。其中,“教学单元要短小”及“教学内容要贴近实际”和Dillard表述的设计原则是一致的。其他几项设计原则的具体解释如下:

(1)体现开放性思维

关注开放性思维应贯穿教学设计的始终。教学内容的组织,教学媒体的使用,教学策略的设计以及作业、测试题目的选择都应体现在对开放性思维的培养上,不仅要满足学习者的个性化要求,而且有利于学习者创新能力的提高。教师在教学设计中也应有开发性思维,创造性地使用移动学习技术,优化现有的教学内容。

(2)教学目标要量化

移动学习中的学习者主要是利用学习内容自学,缺少教师的直接指导和监督。因此,学习目标的表述要足够清晰,通过一定的练习、小测验或其他任务将教学目标量化,使学习者能够清楚地判断学习目标是否达到,学习任务是否完成。

(3)单元内容的封装性要好

移动学习的时间与地点不固定使得学习的连续性受到较大的影响。学习者很可能在学习完一个单元后,搁置一段时间再继续学习。因此,对微小学习内容的封装要具有完整性,即整个单元内部完整、活动齐备。如果封装性不好,不同单元的内容有交叉干扰,会影响学习者对内容的掌握。

（4）参考资源丰富

移动学习中可以设计灵活多样的学习内容和学习活动。教学设计师应充分利用这一优势提供丰富的参考资源，以促进学习者全方位、多角度地理解所学的知识内容。同时，学习者有不同的知识背景，丰富的参考资源也有利于选择合适的内容进行个性化的学习。

此外，王萍研究了微信作为一种移动技术对学习的支持功能，分析了微信与学习者个人环境要素的协同关系。基于对 Elias 的通用教学设计准则以及 Hemngton 等人的移动学习应用于高等教育的 11 条原则，从定位、功能、内容、交互、学习方式、网络服务的角度入手，探讨了基于微信的移动学习设计原则，这些原则以及解释具体如下：

（1）清晰定位

将移动学习定位为对课堂教学的补充，从移动端补充和完善课程学习系统，支持碎片化时间的利用与系统性学习的需求，为学习者提供无缝学习支持。

（2）合理的功能模块

微信移动学习应综合机构对平台定位以及学生的需求进行功能设计。整合微信已有的功能，在平台上提供内容推送、内容查询、交互互动等功能模块。

（3）科学的内容设计

基于微型化和模块化、"对话即搜索"的理念设计内容、恰当运用音频和视频格式补充完善学习内容。

（4）提供丰富的交互功能

基于微信强大的交互功能，设计丰富的交互内容和方法，加强与学习者之间的沟通，也可以是学习者和内容之间的沟通，如微信机器人对学习者的自动化服务。

（5）灵活的学习方式

既支持学习者的个性化学习，又可通过微信群、朋友圈支持学习者群体间的协作学习，还可考虑将微信接入学习应用中。

（6）互通的网络服务

在进行微信移动学习设计时，应与其他网络服务进行互通，充分提高微信移动学习的灵活性和全面性。

以上这些原则具有微信这种技术或是应用平台的特殊性，但其中大部分的原则也体现出移动学习的普遍特征，因此，可用来指导一般的移动学习设计。

第 **7** 章
数字媒体技术支持下的多屏幕泛在化移动学习设计

7.1 数字媒体设备

信息社会中,几乎每个人都拥有1部或数部手机,以及至少1台电脑,很多人还同时拥有平板电脑或其他能够显示内容的设备。人和设备之间的关系是典型的一对多关系。根据Google公司"多屏幕"研究小组在2012年年底发布的一项研究显示:美国超过90%的电子媒体消费行为都是在手机、平板电脑、个人电脑(包括笔记本电脑)以及智能电视这4个屏幕上进行的。美国人在工作以外,平均每人每天在屏幕前的各种交互行为为4.4 h。各种设备平均每次的使用时长也有较大差异。

人们在生活和工作中已经习惯于从一个设备切换到另一个设备,并希望相关的产品和服务能够随之切换。与设备互动、跨设备转移信息和数据正是我们这个泛在计算时代的最大特征。每个人的工作、学习、生活都在不同的屏幕间切换,而这种跨屏环境也造就了我们新的使用习惯。而对应这类可以在不同平台都具有相应版本的应用被称为"多屏幕应用",其具有跨平台的能力。在多屏场景下,多个设备和屏幕(服务)可同时运行。前文提到的智能手机、平板电脑、个人电脑和智能电视是目前人们主要使用的媒体,这些设备都可用于构成泛在学习体验的一部分。下面将详细分析这几种设备的特征和应用场合。

7.1.1 智能手机

智能手机是具有操作系统、可安装第三方应用的手机,手机既可在室外使用,也可在家中使用。仅把智能手机看成"外出时个人电脑的临时替代"是一种常见的错误观念。作为一个独立的平台,室内也是智能手机使用的重要场合。

智能手机的特点:整日随时可用,随时在线,使用频度非常高,但受到屏幕尺寸、输入方式的限制。用户用手机主要完成微小任务,如快速查找信息、消磨时间、和朋友分享信息,以及通信和建立人际联系等。手机应用程序的开发者应关注这个特点,充分发挥手机的优势。

智能手机单次使用时长虽然很短,却是人们进行上网体验的重要一环。人们往往在手机上查找到信息后,转移到电脑、平板电脑或是电视机上进行下一步操作;或是反过来在平板电脑(或是电脑、电视机)上发现有趣的东西后,发送到手机或其他更适合其使用场景的设备上进行后继的互动。

7.1.2　平板电脑

平板电脑也属于便携设备,它的主要使用场合是在家中或是其他较为稳定的环境下,主要用途是娱乐和浏览。根据 Google 公司的另一项调查显示,平板电脑用户每天平均的使用时间约为 90 min。由于配备了更大的屏幕,平板电脑的内容显示能力和交互能力均优于手机,但便携性稍差。平板电脑主要用于观看多媒体、浏览新闻、查看邮件等。用于学习时,它是一种更好的阅读工具,如广受欢迎的阅读软件"Read it Later"在平板电脑上使用和手机相比,其任务时间较长。用手机阅读时间为 1 ~ 5 min,而基于平板电脑的阅读则可持续较长时间,甚至可达 1 h。平板电脑可用于不方便使用键盘鼠标的姿势或场合,如躺在床上、看电视或站立时。

到目前为止,平板电脑的应用还是以阅读、观看图片和视频这类媒体消费为主,尚未在典型的应用场合中取代桌面电脑。而随着硬件技术的进步和互联网的发展,未来则有可能部分取代笔记本电脑。同为可移动的便携式设备,平板电脑和手机各有所长,既有竞争又有配合。

7.1.3　个人电脑

个人电脑具有较大的屏幕、非常快的运算速度,以及海量的存储能力。它在工作和休闲两个方面均有不错的表现,主要应用于高产能、任务导向的场合,需要用户集中注意力,并持续较长的时间。在完成重要任务时我们的第一选择往往是个人电脑,而非其他设备。

由于个人电脑在办公室和家里普遍存在,而且很多时候是首选媒体,因此,在设计多屏应用体验时必须考虑使用个人电脑的场景。也基于此,在和其他设备的关系上,通常会把其他设备看成个人电脑的辅助屏幕或后继设备。例如,在电脑上查找应用,然后安装在其他设备上,或是将移动设备上的图片和文件备份到个人电脑上。

7.1.4　智能电视

智能电视是一种可联网、具有操作系统,可安装各种应用程序的新一代电视。由于乐视盒子、小米盒子等各种盒子设备的普及,非智能的平板电视 + 智能盒子的组合也可等同于智能电视,它们具备和智能电视相同的能力。

观看电视时,用户离屏幕较远(至少 2 m),和设备交互的时间较长,可达数小时。通常我们会在客厅等舒适的环境中观看电视,保持放松、娱乐的心态,并同时和客厅中的其他人交流。和其他信息化设备不同,智能电视的典型输入设备为遥控器,而不是键盘鼠标,因此在设计上要求操作界面必须简单明了,可进行非目视操作。

互联网时代的电视已经不能让用户持久集中注意力,人们观看电视时注意力是分散的,而且会一心多用。通过 Google TV 或 Apple TV 这类设备,电视可与手机、平板电脑等其他设备整合使用。平板、手机可作为交互界面,接受用户输入来控制电视。例如,我们可在观看电视的同时通过平板电脑查看节目表、电视节目的相关信息,甚至参与投票互动。此外,还可通过 Air Play 或 DLNA 等技术将在笔记本上的内容投送到电视上观看,以获得更好的感官体验。

7.2 数字媒体设备的技术特征和使用

泛在学习的典型特征不是以手机的屏幕取代电脑的屏幕,而是多个屏幕共存、跨设备使用,以适应不同的学习场景,突出交互特性。例如,手机屏幕较小,移动性非常好,开发者就要充分利用手机具备的多媒体、定位、摄像头和多传感器等特性设计学习资源;平板电脑的屏幕大小适中,适合文字、图片和多媒体阅读或观看;笔记本电脑的屏幕适合各种场合的应用,20 in(1 in = 2.54 cm)以上的屏幕常用来完成大量媒体或操作任务,如游戏、工作、绘图等。除了上面提到的几种媒体外,在生活中常见的具有显示能力和联网能力的设备还有许多,如掌上游戏机、车载/机载娱乐设备、自动贩售机、ATM、交互式桌面、智能电冰箱等。其中,新概念的屏幕尤其值得重视,如谷歌眼镜具有革命性的便携和移动能力,它是一个可穿戴的计算机,允许用户拍照、录像、发短信,可通过语音控制发送命令。

7.2.1 使用时间和场景上的差异

根据以上分析,各种不同设备的应用时间和场景以及用户的心智模式(指深植我们心中关于我们自己、别人、组织及周围世界每个层面的假设、形象和故事,并深受习惯思维、定势思维、已有知识的局限)有显著的差异,完成的任务和满足使用者的需求也有不同。下面从时间和场景的角度分析一天中它们在使用时间段和使用模式上的差异,见表 7.1。由于手机可以在所有场景中使用,因此在本表中没有将手机作为主要设备列出。

表 7.1　不同设备的应用时段和情境

时间/场合	主要设备	用户使用模式
早晨	电视	多任务、潜意识、短时注意力
通勤时间(上班)	手机、平板、电子书	低速连接、时间和注意力差异大
工作时间	电脑	高速连接、注意力集中、桌面工作、不同任务
通勤时间(下班)	手机、平板、电子书	低速连接、时间和注意力差异大
晚上休息	电视	高速连接、休闲、娱乐、注意力集中
睡觉前	平板、电子书	高速连接、注意力集中、关注、躺在床上

用户的使用场景按照是否移动可分为移动、准移动和固定 3 类。移动是指用户的物理位置不断发生变动的情况,如步行、跑步。在移动场景中,用户常单手持设备,连续使用设备的时间很短,很容易被打断。用户可同时处理多项事务,此时的数据连接速度较低。准移动是指在移动过程中有较长时间的稳定状态,在绝对运动中有相对静止,如坐火车长途旅行。在准移动过程中,用户持续使用设备的时间较长,可达半小时或数小时,且比较放松和休闲。固定是指较长时间内不发生位置变化的情况,如坐在办公桌前。用户处于静止状态时,可高效和专注地处理某项业务,可获得高速数据连接。

使用场景按照隐私性可分为个人空间、集体空间和公共空间 3 类。个人空间是私密环境,其他人或陌生人无法进入,如家里或寝室。在个人空间中用户对于空间的使用有最大的控制权和影响力。集体空间是一种半公开的环境,如办公室。和该空间有特定关系的人可进入使用,用户具有有限的控制权。公共空间则是完全开放的环境,不受任何限制,任何人都可以使用,如图书馆、车站等。

　　用户对于这三类空间的支配地位不同,他们在不同类型的空间中对于各种设备的使用行为也有所不同,阅读和观看的内容也会有差异。例如,用户在家中对于电视有支配权,而在公共空间则没有。同时,由于私密性的问题,某些内容不适合在公开场所的电视上播放,因此用户无法或不愿把移动设备上的内容发送到电视上观看。

7.2.2　硬件设备上的差异

　　从技术角度分析,上述这四类设备在硬件和软件方面差异巨大,即使在同一类设备中也有很大的离散性。仅 iOS 平台就有多种设备和多种屏幕分辨率之分,Android 设备的版本和硬件构成就更加混乱了。即使是同一个型号的硬件,操作系统的版本差异对于内置功能和应用也有影响。例如,对于同一部苹果手机,iOS 的 7.0 版本就比 6.0 版本多了很多特性。对于 Android 设备来说,不同厂商,甚至同一厂商的不同机型有可能采用的处理器都有差异。例如,华为在有些手机上使用的是高通处理器,有些手机上使用的是德州仪器的处理器,有些手机上则采用了华为自己的海思系列处理器。因此,移动设备常常出现软件不兼容的情况,一些软件在某种处理器上运行正常,安装到另一个手机上就不能正常使用。移动设备的输入方式也存在差异,单是键盘就有 D9 键盘、QWERT 键盘、虚拟键盘等多种;如果需要通过传感器输入,也要考虑兼容性的问题,譬如有些低端手机上没有 NFC 和 GPS 芯片。

7.2.3　使用方式上的差异

　　对于以上媒体设备的使用,有设计师提出了 1,2,10 模式。1,2,10 是指几种主要电子设备屏幕在使用时与人眼的距离:智能手机大概是 1 英尺(1 英尺 = 0.304 8 m),电脑和平板电脑大概是 2 英尺,电视则是 10 英尺。除了与人眼的距离不同外,这些设备在操作方式上(如使用键盘、触摸屏或遥控器等)也存在差异,见表 7.2。

表 7.2　不同设备使用方式上的差异

设备	屏幕尺寸/in	人眼到屏幕的距离/cm	主要操作方式
手机	3 ~ 5	10 ~ 30	键盘和触摸屏
平板电脑	1 ~ 10	30 ~ 50	触摸屏
桌面电脑	17 ~ 24	50 ~ 100	外置键盘
电视	32 ~ 60	300 以上	遥控器

　　除了以上两种差异外,对于不同的设备,使用者在姿势上也有差别。根据使用的情境、设备尺寸和质量及意图的不同,用户会在下面几种姿势下使用设备:

1)正坐前倾

　　用户端正地坐在座位上,身体略微前倾,如在办公桌前操作电脑。这种姿势常见于工作场合。此时,用户的注意力非常集中和设备进行频繁的交互,且持续的时间较长,一般不会中断。在这种姿势下,用户对于媒体信息的获取相对少,对于信息的输入较多。

2) 靠坐后倾

用户向后靠坐，如在沙发上或床上观看电视节目。这种姿势一般适合休闲场合，用户处于轻松、舒适的状态，与设备的交互操作是偶发的、临时的，这种姿势对媒体内容的消化较多，输入很少。

3) 站立

用户处于站立姿势，双手或单手持握设备，如在地铁车厢中用手机发短信。这种姿势一般用在通勤或简短休息中。用户的状态不稳定，会随时切换成其他的状态。用户对于信息的获取和输入都是片段和零散的，精神处于紧张的状态。

除了上述姿势外，还有行走、平躺、侧卧等姿势。不同姿势对应的场合不同，使用的设备和任务、操作者的心智模式等都有所差别。因此，在设计泛在学习应用时，如果涉及场景和设备的切换，就需要考虑这些差异。

7.3　泛在应用使用模式分析

前文分析了智能手机、平板电脑、个人电脑、智能电视 4 种设备的技术特征，以及在应用场合和使用方式上的差异。那么，以这些设备为基础，如何构成泛在学习体验，它们之间是如何联系、如何连接、如何配合的呢？这就需要我们进一步分析。移动产业界已有一些研究者对此进行了深入细致的考察，这些研究成果可供我们研发泛在学习应用、营造泛在学习体验时参考。

7.3.1　从同步程度划分

Google 公司"多屏幕"研究小组在其研究报告"The New Multi-Screen World：Understanding Cross-Platform Consumer Behavior（新多屏世界：了解跨平台消费者行为）"中将用户的跨屏幕使用行为按照是同时使用还是异步使用分为顺序型和即时型两类。

1) 顺序型

顺序型多屏应用是指用户在一个屏幕、设备上开始使用某个服务后，转移到另一个屏幕、设备上继续同一任务的模式。90% 的多屏顺序应用都是围绕和满足用户完成某个任务。例如，在网站上买机票，在手机上查看航班信息并完成值机，以及在手机上记账，然后到电脑上整理、汇总。

2) 即时型

即时型多屏应用是指用户同时使用两个或两个以上的设备完成一个任务或进行多个任务的配合。前者涉及跨屏幕、设备的数据转移与用户一致性体验的问题，而后者是多屏幕、设备协作的问题。常见场景中的即时组合包括"手机 + 电视""手机 + 笔记本""笔记本 + 电视"等。即时模式下，用户在处理多任务时，可在不同活动间临时切换。

顺序多屏应用的使用者会先在一台设备上进行互动，然后在另一台设备中继续互动。所以，设备之间的无缝体验就显得非常重要。不仅要让用户能够自然地在不同设备之间保存自己的当前进程，还要确保当客户切换到下一个设备后，可以自动定位到当前点。而在同时多屏的模式下，用户在同一时间的多个设备需要区分主次关系和功能分配，才能顺畅地配合使用。

7.3.2　从用户体验角度划分

谷歌公司的用户体验设计师 Michal Levin 从用户体验的角度出发,认为跨屏幕的体验可分为一致性体验、补偿性体验和连续多屏体验 3 种类型。

（1）一致性体验

一致性体验即用户在所有的设备屏幕上获得的体验是相似的。

（2）补偿性体验

由多个设备同时配合工作,互相通信,用以创造一个独特的用户体验,如将手机作为遥控器,控制机顶盒播放的内容。

（3）连续多屏体验

需要跨越多个屏幕,每个屏幕的用途有差异,联系在一起构成一个用户体验。例如,菜谱分享网站"All Recipes"提供了从电脑端到手机端的一揽子解决方案,用户在笔记本电脑上搜索并选定菜谱,生成购买清单;然后在其手机应用上显示购买清单,帮助用户采购;做菜时,用户把平板电脑放在厨房操作台上,则该软件会显示菜谱,指导用户操作。

7.3.3　从应用场景和功能角度划分

德国汉堡的 Precious Design 工作室在一份名为多屏设计策略的模式分析报告中将跨屏幕使用情景划分为一致模式、同步模式、屏幕共享模式、设备切换模式、补偿模式和同时模式 6 种模式。

（1）一致模式

一致模式是指同一应用程序或服务在不同的设备上具有一致或相似的外观和功能。例如,Evernote(印象笔记)应用软件在手机、平板电脑、台式电脑上的色彩搭配、界面风格以及主要功能均保持一致。在具备一致性的前提下,开发者还常常根据不同设备的特性和应用场景突出优化某些功能,Evernote 在其手机版本上强化了照相和录音功能。

（2）同步模式

同一应用在各个平台上的所有设备均应保持信息共享和数据同步。例如,Amazon(亚马逊)的 Kindle 阅读软件可以记住用户在手机上阅读的进度。如果在笔记本电脑和平板电脑上打开 Kindle 应用,刚才阅读的那本书也能自动更新跳转到最新位置,此外,在不同设备上标记的书签和读书笔记也可以保持同步。同步模式需要网络环境的支持,通过移动互联网访问存放在云端的数据,并且任何一台设备都可以访问同一账户下所有其他设备上的数据。

（3）屏幕共享模式

屏幕共享模式是指多个屏幕共享同一个视频来源。例如,虚拟显示器应用可将 PC 机的屏幕扩展到 iPad 和手机上,把移动设备作为台式电脑的第二台显示器,或将其他移动设备当作扩展屏幕使用。此时,被扩展的设备仅作为屏幕的一部分,而不执行其他功能。

（4）设备切换模式

用户在使用移动终端时将当前设备屏幕显示的内容切换到另一个设备上显示,如苹果的 Air Play 技术支持在电视上播放 iPhone 或 iPad 上的视频。该模式使得用户可根据情境或设备的特点自由选择播放内容的媒体,并能做到平滑切换。此模式的一种特例是在一个设备上录制的同时在另一个设备上观看。

（5）补偿模式

补偿模式是指使用某个设备补偿其他设备所不具有的功能。例如，通过一些应用，手机可以作为电视遥控器或 PPT 演示文稿的控制器使用。在补偿模式下，不同设备的用途必须不同，而且相互关联。关联的方式可以是蓝牙、红外或 Wi-Fi 等。

（6）同时模式

多个不同设备可同时使用，但有主次之分，通常辅助设备作为"第二屏幕"显示辅助信息。例如，在电视上观看现场演播时，电视作为主要设备，手机作为辅助设备参加讨论，或查看正在播放的视频信息。这种模式的实现需要开发专门的移动应用。

在实际应用中，跨多屏幕使用的应用软件有可能使用这六种模式中的一种或数种，而且有时这些模式是共生的。例如，同步模式和一致模式是大部分应用都遵守的准则，有时补偿模式中同时使用两块屏幕也符合同时模式。

以上这 3 种分类方法并不互相排斥，它们是从不同的维度来划分的。实际上，我们也可将上面 3 种分类方法交叉组合。例如，以应用的时间是同时的还是按顺序的进行划分：屏幕共享模式、补偿模式和同时模式三者在时间上都是同时进行的，即运行于不同的设备上的应用同时起作用，这时需要考虑不同设备的配合关系，以及应用功能划分的边界；一致模式、同步模式和设备切换模式三者是按顺序进行的，需要考虑不同设备上同一应用之间的续接关系和替代关系，需要解决数据同步和体验一致的问题。以不同平台上应用的功能是否相同，以及视频来源是否相同为尺度，补偿模式和同时模式的应用在不同平台上的功能不同，而其他几种模式的应用则功能相同。

7.4　泛在学习应用案例分析

7.4.1　Evernote 笔记软件

Evernote 是一款非常著名的云笔记软件，界面及笔记功能与微软的 OneNote 类似。它不仅可用于创建文本、照片、音频类型的笔记，也可在笔记中保存剪辑的网页内容，包括文本、链接和图片，此外它还采用了独特的分类方式，支持过滤器和即时搜索。作为笔记软件，Evernote 最突出的亮点是兼容多平台，目前支持 iOS、Android、Blackberry、Windows Phone 和 Web OS 这 5 种主流移动平台上的应用终端，还支持 Mac 和 Windows 桌面操作系统以及 Safari、Chrome 和 Firefox 浏览器，因此几乎所有的主流设备均可使用这款软件。

除了桌面版本所具备的基本功能外，Evernote 手机版还具备拍照上传和录音笔记，以及手写涂鸦等增强功能。手机版的 Evernote 记录下来的信息都会通过网络自动上传到云端，保存到用户的网络数据库中。用户切换到桌面电脑以后，这些内容会同步到电脑上，可以直接查看。通过检索功能，用户还可通过关键词查找 Evernote 数据库中相应的内容，这就相当于随身携带了自己的文章资料库。通过手机版的 Evernote，用户还可阅读其他版本 Evernote 中做的最新笔记摘录（需要通过网络同步数据）。

Evernote 在设计上遵守前文提到的"一致模式"，即不同版本的 Evernote 在界面风格和用户体验上基本一致以及"同步模式"，各个客户端通过云端的数据服务同步和共享信息。此外,该应用的不同版本还根据所在设备平台的功能进行强化。由于多种设备的配合,用户可以序列化地使用不同设备上的 Evernote。例如,可轻松利用手机迅速记录思路,然后上传到云端,等回到办公室后从桌面版本的 Evernote 中获取笔记再进行深度加工;或在移动中打开 Evernote,从数据库中即时查找所需的信息。

7.4.2　Scrabble 拼字游戏

Scrabble 是西方流行的英语文字图版游戏。游戏者在一块 15×15 的方格图版上,由 2~4 名参与者进行游戏,词汇以填字游戏的方式横竖列出,并必须收录在专用的词典里。电子游戏厂商开发了一款可联机对战的 Scrabble 游戏,专为 iPad 和 iPhone 平台设计,具有炫目的全新高清画面、简单快速的游戏方式以及新颖的独家设计。该应用已成为全球最受欢迎的拼词游戏之一,它既支持单机模式,也支持对战模式,可以在本地网络或互联网的服务器上挑战好友。

该应用的一个重要亮点就是全新设计的多人对战界面,提供了简单、直观的游戏方式。在面对面的游戏过程中,游戏者围坐在一起(类似玩麻将或扑克),把 iPhone 或 iPod touch 作为每个玩家私有的字母托架,并把 iPad 平放在游戏者中间作为公共显示屏幕。游戏中,玩家可以从他们自己的 iPhone 或 iPod touch 上用手指将字母"轻弹"到作为主屏幕的 iPad 上(通过无线连接),将它们放到需要的位置上。

Scrabble 是一种典型的基于"补偿模式"设计的手机应用,iPad 和 iPhone 两类设备分别承担游戏的不同的功能并互相配合,以提供自然而且直观的人机交互界面。在游戏中,手持的 iPhone 作为输入设备和辅助显示装置,具有私密性;而 iPad 则摆放在中间位置,展示游戏的过程和结果,和其他游戏者共享信息和交互。

7.5　多屏幕泛在学习资源的设计原则

泛在学习体验是由基于各种设备的应用组成的,各个屏幕、设备构成泛在学习的一个组成部分。多屏幕泛在学习资源设计需要将多种设备综合在一起考虑,并根据实际应用情境选择合适的内容以及合适的媒体。

影响泛在学习体验的因素主要有以下 4 种:

①人们的行为、态度和精神状态。

②设备或设备属性以及接口组件。

③服务(包括任务、功能、操作和目标)。

④使用的环境和条件。

在进行泛在学习设计时,以上这些因素相互影响,在设计泛在学习方案时都需要认真考虑,缺一不可。

根据相关团队设计泛在学习资源的经验,以及移动互联网领域内的一般做法,在进行多屏幕的泛在学习体验设计时,有以下几个原则可供大家参考。

(1)优先原则

在设计跨多个硬件平台的泛在应用时,应以移动设备上的应用设计,特别是移动应用的功能为优先(在某些特别强调视频媒体的应用场合,也可以电视载体为优先)。这样做的原因主要有两点：一是移动互联网的增长速度远远超过了固定网络，移动设备在数量上以及对信息的消费量上会很快超过固定网络，移动客户端＋互联网将成为提供学习服务的主流渠道。因此，移动设备在整个泛在学习方案中越来越重要。二是在移动设备的小屏幕上进行设计的难度要高于电脑和电视的大屏幕，应用程序的信息架构必须精细设计，屏幕的尺寸、分辨率和设备参数均会影响屏幕的布局和设计理念。因此，最好以小屏幕的移动设备作为设计的出发点，再逐步扩展到其他屏幕更大的设备上。

另外，移动设备提供了更多的创新技术，可以为应用提供更丰富的情境和更多的新特性，如触摸屏界面的自然手势、语音交互输入、增强现实技术等。

（2）适应性原则

泛在应用在信息架构、屏幕布局和内容安排的设计等方面要适应在不同平台、不同大小的屏幕上使用。由于可选设备的类型越来越多，用户使用各种不同设备的可能性也在增加，因此，需要对适应多种设备的设计进行规范和统一。

适应性设计首先要考虑布局的适应性。屏幕的尺寸和屏幕的分辨率对于内容的布局有很大影响，即使是相同显示尺寸的设备，其使用方式和使用习惯也会对内容布局有影响。如11英寸的笔记本电脑和11英寸的平板电脑，在屏幕布局上也会有所差异，平板电脑要考虑横向和纵向的使用情况。为解决这个问题可采用适应性设计，提供灵活和可扩展的布局，这种技术可动态变换屏幕宽度，根据屏幕尺寸调整布局。

泛在应用所涉及的设备多种多样，其输入输出能力也有很大差异，因此，除了屏幕布局的适应性外，设计时还需考虑内容的适应性，即内容应适应移动应用所处的情境，针对设备的特殊属性调整交互方式和交互行为。例如，在某些不适合用键盘输入的场合，可改用语音输入；有些场合也可采用扫描二维码或RFID标签的方式快速输入。

（3）流畅性原则

在实际使用时，泛在应用常常会在不同设备之间切换，有时是硬件设备的使用者发生变化，有时是由用户主动切换设备。这就要求基于不同平台的所有设备在提供某项服务时应能提供流畅的用户体验。设计者应确保跨平台的所有设备在不同的使用环境下达成"一致"和"连续"的用户体验，而尽量避免发生体验上的中断。例如，Kindle用户在一个平台上阅读的电子书，切换到另一个平台上能自动显示上次阅读的进度，而不需从头开始阅读。实施这一原则的难点在于，跨平台的应用程序在不同平台上的功能特性以及屏幕上会有较大差异。因此，设计时，要将人、设备、情境等所有的因素都考虑进去，针对设备提供的信息服务的匹配和连续性进行优化。

跨平台的所有设备应提供一致的至少是类似的用户体验。让用户使用一个与他的习惯相背离的应用程序会增加使用难度，并降低用户的积极性。例如，界面色彩、布局和导航、操作方式等应保持一致，用户可以以相同的方式使用不同平台上的同一应用。

（4）情境性原则

移动设备大大扩展了用户的使用场景，通过无处不在的移动互联网，可以向用户递送与情境高度相关的信息和服务。在进行泛在学习设计时，需要考虑和情境相关的如下问题：

①谁在使用这个应用程序？

②用户是在什么情况下使用？那时候什么样的信息与该用户相关？

③用户使用什么设备？什么时候使用？如何使用？在什么地方使用？为什么使用？

④用户的意图是什么？用户使用该应用的时间跨度是多少？

由此，在设计时我们需要评估整个应用会用到的各种设备，确定设备的特殊能力和特殊应用场合，以对应用户可能会请求的信息和用户所处的可能情境。在整个泛在学习的设计方案中，正确的信息应出现在正确的时间、正确的场合和正确的设备上。

（5）均衡原则

在泛在学习应用中，多屏幕或多设备在使用中大都处于对等状态，它们之间可以互相替代。因此，我们设计同一应用在不同平台上的版本时要注意在内容和功能上保持均衡。从内容的角度看，由于内容会在不同的平台上流动，它们应能提供等价数据量的信息源，具备基本相同的信息以及适应能力。从功能的角度看，应用程序必须在所有设备和平台上提供相同的核心功能（以及平台特有的特色功能）。

基于以上 5 个设计原则，可以较好地规划和设计出功能合理、内容均衡、使用流畅的移动学习应用。

第 **8** 章
移动学习评价设计

8.1 移动学习评价的目的、范畴和意义

8.1.1 移动学习中的评价活动

所谓评价,就是根据一定的价值观对事物作出评判。在教育实践中,评价是一种常见的活动,评价的对象可以有很多,包括学习方式、教学资源、学习过程、学习效果、教学活动等。教育领域的评价在不同时期、不同地域有不同的理解和关注点。Tyelr 指出,教育评价是以教育目的为依据,评量学习结果达到目标的程度。Gronlune 认为评价是确定学生达到教学目标的程度,收集、分析和解释信息的系统过程;评价包括对学生的定量描述和定性描述两个主要方面。Scriven 和 Stenouse 则将评价看成一种对优缺点和价值的评估,它是一种既有描述又有判断的活动。美国教育评价标准委员会给出了评价的简明定义:评价是对某些现象的价值(如优缺点)的系统调查,为教育决策提供依据的过程。胡中锋和李方综合各种对于教育评价的认识后给出了一个完整的定义:教育评价是根据一定的教育价值观或教育目标,运用可行的科学手段,通过系统地收集信息和分析解释,对教育现象进行价值判断,从而为不断优化教育和教育决策提供依据的过程。

学习评价是教育评价中直接作用于学生的部分,它以教学目标为评价依据,运用恰当、有效的工具和途径,对学生的学习过程和效果进行事实把握和价值判断,从而考察和促进学生的学习。学习评价测量的内容是学生的学习进度、学习成绩、进步情况、个性特色、能力或其他行为,其目的是通过向学生和教师提供学习情况的反馈,使他们及时调整移动学习活动,同时学习者自己可以根据学习情况的反馈及时调整学习态度,最终做到有意义地学习。

从实际操作层面上看,学习评价是将教学系统从学习者身上获得的关于学习的各类信息与某个评价标准进行比较,作出价值判断和决策的过程。对学习者的学习过程和学习效果进行评价时,需要通过某种方式获取用于评价的原始数据,比较常见的有练习、作业和测试,这类评价可以量化地测量和表述学习的效果,即分数或等级。除了量化评价外,还可通过观察、调查等非量化手段了解学习者的学习情况。学习评价不仅能够度量学习成果,而且还能用于了

解学习者的知识、技能和能力等方面的情况。

传统的学习评价重视对学习效果进行总结性评价,这种评价具有事后检查的性质,其优点在于简便易行,也较为客观,易于服人。但对学生在学习过程中出现的问题却无能为力,不能全面地了解学生学习的历程,不能及时、有针对性地提出改进的意见,只关注最终结果,而不问这个结果是如何形成的。信息化教育普及以后,信息技术在学习中的应用大大改善了学习评价的手段和思路,它不仅能够在学习过程中实时地捕获更多的数据,而且能够即时提供教学反馈。因而信息化教学在过程性评价的设计和实施方面有了较大的进步。

近年来,移动学习成为一种趋势,对于移动学习评价的研究也逐渐引起了人们的重视。根据评价对象的不同,移动学习评价可分为移动学习资源的评价和移动学习活动的评价。移动学习资源的评价是对移动学习中某门课程的内容和实施该课程的教学活动进行的判断,侧重于对教学内容、学习资源和寓于内容之中的教学策略和学习策略的评价,面向的是教学材料和教学设计;移动学习活动的评价是移动学习中对学生学习活动和学习成果的评价,面向的是学习者个体和学习者群体。评价目标不同,对评价对象采取评价的类别也不同,移动学习教学评价指标和要素的选择也不尽相同。

8.1.2　移动学习中学习评价的范畴

对学生学习情况和效果所进行的评价涉及学生的学习环境、方法、成绩和能力等因素。传统的学习评价主要包含对学生课程内容学习的评价、对参与互动交流分析的评价、对考试与学习作品的评价以及对课外资源学习的评价等几个方面。在线学习流行以后,由于教学环境、实施环节的不同,其学习评价的关注点和传统教学评价也有一些差异,特别强调对学习环境的评价、学习者个人特征的评价、学习方法和学习能力的评价等。李葆萍等研究了网络课程的学习评价,认为其评价内容应包括学习者的特征评价、学习环境评价、学习系统/交互系统评价、教师/学生支持系统评价、学习成绩评价、学习方法/能力评价等。

移动学习是一个新生事物,它主要发生在教室以外的非正式学习场景中。移动学习相对于传统的学习活动有较大的差异。首先,在移动学习中,师生可以突破教室时空的界限,将学习的内容和学习的场所扩展到无限大,而且师生间可以实现互动、反馈和交流;其次,在移动学习中,正式学习和非正式学习的边界也被打破了,丰富和共享的网络化学习资源给师生提供了有利的学习支持;最后,新技术的应用引发教学指导思想的改变和新型学习模式的出现,为学习者的能力培养及其非智力因素的培养提供了必要的条件。对于学习者来说,由以前单一、被动的接受学习变成探究式、场景丰富、社会性的学习,鼓励学习者主动寻找和探索相关的知识和资源,学习者的学习范围和交流对象也随之延伸。以上这些差异使移动学习中的评价活动除了具有学习评价的一般特点外,也有自己的特点。

从技术特点和教学特征上看,移动学习与在线学习有一定的相似之处,可以借鉴在线学习评价的一些经验。参考已有的在线学习评价的研究成果,我们认为移动学习评价的范畴应包括:

(1)学习者个性化特征评价

学习者特征是指影响学习者学习的心理、生理和社会特征,即学习者的个性因素。移动学习中学习者个性化的特征对学习过程有非常重要的影响。和面授中教师的作用相似,设计良好的系统能因人而异地提供学习内容动态推荐、智能导航及针对性的学习辅导,这些功能都依赖于对学习者特征的评价和分析。

（2）移动学习外部环境的评价

对学习者移动学习外部环境进行评价，以考查学习者所在环境的状态、存在的问题及其可能对学习者产生的影响，既包括现实的也包括潜在的影响。影响移动学习的外部环境因素有很多，如学生的个人时间安排、所在周边环境、移动终端的功能、网络传输的速度、系统的响应速度等一起构成了影响学生学习的外部环境因素。

（3）移动学习资源的评价

移动学习资源是学习内容的载体和主要表现形式，表现为移动网站、移动应用或是移动媒体，其质量直接影响学习的成效。对移动学习资源的评价是移动学习评价最先受到关注的领域，国内外有很多学者研究了移动课程网站或移动 App 的评价模型。对移动资源的评价不仅包括内容、媒体、教学设计策略，还包括用户体验以及支持服务等方面。

（4）学习成果和绩效评价

学习成果和绩效评价是移动学习评价最主要的功能。它直接作用于学习者，对学习活动产生影响。在移动设备的支持下，评价活动可以更加频繁、自动化、智能和丰富。同时，移动学习评价主张一种综合的评价观，评价对象不仅包括学生的练习、测验和作业，也包括完成的任务、作品或合作项目等。

在以上移动学习评价活动所涵盖的 4 个主要领域中，我们将着重讨论对学习成果和学习绩效的评价。

8.1.3　移动学习中评价活动的意义和作用

移动学习由于其本身的特点，学习活动发生的场所多为教室以外，很难得到教师面对面的直接反馈，因此，评价活动在移动学习中有重要的作用。它不仅是学习成果的反馈渠道，更多的时候还为移动学习过程中的学习行为和学习活动跟踪以及智能优化提供基础数据。除了通过评价活动测量学习者的学习成果和绩效这个最基本的功能外，移动学习中评价活动还起到了以下作用：

（1）收集学习者的数据，构建学习者模型

对学习者自身的理解是一切智能化学习系统提供个性化服务的依据。学习者模型的优劣、学习者的特征是否正确决定了后期服务质量的高低。移动学习系统一般会通过对学习发生前的前测，以及学习过程中的评价活动收集数据，构建出基本的学习者模型，并逐步完善和精确。

（2）监控学生的学习行为和学习活动

智能化的移动学习系统需要收集非常多的基础数据，而评价活动是这类数据的主要来源。通过对学生学习的跟踪、各种反馈数据的收集可以帮助系统精确把控学习者的学习状态，为智能化的学习指导、学习内容推荐以及学习活动安排提供依据，不断地推进学习进程。

（3）给予即时的反馈和指导，并促进学习者调节学习行为

移动终端的实质是一台微型的电脑，本身具有一定的计算能力，并通过软件可以实现基本的智能操作。在移动学习中，评价活动负责记录学习活动、学习诊断、学习控制、学习提示和建议、学习帮助等。通过评价活动，教师和系统可根据所掌握的学生资料，为学生提供合适的教学方法和教学策略。学生通过反馈的信息及时调整学习策略，改善自己的学习状态。同时，及

时的反馈也有利于学习者高水平学习动机的维持。

（4）向学习者个人和教师提供全面综合的评估数据

利用移动终端的感知、计算和存储功能收集学生在学习过程中产生的各种数据，得到的数据类型和数量较传统评价方式有显著改善，以往面授学习和在线学习无法记录的数据或无法精确度量的活动在移动学习中都已逐渐成为可能。移动终端和云端的服务器可将学习过程和学习结果中的各种信息分析整理后评价，再以各种形式反馈给用户。

8.2 移动学习评价面临的挑战

当前，我们在教学和学习活动中大量使用信息技术手段，并取得了较好的效果。但是与此对应的学习评价仍旧沿用传统面授教学方式下的评价理论和评价工具。近年来，在教育专家和教育机构的大力推广下，这种现象有所改观，但对于移动学习评价仍旧有很大的改进空间，移动学习评价面临着诸多挑战。例如，在移动学习评价方面存在如何跨情境捕获和分析学习问题，如何评价移动学习的过程和效果，移动学习隐私和伦理道德问题等。它们是干扰或影响移动学习评价实施的主要因素，下面将逐一对这些挑战进行解读，并进行详细的分析。

8.2.1 跨情境的学习活动

评价传统课堂教学时，评价者通常在评价前就可以获得课堂上或者课后活动的资料，可以通过参观教室、采访教师和学习者提前了解学习目标、方法、计划和学习工具等相关信息。在评价集体组织的参观或实地考察活动时，评价者可提前到实地参观并查看教学计划，但学习者的路线是随机的，很少会有学习者完全按照预设路线行进。而对于小群体或是个人的探究活动，目标和路线都是不可提前预知的。在这种情况下，学习目标可能受到环境的影响，参观路线也会由于学习者的好奇心或是意外而改变，甚至学习者是在随意游荡。与最后一种情况接近，在移动学习中，学习地点、学习目标、学习方法和学习过程都有可能是不可预知的。

表 8.1 分析了课堂学习、集体参观考察、个人或小组参观考察以及移动学习 4 类活动的特点。在设计学习评价时，对应于每一组特征都需要用合适的评价方式匹配学习过程和学习结果。

表 8.1 不同学习活动的特点

	课堂学习	集体参观考察	个人或者小组参观考察	移动学习
物理环境	常规的、静态的	支持固定场所内的移动	支持固定场所内的移动	不可预知的，随时变化的
社会环境	固定的	预先安排的	预先安排的	不可预知的，随时变化的
学习目标与学习结果	外部设定	外部设定	自身需求或者依情况而定	自身需求或者依情况而定

续表

	课堂学习	集体参观考察	个人或者小组参观考察	移动学习
学习方法和学习活动	预先设定	预先设定	预先设定或者依情况而定	预先设定或者依情况而定
学习过程	预先设定	预先设定或者依情况而定	大部分是依情况而定	依情况而定
学习工具	提供	学校或者博物馆提供	统一提供或者自己携带	自己的设备或是偶然获得的

虽然存在诸多的不确定因素,但移动学习的学习评价仍有独特的优势。移动技术的使用不仅有利于学习数据的收集,也有利于学习者从不同的视角获取经验。例如,在移动学习中,记录的数据更加丰富和精确,包括视频、音频、笔记、作品以及屏幕截图等。解释这些多样化的数据,并将其组合成有意义、详细、精确的学习体验是对学习者和教师的挑战。

8.2.2　对移动学习的过程和结果的评价

经过多年的积累,在课堂这样的传统学习环境中,我们有很多有效的评价方法可用,如课堂作业、作品展示、开卷或者闭卷考试等。而对于移动学习,教师还普遍缺少相应的评价手段和评价工具。

从评价类型来看,学习评价可分为形成性评价和总结性评价。形成性评价关注学习的过程,总结性评价关注学习的成果。形成性评价在帮助和补充教学和学习过程上具有很大的潜力,而总结性评价通常作为衡量教学是否成功以及评估学习有效性的方法。移动学习本身的特点使移动学习的学习评价更加注重过程,评价活动在学习过程中随时发生,直接指导学习,而且是一个持续改进的过程。

在正式学习或目标导向学习中,总结性评价比较容易完成。与之相反,移动学习、非正式学习具有较高的个性化,学习活动存在一定的不确定性,难以提前预计学习可能会发生在什么地方,发生的过程是什么,以及会产生什么结果。如果学习过程跨越了多个场景并且使用了不同的终端,对学习的跟踪记录就存在一定的困难。

解决移动学习评价困境的方法之一是通过能够证明学习确实发生的标志性活动来评价。Griffin 和 Symington 研究了博物馆环境中开展移动学习的案例,设计了一个评价框架。他们建议评估者观察以下类型的标志性活动:

①能够显示出学习者在认真学习的活动,如写、画、拍照或者有目的地在展品间移动。

②证明其在积极参与的活动,如思考、近距离仔细观察展品。

③促进知识迁移的活动,如比较不同的展品。

④向专家和同行共享自己学习成果的活动,如谈话或者互相问答。

此外,从时间持续的长短来看,学习不仅可以是一个短期的事件,也可以是一个持续甚至是终生的个人转变过程。因此,如果在移动学习中需要评价长时间的学习过程,就需要采用纵向的、具有持续性特征的评价方法。

8.2.3　学习者/参与者的隐私保护和伦理的研究

当前,互联网上越来越多地出现用户隐私暴露的问题,由此产生的伦理问题的研究也浮出水面。和传统学习活动中的评估不同,研究者和评估者可通过移动学习设备获取更多的、更丰富的个人隐私信息,这些信息将大大超出传统评估手段能收集的范围和精确度。因此,移动学习项目在收集学习者信息时要确保学习者的知情权,保护他们的个人隐私,对于数据的使用要符合研究的道德规则和伦理规范。

Traxler 和 Bridges 认为,在移动学习的评估活动中应用简洁、适当的方式向参与者(目标对象)介绍移动学习活动中收集信息的范围,以确保他们的知情权并获得参与者的许可。需要特别注意的是,泛在化的移动学习还涉及多种设备(包括手机、平板电脑、机顶盒、电脑)和多个情境下的数据收集,因此,需对此情况尽可能详细说明。其他和伦理隐私权相关的问题还包括:在特定情境下(如实地考察)产生的知识产品的所有权归属,参与者对系统监控日常生活中学习数据的知情权,以及无线电磁技术对健康造成危害可能性的提示等。

由于移动学习情境的不确定性和移动学习成果的模糊性,在撰写《用户告知书》时可能会遇到问题。评估者预先不能确定移动学习体验包括什么内容,所以无法准确地告知参与者项目需要收集什么样的数据以及为什么需要,只能粗略地描述。此外,要求学习者在不确定的情况下签署许可证明,授权自己的信息被披露也会有一定的困难。

8.2.4　移动技术对评价活动的影响

最初,移动学习评价活动经常受技术条件的限制,表现为移动终端的屏幕太小、电池使用时间短、设备反应不流畅等,或者是不能熟练操作设备等人为因素影响了设备的使用。当研究者把关注点由技术局限性转到学习者身上时,又会发现新的问题。例如,在学习者交替使用多个设备且在设备之间自由切换(不论该设备是私人的还是公用的)的场景中,他们在不同环境中停留的时间都很短,因此,对于数据获取和分析造成了困难。

在泛在化的移动学习场景中,通常由系统自动将不同设备上的数据同步更新到云端的服务器来确保在不同设备上的数据都能保持一致。然而这一切都需要高速、可靠的网络支持,而且不是所有数据都能顺利地实时同步和无缝转移。移动技术本身的这些难点在评价移动学习质量和学习体验时都是不小的挑战。

8.2.5　学习活动是正式的还是非正式的

人们常常从技术的角度将移动学习定义为使用手机的学习或是移动中的学习。然而,学习的可移动性并不单纯是信息技术带来的,它回归了学习发生的自然状态:学习者每天都会从一个场景切换到另一个场景,所涉及的知识内容以及学习主题、学习活动是多种多样的。完整的学习场景既覆盖了教室内发生的正式学习,也包括发生在日常生活中的非正式学习。

正式学习和非正式学习是一个连续系统的两极,区分移动学习活动是正式的还是非正式的存在一定的困难。学术界对于非正式学习的定义和特征有大量的讨论,普遍认可非正式学习是与正式学习相反的概念,正式学习是发生在正规教育场所之内的有计划、有目标的学习,而非正式学习是包括信息和内容在内的一切事物,如会议、书籍、网站等,或者是非正式的人与人的交流,如交谈、讨论、会议等。

在移动学习评价中,对学习活动是正式还是非正式的判定不仅有利于从学习过程、学习场所、学习目的和学习内容多角度精确分析学习活动,而且有利于将移动学习的方式应用到已有的学习活动中,或是通过移动学习支持这些活动,最终优化正式或非正式的学习体验。

8.3 移动学习评价流程

相比在线学习,移动学习在技术手段上更为先进、强大,精密而且复杂,在教学实践中的应用形式也更加丰富多样。十多年的移动学习教学实验和应用实践表明:正式的、固定的、传统的学习方式使用的评价手段并不能完全适应移动学习,其有效性受到质疑。另外,移动学习与在线学习之间的差异使得在线学习的评价技术在移动学习中也不能完全适用。移动学习与在线学习的差异主要表现在以下4个方面:

(1)从学习资源的组织形式来看

移动学习提供的主要是小单元、碎片化的知识内容,每个学习单元的呈现方式单一,可替代的内容较少;而在线学习使用的课程资源在内容组织上更加系统、完整,而且同一内容常常提供多种呈现方式供学习者选用。

(2)从技术装备来看

移动学习是通过具备无线网络或移动网络连接的移动设备学习,在线学习是通过计算机连接互联网进行学习,移动学习的可获得性和即时性更高。

(3)从学习发生的情境来看

移动学习发生在随时变化的环境中,而且大多数时候不可预知,在线学习基本上发生在预知的、固定的场所。

(4)从使用领域来看

移动学习既可作为正式学习的一种补充,也可作为非正式学习的内容;而网络教育、远程教育等常见的在线教育以传授体系知识和学历教育为主。

基于以上原因,我们不能简单地把现有的在线学习评价方案直接套用到移动学习中。评价移动学习,特别是带有随机发生、非正式学习特征的移动学习活动需要一个综合、全面、标准化的评价框架。不少学者对此做了前期的研究,取得了一些初步的成果,也获得了一些行之有效的评价模型。

8.3.1 有效学习评价的一般特征

可信度和有效性是所有评价活动的第一要务,其中最根本的问题就是确定什么样的评价才是一个好的、合理的评价。但是,在移动学习中判断"什么是好的评价"遇到了困难。造成这一问题的原因是学术界对"移动学习是什么"至今还没有形成统一的认识,对移动学习的评价会把我们再次带回到移动学习的概念和定义上,而对它的界定会影响评价的方向。另外,对移动学习的分类也会影响评价活动的实施以及评价的优先级。

由于对"什么是好的移动学习评价"没有成熟的依据可以引用,我们只能站在实用主义的立场上从已经存在的成功实践中归纳优秀移动学习评价的共性。为了解决这个问题,Traxler在对移动学习评价的研究中首先归纳出"好的学习评价"应具有以下特征:

①结果科学可靠,可重复。

②结论必须要值得信赖、可迁移。

③在成本、精力和时间上要高效。

④评价结果不依赖所选择的媒体和学习技术。

⑤符合教学和学习的规律,以及参与者的教学理念。

⑥不同的群体或年龄段的学习者应获得一致的结果。

⑦遵守法律和普世的道德、伦理规范。

此外,评价活动不能比学习过程或者学习内容的传递、学习活动本身更加烦琐、笨拙和耗时,而且在特定的学习技术发生改变时,对于学习者、学习对象,应灵活采用适当的评价方式,而非一成不变。

Bates 和 Poole 提出了衡量学习评价有效性的 8 个维度,包括:

①采用适当的技术。

②易用性和可靠性。

③考虑成本因素。

④教学和学习方法。

⑤交互性。

⑥学习活动的组织。

⑦选择使用新技术。

⑧教学材料的开发速度。

这 8 个维度同样也适用于移动学习。依据该框架,是否使用适当的技术对于移动学习评价来说是一个重要的标准。

以上这些都是普遍适用的一般性特征,因此可应用到移动学习评价中来。但是,由于技术更新和变化的速度非常快,其中有些标准的实施对于移动学习来说具有挑战性,比如技术使用过程中的法律和伦理道德问题。不过,在其他的学习技术应用领域内也有类似的矛盾,并且移动学习本身也在不断地发展,必然会逐步适应和解决这些问题。

8.3.2　移动学习评价设计的要点

前文讨论了移动学习中评价活动所面临的挑战,这些挑战是由移动学习本身的复杂性决定的。移动学习通过情境、人员与技术的互动构建具有自主性质的学习,从属性上讲,它更多是社会活动而非技术活动,不能仅从技术特征上评价移动学习,而应从教学的角度入手。通过分析移动学习评价所面临的挑战,Vavoula 和 Sharples 构建出了移动学习评价应遵守的一些评价原则。基于他们的研究成果,结合笔者对移动学习的理解,移动学习评价设计应遵守以下要点:

(1)跟踪和分析学习活动时,在获取数据和保护学习者隐私之间找到平衡

移动学习的使用规模和范围扩大后,评价者必须强调数据的可靠性(特别是在实验室和教室之外收集的数据,因为评价者无法全程在现场观察和监督)。例如,在家庭或者室外学习活动中,评价将更多基于移动设备自动收集的数据(如用户日志、时间和地点的线索)和学习者自身的报告。然而,这些数据有可能会涉及学习者的个人隐私,因此需要在使用数据和保护数据的矛盾中获取平衡。比如,在一项让儿童使用手机拍摄和记录日常饮食习惯的项目中,研

究者发现一些儿童会故意遗漏一些自己食用的不健康食品,这种行为表明了他们维护自我形象的需要和对隐私暴露的自我保护。项目中数据的准确性会影响分析结果,进一步影响诊断和干预,因此需要预先做好协调工作。

(2)需要在项目中评估技术的可用性,了解技术是如何影响学习体验的

移动技术中应用了很多高科技,支持物理位置的移动和变化,移动设备的小型化,以及无处不在的网络连接等,这给移动学习带来了复杂性。学习者在移动学习过程中使用的设备多种多样、差异很大,人机交互界面也相对复杂。在实施移动学习时,移动应用可能存在平台兼容性、媒体格式兼容性等问题。而且移动学习对无线通信网络具有依赖性,网络的稳定性以及传输速度都会影响学习者的体验。学习者常常会受设备和环境这类技术因素的影响,而它们贯穿了移动学习的全过程。因此,在移动学习评价中,对技术因素的评价也是不可缺少的部分。

(3)跳出对认知结果的片面关注,考察移动学习过程和结果的变化

移动学习评价应将重点放在学习者的完整学习体验上,而非局限于对认知成果的考察。由于态度与内在动机密切相关,对学习者态度的调查已经被广泛应用在移动学习中。学习者对移动学习技术的态度和学习兴趣可以作为预测学习活动有效性的参考(虽然不会总出现理想的结果)。此外,其他一些对评价学习有用的信息可以从学习记录中寻找,如软件日志、Web访问记录、在线测试结果以及博客、电子档案袋等。评价者需要认识到这些数据的重要性,并有意识地将它们整合到有效的学习评价中。

移动学习具有偶然性和突发性,学习者在学习过程中可能会使用许多超出预设目标之外的学习内容。例如,学习者使用移动终端在生态园中学习时很可能被其他生物或现象所干扰,从而偏离预设的学习目标。但是,从另一个角度来看,学习者在学习过程中对问题的探索意识和能力是值得培养的。因此在移动学习评价中,要将预设的评价标准与实际学习活动相结合,不仅要注意到计划与现实之间的差距,还要对超出认知结果的学习成就进行全面的评价。

(4)将移动学习整合到已有的教学活动中,并理解这种整合对正式与非正式学习的影响

移动学习具有普遍适用性,它既可以整合在正式学习中,又可以整合在非正式学习中(后面两节会有详细案例介绍)。移动学习进入学校的早期阶段以学习支持工具为主要用途,提供师生交流的第二条渠道或是作为课堂即时反馈和评价工具使用。此类移动学习与正式学习相互整合的常见场景包括:

①教师创建与课程相关的微博或者微信群,发表对课程疑难问题的解答,或者布置问题让学习者发表自己的看法,组织学生通过微信进行讨论。

②教师在微信群中随时推送与本课程相关的预习、复习材料以及本课程的补充内容,例如,理论知识最新情况和在其他领域的应用案例。

③当学习者遇到问题,却又无法立即解决时,可通过手机提出问题,除了可以咨询在线教师外,还可以和群成员进行讨论,找出一个最适合的解决方案。

目前,智能手机的照相、录音及录像功能已趋完善,网络带宽也可承载这些多媒体视频的传输。当问题发生时,学生可以立即用手机翔实地记录问题,发送给教师或小组成员观看或讨论。移动学习的整合很好地弥补了正式学习的不足,增加了学习的灵活性。

移动学习与非正式学习的整合更加多样。非正式学习可以是任何有价值的信息和内容,或者是非正式的人际交流,它是不知不觉中在任何地方学习任何内容的学习方式。用户在移

动设备上可以方便、即时地获取各种信息,比如一条微信可以让人们快速了解所关注行业的最新动态,一个简单的移动应用可以让你学会如何品鉴红酒。移动学习通过图片、音频、视频等多媒体形式丰富了非正式学习,也促进了学习共同体中学习者的人际交流,让学习的过程更自然、更多样化。

(5)着眼于构想、设计到全面部署的整个过程评价移动学习的创新

广义上的移动学习评价不仅包括对学习过程和学习结果的评价,还要从更高、更全局的角度来考察移动学习。例如,移动学习是怎么发生的;学习过程中个人和机构之间的关系;学习者的快速学习是如何与真实情境相融合的?因此对移动学习的综合评价应包含从构想、设计到开发、实施的完整过程。这些都需要站在更高的角度,通过一个完善的评价框架,进行持续的评价和改进。

8.3.3 移动学习评价的流程

在对移动学习评价的相关文献进行梳理的过程中,笔者发现截至2015年6月,国内研究者很少有文章讨论对移动学习的评价,已发表的数篇和移动学习评价相关的论文讨论的对象主要是对移动终端的技术特性和移动学习课程资源的评价,对移动学习活动的评价尚未有系统、深入的研究。外文资料中有一些文献从教学和学习的角度讨论了移动学习评价,显示出国外学者对移动学习评价的研究相对成熟。目前,关于移动学习评价的研究主要集中在以下几个方面:

①从项目组织和运行层面研究移动学习的评价。例如,Vavoula 和 Sharples 提出了一个包含3个层面的移动学习评价框架,包括微观层面、中间层面和宏观层面。

②对移动学习的整体质量进行评价。例如,Parsons 和 HokyoungRyu 借鉴游戏中的评价体系,提出了对移动学习质量的评价框架。

③从技术开发和应用的角度对移动学习设备和技术进行评价。例如,Economides 和 Nikolaou 从可用性、技术性和功能性的角度对移动手持设备的评价进行了总结。

综合以上分析,已有的移动学习评价框架大都未从教学设计的角度评价移动学习活动,在教学性、完整性和全局观等方面有所缺失。而目前对在线学习评价框架研究比较成熟,在此笔者参照在线学习评价框架模型并结合移动学习的特点,尝试提出了一种抽象程度较高的环形移动学习评价流程(PCA2F)。其中,PCA2F 分别代表准备(Prepare)、收集(Collect)、分析(Analyze)、反馈(Feedback)和后续阶段(Follow-up),如图8.1所示。该框架既可用于评价移动学习的过程,也可评价移动学习的结果。

图8.1 移动学习评价流程模型

在该评价模型中,每个阶段的具体内容和注意事项如下:

(1)学习开始前的准备阶段

在开始移动学习评价之前,首先要做好环境测试、学习者分析以及评价方案设计3个方面的准备工作。

①对移动学习环境和相关使用设备进行测试。在移动场景中学习,要保证设备可以正常连接网络,以便学习者无缝地从服务器中获取更多的资源;还要保障设备能正常使用,防止学

习者在学习过程中由于技术问题造成学习中断或是体验较差,最终影响评价活动。

②对学习者进行分析。在评价之前,评价者应了解学习者的特征、已具备的知识能力、使用移动设备的熟练程度等。通过对学习者的全面分析可以预先估计将要开展的学习活动是否能够促进有意义地学习,如果存在明显不适合学习者的设计,要及时调整实施方案。

③确定在学习的不同阶段采用的评价工具和评价方法。常见的方法有问卷调查法、观察法、视频记录法、访谈法等。除了对学习能力、已有学习水平的测量外,在正式实施移动学习之前,一般要用前测来了解学习者已具备的知识技能,通过问卷调查收集学习者的态度和情感方面的信息。

(2)在学习过程中收集评价信息

在移动学习中,为了使评价更全面、具体、精确,应全面收集学习者各方面的信息。收集方法在准备阶段确定的评价方案中就已经预先拟订。收集信息时,应充分利用移动便携设备自身的功能。传统做法是在手机、平板电脑和电子书包中预先设置一些练习题。学习者完成某一知识点的学习后立即进行测验,将测验结果上传到移动学习项目的后台系统。通过移动设备,还可自动记录学习者在学习过程中行走的路线、停留的地点,从系统中访问和收集的资料,拍摄的照片等多种表征学习如何发生的数据信息,以供进一步分析。

此外,在移动学习活动结束后,通过量表、问卷也可以收集移动学习前后,学习者在情感、态度等非智力因素方面的变化;通过对学习者个别化的深度访谈,了解学习者在移动环境下学习遇到的问题,以及学习活动中的主观体验。

(3)分析评价信息

在这一阶段,首先要对收集的全部信息进行筛选,排除干扰信息和无用信息,既可以通过人工的方式,也可以通过电脑程序自动化地分析数据。当然对于大多数的研究项目,在研究之初尚未形成成熟的模型和固定的规则,因此主要依靠研究者的经验分析和判断,计算机只承担少量的辅助工具的功能,帮助评价者完成筛选工作。对于多次实施的学习活动,如果已经形成了固定的规则和模型,自动化程度将大大提高,主要依赖计算机系统的自动筛选和分析。

评价过程可以由评价者完成,也可以邀请学习者参与,和评价人员共同完成。通常,在分析移动学习活动时,评价者会对学习者的预备状态(包括知识和能力)和学习结果情况相比较;有些研究还会对学习者使用移动设备的表现以及学习者在移动学习项目前后的态度变化进行比较。对学习者的表现的分析既可以是学习活动前后的纵向对比,也可以是不同学习活动的横向对比。

(4)根据评价结果给予反馈

在反馈阶段,评价者应把与学习者相关的分析结果及时反馈给学习者。例如,学习者对哪些知识掌握得很熟练,对哪些知识还没有完全掌握,是否应该针对某个问题与同伴交流,是否可以充分利用移动设备增进自己的学习等。这些信息对学习情况的诊断和提高学习者的绩效非常重要。学习者会根据他们所获得的反馈信息,在教师或教学系统的指导下有针对性地弥补自己的不足之处或是调整学习策略。

移动学习评价的另一个目标是发现学习者使用移动设备学习时遇到的问题,并及时解决,避免造成更大的损失。评价者也应向移动学习的设计者和开发人员提供反馈,找到当前的不足并加以修订。比如,大规模的使用反馈可以显示出各个内容模块和软件功能的使用情况,以及各个学习活动的参与情况。移动学习的设计人员可以根据这些反馈信息,及时调整现有的方案,设计出更有利于学习者的学习内容和活动。

(5)后续阶段,总结和迭代优化

后续阶段的主要工作是对整个移动学习活动进行总结。一般包括对整个项目实施结果的描述,分析移动学习的设备和技术对参与者的学习产生的影响,以及下一阶段可能的方案调整。这个阶段的工作同时也是为下一次顺利开展学习活动提前做准备。

8.4　移动学习评价案例

下面将向大家介绍两个移动学习中学习评价活动的典型案例。第一个案例是由台南大学测量和统计研究所与台湾科技大学数字化学习及教育研究所合作的移动学习项目;另一个是由 NESTA 未来实验室、BBC NHU、诺丁汉大学混合现实实验室与 Mobile Bristol 实验室开展的基于数字环境下移动学习的研究,通过这两个案例,可以观察和分析在移动学习中如何评价学习者的学习过程和学习成果,如何设计包含评估的学习活动。

8.4.1　案例 1——基于 PDA 的红树林观察和探究

数年前,台南大学测量和统计研究所与台湾科技大学数字化学习及教育研究所合作开展了一项在生态园中使用 PDA 辅助学习的移动学习项目。该项研究应用行动研究方法开发出了一个形成性移动学习评价方案,并通过在生态园中使用 PDA 进行移动学习的案例验证其可行性和有效性。整个移动学习项目由 3 个相互关联的学习活动组成,其教学目标是培养五六年级学生的观察能力、使用掌上电脑查询知识的能力以及使用在线日志进行评估的能力。

该移动学习项目中的学习者是来自两所小学的 27 名五到六年级的小学生。在项目进行的 4 个月周期中,研究者共设计了 3 次红树林考察活动。移动学习开始前,学生首先在教室内听取关于红树林的讲座,历时 40 min,然后才开始他们的观察旅程。在实地考察中,每名学生都配备了 PDA、数码相机和望远镜。学生利用 PDA 记录自己看到了什么,并且在红树林的真实环境中,依据 PDA 上"工作单"的指示和引导开展独立学习。在观察活动的同时,PDA 上的学习软件会按顺序向学生呈现多项选择题和简答题,并且提供在线反馈。如果学生的回答不正确,还可通过 PDA 使用在线数字图书馆查询关于目标知识的相关信息。完成实地考察后,学生返回学校,根据自己的观察经历在一周内完成网上的观察日志。研究者根据预先设定的量规评估学生基于 PDA 的活动以及电子日志,结合定量和定性两种评价方式评估学习的结果。

学生可以使用 PDA 和望远镜完成工作单任务。他们的观察对象(水鸟、螃蟹、红树)和红树林中丰富的生态系统对学习者非常有吸引力,这种体验是课堂学习中无法比拟的。在移动学习中,一方面 PDA 上的工作单为学习者的观察活动提供了脚手架,另一方面 PDA 上的在线反馈又可帮助学习者阐明知识、细化知识描述,并且解答疑问。

在该移动学习项目中,研究者通过嵌入在 PDA 中的三层工作单来支持学习者的生态观察学习(图 8.2)。用于形成性评价的工作单所采集的数据包括两个方面:学习者的观察记录和学习者在数字图书馆中的扩展查询记录。该项目中三层工作单的设计非常有特色,它打破了学习目标在 3 个层次上的界限,按活动进展的情况平衡学习者的认知负荷。三层工作单的具体功能和作用如下：

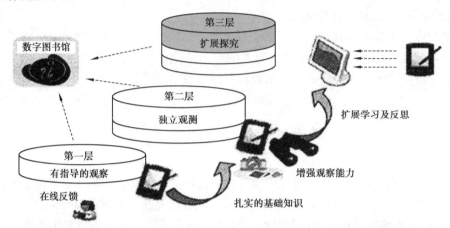

图 8.2　三层工作单的评价设计

工作单的第一层是多项选择题和简答题，帮助学习者确定自己对基础知识的掌握情况，并通过自适应在线反馈系统为回答错误的问题提供帮助信息。工作单系统通过提问引导学生的观察活动。

工作单的第二层是对学习任务的扩展，目的在于帮助学习者提高观察能力。移动学习系统通过 PDA 跟踪和记录学习情况，不仅能帮助学习者记录观察笔记，还能给予及时提醒。

工作单的第三层是要求学习者在 PDA 上记录笔记并开展独立的调查研究。实地考察活动以后还要在个人的电子日志中展示对问题的讨论和反思，特别是他们自己在该领域中提出的问题。

8.4.2　案例 2——Savannah 基于位置的模拟游戏

Savannah 是由 NESTA 未来实验室、BBC NHU、诺丁汉大学混合现实实验室与 Mobile Bristol 实验室几所研究机构共同参与的一个移动学习研究项目。该项目面向的参与者是中小学生，教学目标是让学生了解狮子的生活环境及行为。在活动中，学生需要扮演狮子的角色，体会狮子在每天生存中的各种需求和生存事项。例如，狮子需要确定它们的领地范围、居住地、食物和水；知道在去寻找食物时应该把幼崽安放在哪里；需要防止一些危险因素的侵害，包括人类（猎人或者偷猎者）以及其他狮子带来的危险；还要考虑雨季和旱季等自然条件变化对狮子生活的影响。在一个相同环境中，狮子（学生）与其他狮子（其他学生）常常会就相关任务进行合作，而这种合作在室内基于桌面电脑和有线网络的环境中很难实现。

该项目通过移动技术支持游戏化学习：每个扮演狮子的学生都携带 PDA，并通过它探索虚拟的世界。这个 PDA 配备了耳机、可跟踪学生物理位置的 GPS 接收器，以及用于随时与中心服务器进行通信的无线网络。PDA 的显示屏上会显示适合当前环境的内容和行动指示，以及下一步的游戏内容等。

每个 PDA 都配备了 GPS 追踪器，允许学生通过各种方式了解他们正在探索的环境。PDA 可以显示多媒体内容，包括视觉信息、听觉信息和气味信息（通过图标和文字），还显示模拟"狮子"自身状态的信息（如"你饿了""你太热了""回到洞穴"）等，学生戴上耳机就能接收这些听觉信息。在参与模拟的过程中，学生还有一个专门用于学习的"洞穴"。在他们退出模拟活动之后,可以在此进行反思性学习。

在 Savannah 游戏中,学生扮演狮子的角色,模拟它们在虚拟大草原上的生活。他们在同一时间进行一系列的任务活动。每个任务具有不同的目标,体验狮子各种不同的行为,如圈定自己的地盘和狩猎场。随着游戏的升级,学生的任务将变得越来越复杂。虚拟大草原设置在英国布里斯托尔的一所中学的草坪上,面积约为 4 000 m^2,没有任何障碍物。"大草原"分为不同区域,反映不同的生活环境,包括草地、沼泽、岩石、河流等。这些环境为狮子提供了不同种类的资源,如居住地、猎物、水、树荫;或者代表一些具体的危险因素,如其他狮子的领地或附近土著的村庄。区域中还虚拟了多种其他动物,可捕食的动物代表狮子的食物,而其他动物可能代表潜在的危险(如"愤怒的大象")。

参与这个游戏的学生年龄为 11 ~ 12 岁。他们被分为两组:一组由 5 名男孩组成(第一天活动),另一组由 5 名女孩组成(第二天活动)。游戏开始时首先向学生介绍 Savannah 游戏规则、游戏中使用的技术以及狮子行为的一些基础知识。游戏从 9:30 开始,14:30 结束。在这段时间内,学生们要完成两个任务,每个任务最多可尝试 3 次。学生的帆布背包内安装了一些设备,并在肩部放置了 GPS 接收器以便精确定位。他们可以扮演狮子横扫虚拟大草原,巡视它们的领地。

学生在草原上移动时通过(PDA 上虚拟狮子的)听觉、视觉和嗅觉感官来探索这些区域的环境。他们从听到的声音中可以获取当前环境中的一般信息,通过视觉和嗅觉(嗅觉也通过形象符号表示)可以获得周围环境中更具体、更本地化的信息。学生进入某个区域后,根据其所进行的任务,按下 PDA 界面上的按钮模拟狮子的行为:用气味标记自己的领地,或袭击在那里发现的猎物。各种动作都会对他们的身体状态产生影响,增加或减少他们身体内的能量。某些行为(如"攻击")的结果还会影响其他参与者,因为小组成员之间可能处于合作状态。

每项任务结束后,学生可以回到"洞穴"里,这是一个类似教室的环境。在"洞穴"中,他们可以回顾和反思上次任务所发生的事情,通过观看视频录像更深入地了解自己的表现,通过讨论、互相评价总结出上次任务的成功与不足,为下一次任务做准备。在"洞穴"中,教师会参与讨论,解答学生的问题,并对任务做进一步的引导。在全天的游戏结束时,研究者还要用 45 min 对学生进行采访和交流,深入了解学生在移动环境下的学习情况,对学生的学习活动作出总结性评价。

该项目在设计和实施过程中遵循迭代模型,经过一系列讨论和改进,并且由学生实际验证。项目的成功有赖于多学科背景的设计团队,项目组吸收了教师、教学专家、游戏开发人员、移动技术专家等专业人士参与。该移动教育游戏使用的素材也非常丰富,利用 BBC 自然历史部档案馆高质量的图像和声音材料尽可能逼真地营造出游戏环境。项目中的学习活动具有多人合作的属性,学生群体在游戏中需要互相合作才能顺利完成任务。此外,设计的任务也利用移动学习提供的随机性,某些任务和步骤不是提前设置好的,因此社会性和游戏性均较高。

第**9**章
移动学习优化的理论框架

移动学习的发展涉及政府部门、公司企业、教育、媒体等多个方面,在教育层面完全突破了传统学校的教育体系,体现了学习社会化和终身化的特征。随着移动技术的进步,移动通信资费的下调,适合中国国情的移动学习体系将成为所有教育工作者及企业探索的重要目标。当然,为满足社会发展和学习者的需要,移动学习需要不断优化。

9.1 加强移动技术开发

无线网络和资源的逐步发展,需要移动服务商和移动资源开发厂商的推动;教育机构和企业要在已有完善的移动环境的基础上进行大规模的知识体系的构建,完成学习内容的内化关联和已有资源的共享兼容,并针对不同的学习主题和需求进行分类和定制化应用,从而让移动学习成为社会化的教育形式。

9.1.1 加强移动学习技术的升级

首先,保障移动学习网络的正常运行,支持移动学习活动的开展。在移动学习活动中,学校等必须将多种设备和设施、软件系统的应用和维护落到实处,保障网络安全,保证软件下载和更新的便捷性,保障与既有的网络学习平台、数字图书馆、校园网站/企业培训网站、教务系统/知识管理系统等的兼容性。

其次,对于移动学习者来说,使用不同的移动设备、移动信号的强弱、学习者的个体认知不同,对移动学习产生了不同的效果。对于移动的环境,大部分学习者对于网络接收到的信息的真实度产生了不确定性,不知道信息的真假;大部分学习者认为信号的强弱会对移动学习的兴趣产生影响。因此,在开展移动网络建设时,要把硬件设施和软件设施的建设和维护落到实处,保障移动学习者在运用网络时能随时随地收到好的网络信号;要保障网络的安全性,让学习者放心下载学习资源。

再次,运营商应关注无线网络对移动学习的重要性,社会应对无线网络技术的改建方面予以关注,促进无线网络的建设,以便加大无线网络的覆盖面积,降低无线网络的费用,促进移动学习的发展。

最后,对于需要额外技术支持的用户应予以关注,并规划相应的人力或开发相应的系统软件,为用户提供有针对性的技术问题解决方案。例如,由于中老年人对技术有普遍的排斥心理,人们需要提供有针对性的技术支持服务,让他们了解移动技术的基本特征,教会他们学会信息输入和学习资料的访问方法。另外,最好有相应的计划和方案来培训潜在的移动学习用户,以保障他们顺利学习。

9.1.2　移动学习终端设备开发

移动设备在硬件构造和性能上与个人电脑都有很大的差别,导致了移动学习设备在编程开发平台上和个人电脑也有非常大的差别。以前要想进行一款系统软件开发,不仅要掌握这款移动学习设备的编程专属语言,同时还要清楚该设备的硬件构成,再加上移动学习设备上的学习资料比较匮乏,使得很多电脑平台上的编程开发令人望而却步。

学习者要选择合适的移动设备才能达到较好的学习效果。当前移动学习设备技术发展迅猛,在应用到教育领域时,其应用效果如何,学习者在使用过程有什么样的学习态度,表现出什么样的心理倾向,都是需要关注的。移动学习过程中的学习态度是指学习者在移动学习情境下,体现出来的较为稳定的心理倾向性。学习态度一般由认识、情感和行为意向3种心理成分构成。

首先,认识成分是指在移动学习环境下,学习者对所学课程和学习活动的带有评价意义的认识和理解,反映了学习者对移动学习设备学习的价值认识。学习者要端正移动学习设备使用态度,认识到移动学习设备作为新的移动学习工具,不仅带来了更为快捷和时尚的学习平台,同时也是传统学习观念的转变。学习者不仅可以通过书本等传统的学习工具获取知识,而且可以通过移动学习设备满足随时随地学习的愿望。只有学习者首先意识到移动学习设备的价值,改变一遇到问题就找课本等传统的学习观念,移动学习设备的价值才能很好地体现出来。

其次,情感成分是指学习者通过对移动学习设备的认识进而产生的学习情绪或情感体验,学习者先对移动学习设备产生兴趣,才可能端正在使用过程中的学习态度。学习者一直都是在传统的书本学习的基础上获取知识的,因而对书本有很强的依赖性,心中总隐隐感觉要想系统地学习获取技能,就要购买、研读一本好书,认真、系统地进行学习。要想让他们对移动学习设备产生感情,最好让他们明白书本上拥有的学习内容,在移动学习设备可以等价书本的知识,不仅学习内容的呈现形式比传统的课本更生动有趣,而且还可让学习者之间进行交流,及时获取帮助。

最后,行为意向成分是指学习者对通过移动学习设备的反应倾向,即行为的准备状态,准备对移动学习设备作出什么样的反应。学习者首先要对移动学习设备的学习价值和意义有正确的认识,作出客观的评价,进而改变传统的学习观念,树立正确的移动学习观念;在移动学习过程中,对移动学习产生浓厚的兴趣,进而偏向于移动学习,遇到问题,可以及时求助于移动学习设备。学习者做好自身条件的准备,具体包括增进对移动学习设备的了解,选用合适的移动学习策略和客观评价移动学习的效果等。

9.1.3　移动学习平台设计

移动设备和无线上网费用制约了移动学习向前发展,目前大部分学习者认为不愿意利用移动设备的原因是网络传输速度慢和网页不能完全打开。对于无线上网费用,大部分学习者也认为无线上网费用偏高,不能随时随地享用无线网络。

只有当移动学习平台所提供的功能能满足学习者随时随地进行学习的愿望时,才能受到学习者的关注。大部分学习者希望得到能轻松下载学习资料的移动学习平台和能与同学进行互动交流的平台。

首先,对于移动学习平台的开发,学习者应充分考虑移动设备的特点及功能。例如,导航的首页内容中要包括导航的链接、搜索功能、登录功能,内容不应过多,以免使用者在使用时由于内容过多而迷茫;要充分考虑到屏幕的大小,要确保移动学习资源能在移动设备上完全打开;在设计时要注重人-机交互,移动学习平台的界面应简洁、直观、操作方便。

其次,对于移动学习平台的开发,设计者应充分遵守移动学习的特点和学习者的认知特征。例如,设计者要准确把握学习者的学习进度,了解学习者的需求,设立某些创新性的移动学习平台,鼓励教师和学生加入,将虚拟与现实结合,培养学生对移动学习的兴趣。

最后,在设计移动学习平台时,学习者需要根据所服务的对象,支持多种学习模式(自主学习模式、协作学习模式和讨论学习模式等),帮助学习者在零散的学习时间内归纳和总结,积极参与到讨论中。人们要尽可能地满足学生在线和离线学习的需求,方便学习者在离线后仍能继续学习;所下载的学习资源的格式应多样化,以满足学习者的学习需求。

9.2 促进移动学习资源的整合

目前,移动学习资源建设正处于起步阶段,经过实践验证的、适用于移动学习设备的学习资源比较缺乏。设计、开发形式多样,内容丰富的移动学习资源,是开展移动学习的前提条件。移动学习资源设计得是否丰富和合理,是影响学习者移动学习兴趣的主要原因。学习者对移动学习资源的需求是什么,应成为开发商关注的要点。移动学习资源的开发者要根据不同移动设备使用者的情况设计出不同格式的资源,要建立相应的移动学习资源交流平台,建立学习者自己的学习论坛和圈子,与同学和教师之间共同交流,不断提高移动学习的效果,发挥移动学习的效益。

在移动学习的资源方面,移动学习研究的内容主要包括课程资源和学习平台系统两个角度。课程资源方面的研究将重点放在了讨论课程资源的开发原则与策略上,并探讨了如何能有效地结合相关软件和技术,设计出学习者所需的课程资源。在平台系统方面,大多数研究仅仅探讨了移动学习平台的体系结构的开发和关键技术。

9.2.1 丰富学习资源内容

移动学习资源应综合应用多种动态的知识表征形式,灵活、有效地传递学习资源,促进知识的传播创新。资源的开发者应充分考虑学习者的需求和学习者自身的学习特点,不仅要关注学习者的特征和心理,还要关注课程内容是否符合学习者群体。

(1)学习资源种类的多样性

对于支持学校课程学习的资源,设计者可以请学校的课程主讲教师参与设计。鉴于不是所有的知识与教学内容都适合在手机媒体上传播,因此要确定哪些知识点让学生通过手机媒体进行学习与交流更为有效。对于那些面向课外学习的学习资源的设计,既可考虑选择世界知名学府的开放课程,又可选择专业领域学者的文章和著作等。例如,以耶鲁大学、哈佛大学、剑桥大学、牛津大学等欧美世界名校为主的开放课程受到了全世界学习者的欢迎,分门别类的讲座录像、教学大纲、课堂笔记等,为学生的课外学习提供了方便之门。学生可以随时随地从网络上获得自己感兴趣而学校又无法开设的课程资源,学校则能把那些在条件限制下无法开设的课程内容传输到学生的终端上,方便学生学习。

(2)学习拓展资源的丰富性

丰富移动学习的资源可根据课程设计,提供面向课程学习的移动学习资源,也要根据学生感兴趣或者有利于拓展学生视野或者提升技能的课外学习资源。辅助学习资源能有效地拓展学习广度,加深知识理解的深度,在移动学习中起着重要作用。大学教师可利用手机媒体向学习者推荐专业课程学习的优秀课程和优秀作品。我们在调查中发现,大多数学生能接受大学任课教师利用手机推送课程,学习优秀作品。教师通过手机向学生推送优秀作品这样的拓展资源,有利于促进学生的学习。

一方面,对于作品被选中的学生来说,教师通过某些评判标准挑选出优秀的作品推送给班级成员,也让他们产生付出的努力得到承认与肯定的自豪感,在以后的学习中更加有动力;另一方面,作品未被选中的学生通过看教师推送的优秀作品来比较自己与他人的差距,激发自己学习的动机,有利于以后的学习。当然,教师在挑选过程中要秉持公平公正的原则,并且在推送信息以后给予作品恰当的评价,让学生知道自己作品的优点和缺点是什么。教师对于那些被挑选的学生要防止自满情绪的产生;对于那些未能被挑选的学生,要给予适时的鼓励和指导,以避免消极情绪影响后续学习。

9.2.2　提供多种形式的资源

对于移动学习资源的形式,大部分学习者希望得到的移动学习资源形式是视频。究其原因,视频包括声音、文字和图片,把知识融入情境中去,便于学习者进行学习。移动学习资源的开发者对视频资源进行开发时,要考虑视频的格式、大小和时间的长短,应在保证学习内容相对完整的情况下,把视频的大小尽量缩小,便于不同的移动设备进行下载。

学习者对于文本资源的需求量也很高,因为文本占用空间小,便于下载。移动学习资源的开发者应尽可能地提供更多格式的文本资源,便于不同的移动设备下载;对于文本资源内容要简明扼要,文本内容不宜过长,以满足学习者随时查看的需求。

一方面,在移动学习资源的表现形式中,同一学习内容可以有多种表现方式,以保证有效呈现。不同的学习者对学习资源的接受程度不同,有的人偏爱视频类学习资源,有的人偏爱文字图片类学习资源。在移动学习资源的设计中,学习者选择的差异,要求移动学习内容表现方式多种多样;可以针对不同的学习者提供不同表现形式的学习资源。

另一方面,移动学习资源应用情境的多样性设计,是指要考虑移动学习资源的应用情境是多种多样的,联系生活实际,从实际的问题解决出发,为学习者提供其本身感兴趣的并可以用来帮助其解决真实问题的资源。例如,英国利物浦约翰穆尔斯大学设计了利用 PDA 面向患者进行保健教育的移动学习系统,可以让患者通过无线网络连接获得医疗保健知识,并且可以在线与专家进行咨询交流,与其他患者分享有价值的保健经验,患者通过自学能够了解自己的病情,并进行自我康复练习等。

9.2.3　移动资源的设计改进

移动学习资源应尽可能地支持多种多样的设备特性,设计要符合学习者的认知规律。移动学习资源的设计开发者还必须充分考虑移动学习环境的影响和移动学习本身的特点,特别是移动终端无线网络环境等对学习资源的制约。黄荣怀等提出了比较具体的移动学习步骤,通过学习目标确定、设计结构框架、设计交互界面、设计导航、原型实现、开发与集成,可为高互动性的资源设计提供很好的借鉴,见表9.1。

表9.1　黄荣怀制订的移动学习步骤

项目类型	具体内容
确定学习内容和目标	在明确移动学习目标用户、移动学习场景、移动学习活动、手持设备、网络环境后,对预设计的学习内容进行详细分析,确定适合移动学习的知识点和媒体形式
结构框架的总体设计	移动学习资源采取类似于 E-Learning 的文本超媒体的非线性结构,主要包含节点设计、链的设计和产生的学习路径设计 3 个部分
交互界面的设计	菜单/按钮设计可以使用户方便地跳转到期望的节点和状态;要突出重要、方便常用的功能;要借助字体/颜色等的设计对知识信息进行区分,使移动学习者在较短时间内获得重要信息;要尽量避免移动学习者大量输入数据,可以让其多做选择式输入,有条件的可以在设计中整合键盘/手写/语音等多种输入方式。确保界面的可预见性、重点突出但又能整体和谐,让不同用户的需求都能快速响应
导航设计	移动学习必须提供更加完善的导航,例如,提供检索/信息网络机构图/电子标签/在线帮助/学习路径回溯等来改善其导航,其屏幕通常较小,会使信息片段过小,从而加剧迷路现象等
原型实现	快速原型实现的方法已成为教学设计的一种重要趋势。在设计方案的基础上快速开发出原型,终端用户尽早使用,可以提前发现重大问题或缺陷,有利于资源开发的质量
开发与集成	根据设计要求,尽可能多地获取符合标准的素材,使用开发工具集成移动资源软件,并且要与网络平台系统的设计开发有机整合,与知识管理系统、联系答疑系统、MCSCL 系统等结合起来达到最优的使用效果

一方面,在开发学习资源时,应充分考虑移动学习自身的特点和用户群体对移动学习的需求。人们应综合考虑社会文化、学习环境、课程内容和学习者特征等因素,并且尽可能地根据不同群体学习者的学习需求,针对性地开发人-机交互界面、知识内容的组织、教学活动设计等。

另一方面,加强移动学习的各项资源库建设。现有的 E-Learning 已经有很多资源库,要选择合适的资源和合适的资源转化方式将其转化为有利于移动学习使用的资源。为此,可采取数据库管理系统加以管理,并组成相应的资源库,以方便获取交流和开发时的重复利用。

9.3　优化学习者移动学习行为和习惯

学习者有利用移动设备获取知识的愿望,但部分学习者缺乏使用移动设备检索信息的方法,存在自我调控能力不足、不会选择学习资源和学习方式、没有良好的学习方法和策略及学习动机不明确等问题。为此,学校等机构需要培养学习者进行移动学习的意识和习惯,提高移动学习的信息素养,激发和维持移动学习,不断提高移动学习的效果。

9.3.1　培养移动学习的意识和习惯

新技术的推行最先要解决的是学习者的观念问题。对于移动学习这种新的学习方式,学习者需要慢慢地接受。根据调查结果,大部分学习者很喜欢移动学习这种方式,对移动学习的关注点在于学习效果和学习资源;然而没有形成系统的移动学习方法,而是根据自己的喜好开展移动学习,根据自己的需要进行学习,但常常被外来的干扰因素所影响。

移动学习作为新的学习方式被人们接受和使用,但需要不断养成良好的习惯。大部分人使用移动设备获取信息知识,仅仅是在获取某些急需要解决的问题而又不方便登录互联网的情况下进行的,并没有使用移动互联网来展开学习交流协作,也没有形成自己的移动学习知识订阅获取、建立自己的知识库和学习圈子的习惯。为此,人们需要培养学习者的移动学习意识和习惯,并引导他们充分发挥主观能动性,不断克服学习中的困难和阻碍,实现移动学习的最大效果。

9.3.2　激发和维持学习动机

与传统课堂等学习环境相比,移动学习的干扰因素很多。学习者需要有更强的学习动机,需要良好的动机激发和维持策略予以支持。对于移动学习,大部分学习者没有系统的方法、没有计划。因此,学习者可以利用移动学习工具的功能和优势,制作简单的学习目标,把想学的知识下载到移动设备上,利用闲散的时间进行学习。当学习者认为目标得以实现且有意义时,就会激发对移动学习的兴趣。学习者有必要结合需求分析、学习者特征等因素,以激励和维持移动学习者的动机始终保持在合适的水平上,从而取得更好的移动学习效果。

大部分学生认为移动学习比传统的学习有更多的学习资源。移动设备方便沟通,可以方便学生在学习遇到困难时进行求助。当学习遇到困难时,学习者可以借助移动学习设备,与其他同学或老师进行沟通,寻求指导和建议。为了让学习者维持对移动学习的兴趣,人们需要设计与其学习和生活息息相关的知识,针对学习者的兴趣和爱好设计移动学习资源,并引导他们通过移动设备进行学习和交流。

9.3.3　开展混合式学习体验

在移动学习的过程中,学习者可能在听完教师的面授后通过手持终端开展独立阅读,也可能与计算机网络上的同学进行讨论后,再通过手持终端设备开展现场探究。面对这种混合式学习方式,移动学习设计者应精心设计学习的全过程,整体把握学生的学习进度,了解学习者的个别化需求,帮助学习者制订、开展和完成学习计划。

在移动学习的支持服务中,促进混合式学习的具体策略为允许学习者通过移动设备反思整个学习过程;对于相同的知识点,允许学习者多路径、多途径进行访问;允许学习者同步或通过移动设备更新不同环境下的学习体验;允许学习者通过不同的技术平台进行学习和交流。

9.3.4　选取最优的移动学习策略

一方面,在移动学习的过程中,学习者需要调节、评价自身的学习过程。作为非正式学习,移动学习在学习的时间和学习的内容上显得更加自由,学习过程也相对显得零散。学习者应通过自己有意识的自我控制,来规划自己的学习时间。学习者要先设定移动学习的目标,以避免移动学习的随意终止、没有方向;通过自我监控,对移动学习的时间作出科学的规划。

另一方面,学习者应该在移动学习的过程中,有效管理学习信息。作为一种基于互联网的移动学习形式,移动学习能提供非常庞大的信息量。如何对这些学习资料进行系统管理,成了学习者在移动学习过程中要认真思考的问题。首先,学习者通过移动学习设备从网络上获取信息,要提高自身的信息素养,能够快速搜索到有帮助的信息,并且对其进行筛选和整理。其次,学习者对下载、归类并标记的移动学习资源,可以在需要时及时获取、学习。最后,学习者对移动学习过程中的信息及时地做好链接和保存,可以在重复访问时能够找到相关内容。

9.4　构建移动学习的社会文化环境

调查显示,大部分学习者认为移动学习这种新的学习方式应得到社会的相应支持。就目前而言,学校和教学组织对移动学习的重视程度不够,缺乏相应的资源建设管理人员,教师很少对学生的移动学习进行指导。政府和教育机构要加强对移动学习的重视和投入,社会应关注移动学习的发展,为移动学习的顺利开展,营造良好的社会文化氛围。

9.4.1　创设适合学习者的移动学习情境

对于移动学习而言,情境的创设要有创造性和多样性,这样才能激发学生学习的兴趣。移动学习的具体应用场景众多,根据黄荣怀的分析,应用场景可以分为 4 类:根据学习过程的不同,将其分为知识传递和知识建构场景;根据组织形式的不同,将其分为协作学习和个人学习场景;根据与传统教育场景的关系,将其分为正式移动学习和非正式移动学习场景;根据移动设备的不同,将其分为基于手机、基于 PDA/Pocket PC、基于可穿戴设备的移动学习场景。在移动学习过程中,恰当地创设学习情境可以激发学生的学习兴趣,促进学生知识的获取和解决问题的能力。

对于移动学习情境的创设,人们需要根据知识和技能在实际生活中运用的方式,与学习者日常的生活情境相关联,引导学习者在学习知识的同时提高解决问题的能力。例如,实施某些短期的、改革性的、示范性的项目,以鼓励教师、学生、员工创新性地应用移动学习技术系统;宣传并广泛讨论移动学习对在校师生或公司内部员工的意义;安排某些专职的技术人员负责开发移动学习的资源,将原有的网络资源加以重新利用,以解决技术障碍问题等。

9.4.2　引导教师转变教学观念和教育方法

由于移动学习的学习场景、学习活动与传统课堂环境有所不同,学习者需要逐渐适应移动学习,并在此过程中得到关于移动学习方法或策略上的指导。若要充分发挥移动学习设备的学习辅助功能,学校应从教师和学生两个方面来引导。学校要引导教师转变传统的课堂教学观念,使教师意识到移动学习设备这种新的学习辅助工具,让教师从更深层次上接受这种新的学习工具。

一方面,由于学习者在移动学习过程中,一般不会有详细的学习计划,学校要引导教师转变移动学习的教学方法。因此,教师应引导学生根据自身的学习特点来选择资源,制订符合自身学习特点的计划;要鼓励他们从正向的积极的方面发现移动学习的功能,找到适合自身的学习方式;在学习者需要帮助时,能及时与教师取得联系,获取帮助和支持。

另一方面,教师等要帮助学习者确定合适的学习方法,引导学习者有效合理地利用移动学习资源,避免出现将移动学习设备作为考试作弊工具,以及课堂学习上网聊天和玩游戏的消遣工具的情况。因此,学校要加大对移动学习的规范管理,引导学习者创造性地运用移动学习设备开展学习。

9.4.3　加强教师和教学组织的重视程度

移动学习改变了教师在传统教育中传授、灌输知识的角色,成为帮助学生制订学习计划、激发学习主动性和创造性的重要手段。在此过程中,教师通过创设移动学习的问题和研讨,开发移动学习课程、设计丰富多样的信息资源、组织协作学习等方式,来充分发挥学生进行移动学习的创造性和想象力。

学习者通过移动互联网获取学习平台上丰富的教学资源进行自主学习,当遇到困难时与教师取得联系,寻求指导建议。教师收到请求后,通过移动设备将建议反馈给学习者进行指导,或对有同样问题的学习者一起指导。为此,学校等教学组织要重视移动学习的发展和建设,加强校园无线网的建设,培养专门的移动资源建设人员,鼓励教师设计和开发相关的资源,从而营造移动学习的良好氛围,支持移动学习互动的有效开展。

第 **10** 章
移动学习新趋向——移动微学习的到来

随着社会的发展和科技的进步,人们的学习和生活渐渐离不开移动终端设备,移动学习成为人们普遍应用的学习方式。在知识爆炸的信息时代,人们的生活节奏也在不断加快,"微"概念逐渐出现在人们的学习和生活中,"微学习"应运而生。如果将移动学习与微学习结合在一起,会产生怎样的学习方式? 本章介绍了随着技术的发展人们的学习方式演进的过程,以及移动微学习时代到来的必然性。

10.1　移动微学习的内涵

10.1.1　从多媒体学习到数字化学习

1) 多媒体学习的产生

媒体的产生和发展经历了一个非常漫长的阶段,从原始社会的语言文字媒体阶段、古代社会的印刷媒体阶段发展到近现代的电子传播媒体阶段,这个过程与人类社会的产生和发展密切相关。当媒体参与到教学过程中,以多种媒体信息作用于学生时,就促进了多媒体学习的发展。可将多媒体学习的发展总结为以下 3 个阶段。

(1) 视觉教具教学和视听教学运动阶段

20 世纪初,美国出现了用来管理视觉教具教学的"学校图书馆",出现了活动展品、立体图片、幻灯片、图表等教学材料。以后,人们对使用媒体的兴趣不断增长,兴起了视觉教具教学的热潮。这个时期,各种教学材料被认为是辅助性的课程教学材料,而不是用来取代教师或教科书的。20 世纪 20 年代末至 30 年代初,无线电广播、录音和有声动画等技术运用于媒体教学。随着声音媒体的广泛应用,这种不断扩大的视觉教学运动变成了视听教学运动。

(2) 电子媒体辅助教学阶段

一种新型媒体——电子媒体,打破了人类信息传播的时空限制,扩大了信息交流面,提高了传播速率,弥补了传统媒体在形象逼真、记忆检索、细节描述等方面的局限,丰富了信息传播形式。从 20 世纪 50 年代起,视听教学运动的倡导者们开始关注各种传播理论和传播模式的研究,提出了几个典型的传播模式。这些模式关注传播的过程,综合考虑信息的传递者、接受者以及信息传送通道,改变了视听研究领域只关注媒介的倾向。视听教育的研究重点由视听媒体的信息显示转向了信息传播过程的设计,扩大了视听运动研究的范围。教育传播理论的加入,使得多媒体学习的研究范围更加开阔。传播理论对媒体特性的研究,使教育者认识到每种媒体都有其独特的内在规律,不存在对任何教学目标都擅长的超级媒体。传播理论和教育理论的渗透结合,将人们对媒体研究转移到了对教育媒体的分类、功能与特性的研究,注重在教学过程中多种媒体的选择、组合和应用。

（3）计算机辅助教学阶段

在电视教学之后,计算机成为新一代的教学媒体。早在 20 世纪 50 年代 IBM 的研究者们就开展了计算机辅助教学方面的许多早期工作,但在 70 年代末之前,计算机辅助教学(Computer Aided Instruction,CAI)对教育的影响仍然微乎其微。20 世纪 80 年代早期,微型计算机开始进入大众视野,教育研究者们逐渐兴起了对计算机教育应用的研究兴趣。到 20 世纪 90 年代,随着以多媒体技术、网络技术和通信技术为代表的信息技术的发展,多媒体计算机在教学中的应用日益增多。多媒体计算机所具有的良好的人机交互、形象直观地呈现教学信息等特点,使得很多教学设计领域的专家开始关注基于计算机的教学程序的开发。

2)数字化学习的兴起

多媒体技术应用到学习后,在多媒体学习飞速发展的同时,数字化学习也在渐渐兴起。20 世纪后期,信息技术将人类社会由传统的工业化时代推向信息化时代,世界各国都在进行信息技术与教学相结合的改革,逐步形成了以信息技术为支撑的数字化学习。著名的数字化大师尼葛洛庞蒂教授一直倡导利用数字化技术来促进社会生活转型,他在 1996 年就指出,信息的 DNA 正在迅速取代原子成为人类生活中的基本交换物,传统上的大众传播方式正在演变成个人间的双向交流。

2000 年 6 月,美国教育技术首席执行总裁论坛(The CEO Forumon Educational Technology,简称“CEO 论坛”)召开的以“数字化学习的力量:整合数字化内容”为主题的第三次年会上,首次提出了数字化学习的观念,把数字技术与课程教学内容的整合方式称为数字化学习,并着重阐述了为达到将数字技术整合于课程中,要建立适应 21 世纪需要的数字化学习环境、资源和方法。2001 年 11 月,在广州举行的以“E-Learning”（数字化学习）为主题的“教育技术论坛”研讨会上,何克抗教授做了“E-Learning 与高校教学的深化改革”的主题报告,引发了对“E-Learning”的广泛探讨。

进入 21 世纪,以学校教育为主的数字化学习研究和实践也在向其他教育领域拓展。2001 年,华南师范大学的研究人员进行了网络学习社区的研究,并认为“网络学习社区与通常的学校班级有很大的不同”。2003 年,李克东教授指出,运用信息技术,构筑数字化教育社区,提供共享性资源,开展各种教育活动,构造终身学习体系,是促进教育发展、提高全民整体素质的有效途径。2004 年,美国学者王海东和丁兴富教授研究认为,通过网上学习社区,将来自不同地域和知识文化背景的人们聚集在一起,使用统一的软件平台,经常通过各种通信手段沟通信息、分享知识和经验,协作完成学习任务。2006 年,教育部设立教改项目《数字化学习港与终身学习社会建设与示范》,探索如何利用数字化手段和远程教育公共服务体系,面向社会大众提供数字化的终身学习环境,为更加广泛的社会人群的终身学习提供教育资源和支持服务。不难看出,现代信息技术的发展为我国社区数字化学习奠定了基础并提供了可能。

10.1.2 从远程学习到移动学习

1）远程学习的兴起

早在19世纪中叶,北欧和北美发生了一场工业革命,此次革命带来了巨大的技术进步,引发了一种新的学习形式——远程学习(D-Learning)。当时交通和通信技术的发展使得这种新的教育形态——远程教育在人类历史上第一次成为可能。近100年(1879—1970年)传统大学很少承认这种教与学的形式,这一领域的理论研究也未赢得传统大学学者们的尊重。20世纪80年代以来,一场席卷世界的新科技革命正以不可遏制的力量冲击着各个国家。这场以微电子技术为核心的新技术革命使美国社会由工业社会向信息社会发展。工业社会分工越来越细,相应地要求教育能够培养出具有不同专业的人才。但随着信息社会的到来,知识本身在不断地爆炸式发展,人们在学校教育中获得的知识已明显不能适应科学和社会的发展,人一生从事一种职业的机会越来越少,这些都要求人们必须不断学习。于是,终身教育的观念受到人们的重视,远程学习这种新的学习形式越来越备受关注。但是人们对于远程学习的效果一直没有一个明确、权威的评价。20世纪90年代中期,英国政府建立了一种对包括英国开放大学弥尔敦·凯恩斯在内的100多所大学的学术成就进行评价的体系,以评价远程学习的办学水平和成就。出乎意料,开放的大学同属于英国大学前10位的评价统计状态且连续5年不变。此时人们才意识到远程学习是一种有效的教育形式。现在,远程学习已随处可见,利用搜索引擎在互联网上搜索远程学习,可以得到数十万个相关的站点。远程学习系统成功的奥秘在于,当老师和学生在时空上分离时,仍能确保教育过程成功地进行下去。远程学习成功地重整了教学活动,这种重整通过为远程学生开发学习材料和提供学习资助服务两个方面的出色活动得以体现。学习者无论在家中还是在工作单位或其他任何地点,远程学习都能充分发挥技术进步的优势,使学习者虽然处于师生分离、学习者与学习集体分离的状态,但教育教学过程仍能得以继续进行下去并取得成功。

在我国,远程教育起步较晚,大致经历了3个发展阶段:第一代是19世纪中叶的函授教育,这一方式为我国培养了许多人才,但是函授教育具有较大的局限性;第二代是20世纪80年代兴起的广播电视教育,我国的这一远程教育方式和中央电视大学在世界上享有盛名;20世纪90年代,随着信息和网络技术的发展,产生了以信息和网络技术为基础的第三代现代远程教育。每一阶段的技术基础和相应的教育形态都有所不同,具体发展过程见表10.1。

表10.1 我国远程教育的发展阶段

发展阶段	兴起时间	技术基础	教育形态
第一代	19世纪中叶	适合自学的函授印刷材料	函授教育
第二代	20世纪80年代	广播、电视、录音、录像等视听手段	广播电视教育
第三代	20世纪90年代	信息技术,特别是互联网和多媒体技术	远程教育

现在所说的远程教育一般是指第三代远程教育。目前,在我国的各级各类学校中,很多都有自己的远程教育体系和机制,国家也出台了相应的政策予以支持。为了提高远程教育的教学质量,远程教育公共服务体系便应运而生。

2）移动学习的兴起

远程学习使得时空分离学习成为可能。随着移动通信技术和网络技术的发展,以及人们对教育需求的不断增加,基于移动通信技术的移动学习就应运而生了。移动学习是在这种背景下发展起来的新型的学习模式,成为目前国内外教育技术界研究和探讨的热点。移动学习不仅具有数字化、多媒化、网络化、智能化的特征,还具有其独特的优势:学习者不再局限在电脑前,可以随时、随地、随心所欲地进行学习。在生活节奏日益加快的现代社会里,移动学习的方便灵活性满足了学习者的要求。根据教学模式的特点,移动学习的发展过程可以划分为三代。

第一代移动学习基于行为主义和认知主义的学习理论,主要考虑内容设计、内容传递和无线交互,强调知识的传授和迁移。其典型的学习模式有课堂即时信息反馈系统、基于短消息的移动学习服务、"播客"服务等。

第二代移动学习是基于建构主义理念而发展起来的,强调在真实的问题情境中,借助社会交往与周围环境的交互,通过移动设备作为知识处理和加工的认知工具来解决真实问题。典型的移动建构型学习模式有移动环境下基于问题的学习、移动探究式学习等。

第三代移动学习以"一对一"学习情境认知为特征,其主要特点是通过移动技术以自然的方式模拟真实与逼真的情境和活动,以反映知识在真实生活中的应用方式,从而为理解和经验的互动创造机会。

当今,电子科技日新月异,信息技术快速发展,手持式终端设备的功能越来越强,其应用越来越广泛,一方面使得人们可以在任何时间、任何地点接收信息、处理信息和发送信息。另一方面,由于社会节奏加快,人们已经不再满足于在某一固定的时间和地点开展学习活动,人们倾向于随时随地利用碎片时间进行学习。在不知不觉中,移动微学习时代到来了。

10.1.3　移动微学习时代的到来

1)微学习

微学习是近年来成人学习及培训领域开始关注的一种新型学习形态,Microlearning 中的"Micro"有微、小、轻等含义,这种微小不仅体现为构成微学习的内容组块的知识含量,还包含对其品性、格调判断的意味,其中蕴含着对这种学习发生发展的认识以及学习参与者对待学习的心态。微小的学习组块可以通过轻便的学习设备轻易地获取、存储、生产和流通,并在轻松的心态中获得一种轻快的乃至富有一定娱乐性的学习体验。微学习的出现不仅适应了新媒介技术引发的学习媒介生态的变化,也满足了知识经济时代学习型社会中学习者对非正式学习的需求,同时提供了数字化操作的实用模式。

大众文化对微学习形成与发展的作用体现在"消费文化""快餐文化"和"娱乐文化"对学习行为的影响上。新消费经济时代微型媒体和微内容所能延展出的长尾效应,刺激了微学习内容的生产以及微学习服务的供应。学习成为一种文化消费和生产合一的活动。现代生活的快节奏和高压力使学习这种消费活动和其他文化消费活动一样无可避免地呈现快餐化的趋向,微学习以其便捷、快速、微量的特征适应了这种快餐风格,正如麦当劳一款新品的广告词"好吃的,有营养的",快餐未必就是垃圾食品,微学习不仅是在迎合现代人的学习口味,也在着力建构着新的学习价值观。这种价值观中自然也包含着对快乐学习的追求,在"娱乐至死"的文化时代,学习文化活动自然无法漠视群体娱乐精神的存在。微学习的娱乐品格正体现出一种"对学习者生命体验与志趣的尊重"。

2) 移动微学习

在推进"人人皆学、时时能学、处处可学"的学习型社会的进程中,人们越来越注重自由、灵活、个性化的学习方式,以课堂教学为主的知识传授模式已经不能满足人们对知识获取的需求。因此,基于智能手机、微型平板电脑、学习机、电子词典、电纸书等手持终端设备的移动微学习开始引起人们的重视。移动微学习是移动学习和微学习相互融合的结果,是使用移动终端设备进行短时间、小片段、个性化的学习形式。移动微学习改变了知识的存在形式,把学习融入生活的各个过程中,极力满足了人们对知识的需求。它的移动特性可以满足处于动态中的学习者学习的需求,它的微型特性可以为学习者充分利用零碎时间进行学习提供便利,它的泛在性和交互性真正实现了人类按需学习的理想。

信息技术深入影响人们的学习,学习者的学习需求、信息的表达形式、学习系统的诸要素及其相互关系也在不断地发生变化,信息时代中微学习也表现出新的特征,再加上移动通信技术的支持,移动微学习由它的便捷和效力更凸显出新媒体的教育价值。

3) 微学习和移动微学习的关系

移动微学习的产生来自人们利用移动便携设备进行按需学习的需求,充分利用了微学习与移动学习的优势和特点,即运用移动终端设备随时随地获取具有片段化、微型化特点的学习内容,随时随地满足人们的学习需求。因而,它非常适用于利用模块化的知识片段更新和补充学习者现有知识的体系结构。移动微学习的以上特点使得人们能够方便、快捷地获取知识,从而提高学习效率。从移动微学习的特点可以看出,它所具有的泛在性和交互性特点比微学习更显著,即移动微学习活动不受时间、地点限制,还有助于学习者与教师或网络服务器之间进行持续的自由交流。

10.2　移动微学习的基本特征

10.2.1　移动微学习的内涵

1) 微学习的内涵

2004 年,奥地利学习研究专家林德纳首先提出了"微学习"的概念,并将其表述为一种存在于新媒介生活系统中,基于微型内容和微型媒体的新型学习。因此,微学习是一种数字化的学习方式,也是规模相对较小的学习单元和时间相对较短的学习活动。微学习的主要特征:学习时间相对短小,而且分散在学习者的日常生活中;学习内容相对独立,都是由微小的板块组成的;学习形式相对灵活,学习内容和地点可根据学习者的实际情况随时改变。

2) 移动微学习的内涵

移动微学习是指学习者利用移动终端设备进行的微学习活动,也是移动学习的一种类型。移动学习是一种在移动计算机设备帮助下的能够在任何时间、任何地点发生的学习,移动学习所使用的移动计算设备必须能够有效地呈现学习内容并且提供教师与学习者之间的双向交流。北京师范大学黄荣怀教授则认为,移动学习是指学习者在非固定和非预先设定的位置下发生的学习,或有效利用移动技术所发生的学习。随着智能手机、PDA、平板电脑、电子词典等微型移动媒体的不断出现,越来越多的人使用它们进行移动学习。

当人们希望更快地获取答案,希望更好地解决问题时,他们都可以利用移动设备有针对性地查找信息,这便是移动微学习。因此,移动微学习是微学习与移动学习相互融合的产物,是运用移动设备随时随地进行的一种微型学习,它把学习场所拓展到了更广泛的地域,从而提高了学习效率。

10.2.2　移动微学习的基本特征

由于移动微学习是移动学习和微学习相互融合的结果,因此它既有移动学习的特征,也有微学习的特征。总体上分为以下几点:

1)移动性

移动性主要表现在进行移动学习的移动终端设备上。这些设备具有可携带性、无线性、移动性等特点。随着技术的不断发展,这些移动设备体积也越来越小,功能上也呈现互补性。学习者利用这些移动设备就可随意支配时间,把握时间,获取信息与学习材料。

2)微型性

微型性主要表现在 3 个方面:一是学习内容的微型性。移动微学习将知识点细化,把学习内容分割成最适合零碎时间学习、不易受外界干扰的微小的学习组块,即微内容。从媒体表达形式来看,学习内容可以是小文本、图形、图像、一段音频或视频小片段、动画等,甚至可以是一个链接。从微内容的来源来看,它可以是一条新闻、一条即时短信、一封邮件、一篇刚更新的博客短文、一个新添的知识百科词条、一个小游戏等。二是学习时间的微型性,即学习时间短。移动微学习充分利用人们日常生活中的片段来开展学习活动,强调在有限的时间内学习相对短小的、松散连接的知识内容或模块。三是学习设备的微型性,即移动终端设备为方便携带的,越来越微型化。

3)泛在性

由于移动设备具有轻巧、便携的特点,学习者就能在任何时间、任何地点,根据需要随时进入学习状态。

4)交互性

交互性是指交互新技术条件下学习环境所赋予学习者的独特优势,包括师生交互、生生交互、学习者或教师和资源的交互。利用移动终端,人们的交互方式除了社会网络外,还增加了短信、彩信、通话、视频等,这些都能让学生非常方便、有效地进行学习。

5)个性化

由于学生的基础不同、条件不同、兴趣爱好不同,对同一门课程的掌握程度也不同,从而导致知识需求的差异化。大规模的统一教学模式不适合学生的个性化发展和因材施教。移动微学习有效地支持了个性化学习,使学习更具个人意义,只需要提供合适的学习资料,让学生根据自身的实际情况灵活选择,学习随时可以展开。另外,移动微学习还有助于培养学生自主学习的习惯和能力,给学习者以强烈的归属感。

6)社会性

智能手机可以安装各种社交软件,如 QQ、微信,方便学生之间及师生之间的交流,形成社会化学习,通过交流、排名、评选、奖励等手段,有效提升学习的积极性。

10.2.3　移动微学习系统的组成要素

运用系统分析的方法,对任意正在进行的移动微学习进行空间结构的剖析,其媒介环境是基于 Web 2.0 和无线网络技术的,其中的学习者、学习内容、学习媒介(移动媒体终端和信息的呈现形式)、学习资源是构成移动微学习系统的必要因素,如图 10.1 所示。在移动微学习情境下,这些要素富有新的内涵和特征。

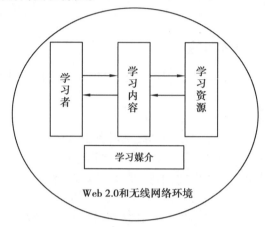

图 10.1　移动微学习系统的空间构成

1)学习者

移动微学习中的学习者不同于课堂情境下的学生,他们通常在户外进行学习,如工作现场、野外或交通工具上等。这种环境吵闹且易分散学习者的注意力,而且学习者通常处于运动状态,利用零碎的时间进行学习较难做到全神贯注,这就要求学习者具有强烈的学习愿望和较好的自控能力。对于职员、旅行者以及那些渴望改变知识状态却没有机会进入学校进行学习的人来说,由于学习需求强烈、压力较大,通常较为积极、勤奋,移动微学习尤为适合。如果学习过程中能获得及时的反馈,那么学习的效果会更好。

2)学习内容

移动微学习的内容是微内容。微内容(Microcontent)的概念最初诞生于 1998 年,尼尔森所说的 Microcontent 是指一种用以描述宏大内容的、短小扼要的摘要形式的东西。移动微学习的内容通常由专家或服务器提供,要求是"小的信息单元、狭窄的主题、相对简单的问题及呈现"。基于学习环境和学习者需求,设计学习内容时应注意两个方面:一是主题要有趣且能满足学习者的需求;二是内容的组织和呈现最好采用游戏的形式,"娱乐的方式是移动微学习的完美形式"。有趣的主题和游戏化的内容设计能够吸引并保持学习者的注意力。

3)学习资源

移动微学习中的学习资源可以是以人力资源存在的在线专家,也可以是以信息资源存在的服务器。为了能及时、有效地服务于学习者,这就要求在线专家有较强的解决实际问题的能力,要求服务器中信息的内容丰富、形式多样、趣味十足且能满足不同学习者的学习需求。学习资源的质量是影响学习者学习兴趣和效果的关键因素之一。

4)学习媒介移动终端设备

移动微学习的泛在性和交互性的特点要求学习媒介(移动媒体终端设备)小型、移动方便、高速、高效,如移动电话、智能手机、PDA、可佩戴式计算机、迷你便携式电脑等。而一些新型的移动设备更是整合了多种功能,如 3G 手机可以有收音、数字拍摄、视频播放、播放音乐等功能,并可通过无线通信(如 COTA 空中传媒、蓝牙、红外线等)实现与服务器的数据同步,可以满足学习者个性化的学习需求。

10.3　移动微学习的研究和应用现状

10.3.1　研究现状

据2013年4月中国互联网络信息中心的《中国移动互联网发展状况报告》统计,截至2012年12月底,我国手机网民规模为4.2亿人,年增长率为18.1%,在整体网民中的占比提升至74.5%,稳坐"第一上网终端"的宝座。我国手机网民整体偏年轻化,其中20~29岁年龄段手机网民比例为34.3%。移动上网悄然间成为沟通交流、休闲娱乐的重要方式,人们逐渐形成一种通过手机等移动设备随时随地搜索、获取、存储、生产和传播碎片化知识的学习习惯,其学习体验往往是带有娱乐性质的,会使人保持一种轻松、愉快的心态。这种学习者利用无线通信网络技术以及无线移动通信设备,随时随地获取与学习相关的信息、资源和服务的活动就是移动学习。爱尔兰国际远程教育技术专家戴斯蒙德·基更博士指出,移动学习(M-Learning)将是未来远程继续教育的主要方式。在移动学习过程中,学习资源、学习时间、学习媒介等要素的"微"特征明显,因此奥地利学习研究专家林德纳提出微型学习的概念,表述为一种指向存在于新媒介生态系统中,基于微型内容和微型媒体的新型学习形式。移动微学习可以看成新媒介时代微型学习的主要表现形式。

目前,国内外关于移动微学习的研究主要集中在以下几大领域。

(1)移动微学习的可行性研究

该研究从认知和教学的角度出发,探讨移动设备应用于教学和学习的可能性,包括移动设备辅助学习的有效性和在何种学习情境中使用移动设备更为有效两个方面。目前,该研究还没有一致可信的结果。一些研究结果表明,新技术使学习者表现出极大的好奇心和兴奋感,在新技术辅助下学习者的学习效果得到了明显提高。也有研究表明,学习者的兴趣只是暂时的,一些学习者不仅不能合理、有效地使用移动设备,有时甚至影响了正常的教学秩序。但学者们普遍认为,移动微学习只是目前教育形式的一种扩展,并不能替代现有的教育,也不是所有的教学活动都适合使用移动设备。

(2)移动微学习资源的开发

移动微学习资源的开发是在创建必要的移动微学习硬件环境的基础上,进行课程模块、服务和产品的开发、测试和评价及适用于移动设备的学习工具和应用程序的开发,以满足不同的学习需求。该项目已取得一定的进展,但还没有得到普遍应用。

(3)信息推送

所谓信息推送,就是"Web广播",是通过一定的技术标准或协议,在互联网上通过定期传送用户需要的信息来减少信息过载的一项新技术。推送技术通过自动传送信息给用户,来减少用于网络上搜索的时间。它根据用户的兴趣来搜索、过滤信息,并将其定期推给用户,帮助用户高效率地挖掘有价值的信息。信息推送在行业内有着大量的应用方向,是当今互联网非常火热的一个技术方向。当信息推送运用到教育教学中时,非常符合移动微学习的特性。在学习者闲暇时间,根据学习者平时搜索,推送一些相关的学习内容,这种在微信中运用得很好。在一些公众号中,每天都会推送很多精品学习内容,使得学习者可以充分利用碎片时间学习。

（4）WAP 教育站点的建设

WAP 教育站点与普通 WAP 站点相比，不同之处在于其应用目的是移动教育，其服务对象是具有一定针对性的移动学习者，其内容是经过精心设计、适合移动学习、符合情境教学理论的主题内容。从目前看，许多研究项目都建立了自己的 WAP 教育站点。

（5）作为终身学习、基于问题的学习和协作学习的有效辅助手段

移动微学习是针对终身学习、基于问题的学习和协作学习的需求，尝试将移动技术和设备作为相应的有效辅助手段，进而开发相应的移动微学习资源和移动微学习工具。

10.3.2　应用现状

移动微学习通过个性化的移动终端随时定位、获取和分享所需信息，突破了传统学习环境的限制，可以真正实现学习者的"按需所取"，支持学习者泛在的学习需求。我们有理由相信随着移动微学习资源的建设和不断丰富，移动微学习将成为成人学习者的一种实用模式。

自诺基亚推出全球第一个真正意义上的在线移动学习应用软件"行学一族"以来，互联网公司、软件公司、高等院校、教育培训机构纷纷加入了移动学习软件开发和应用的行列，移动互联网教育呈现蓬勃发展之势，为成人学习者提供了随身而行、随意而动、随心所欲的新型数字化学习方式。目前的移动学习软件针对性都比较强，基本采用模块化的设计，提供丰富的学习资源。在移动学习向微化转变时，这些软件也同样适用于移动微学习，只是在资源设计方面更加微型化。

除了应用软件方面，移动微学习在继续教育这个领域的应用也比较典型。当前，新生代员工基于微信公众平台进行移动学习，尚处在探索阶段，作为继续教育领域传统正式学习的一种有益补充，还面临很多障碍和不利因素：带宽不足、网速过慢、Wi-Fi 覆盖范围有限、资费限制；可供利用的微学习资源偏少，开发成本过大；新生代员工的自制力较弱，上网的大部分时间用于休闲娱乐，有效学习时间偏少等问题还比较突出。令人欣喜的是，国家教育部门越来越重视微学习，各种形式的微课大赛、微课教学正如雨后春笋般地广泛开展。关于移动微学习的研究得到了越来越多专家学者的重视，在学习平台构建、资源开发、教学模式设计等方面不断有新的成果涌现。可以预见，移动微学习在新生代员工继续教育过程中的作用越来越大，将对传统成人高等教育内涵重构与教学模式改革起到积极的推动作用。

还有一个重要的应用就是在远程教育中的应用。在国外的相关研究中，移动微学习实现的第一个原型就是选择以电脑或手机屏幕保护程序为切入点。即当电脑已经闲置一段时间，操作系统就会进行检测，从而启动一个特殊的屏保程序，充当访问交互式学习对象的用户界面。这个原型将德文、英文、法文、西班牙文和意大利文等的短语和句子作为学习内容，主要用于测试和提高语言技能。例如，在远程外语教学中，这一原型就可用来测试学习者的学习情况，即时反馈，帮助提高学习效果。在教育理论和电子技术的双重发展下，移动微学习的应用范围正在变得更加广阔，使得学习更加人性化和理想化。

第 11 章
移动微学习的活动设计

移动微学习活动的开展需要学习者在学习过程中积极参与,相应的学习动机是维持整个学习过程的基础。实际上,学习活动由特定的要素组成,它的设计正是对各个要素及其之间相互作用关系的设计,而移动微学习活动作为学习活动的一种特殊类型,当然也遵循学习活动的一般理论与原则。它要求在全面分析的基础上,设计开发出合适的学习资源、情境等,并在一定的情境下以恰当的策略将这些内容提供给对应的移动微学习者。本章内容将主要从移动微学习活动概述、设计的理论基础、原则、方法、流程及案例分析这几个方面来对移动微学习的活动设计进行一个全面阐述。

11.1 移动微学习活动概述

由于微型化、移动性的凸显,移动微学习活动与学习活动,两者之间既有共性又存在差异。学习活动对移动微学习活动有着重要的指导意义,同时移动微学习活动又有着独特的外延与拓展。对移动微学习活动的掌握是对其进行设计的基础,基于此,本节将从学习活动到移动微学习活动来对移动微学习活动进行一个整体概述。

1) 学习活动

对于学习活动,大多数学者主要是从学习活动的环境和学习活动的目标两个方面来对其进行描述。广义的学习活动,较多的界定是完成预定的目标,学习者与学习环境之间的相互作用。狭义的学习活动,则是达到特定的学习目标,学习者完成的学习任务及所有操作。在此,本书较倾向于将学习活动理解成"为了完成特定的学习目标,学习者与学习环境之间的相互作用",即它们之间进行的所有交互活动。

一个完整的学习活动主要包括以下几个部分:活动需完成的特定学习目标、活动的具体任务、活动的组织形式、活动进行的方式及步骤、活动的规则、活动的交互方式、学习工具、活动的信息资源、学习成果形式、学习评价规则及标准等。这些要素之间存在一定的层次关系,最顶层的是需要达成的学习目标,它决定了位于下一层次的活动的具体任务,而活动的具体任务又制约着其他几个相关要素。

根据不同的分类维度,学习活动存在多种分类方式,本书在此主要列举了几种对移动微学习的活动设计有一定参考价值的分类。首先,从学习者参与学习活动过程的不同方式可将其分为个体学习活动和协作学习活动两种。其次,从学习活动的内外化角度来看,可将所有的学习活动分为内部活动和外部活动。最后,从学习活动达成的学习目标来看,学习活动可分为意义建构类活动和能力生成类活动,此类方式为最重要也是最为客观的一种。

2)移动微学习活动

移动微学习作为众多学习方式之一,相应的活动实质上可以看成学习活动的一个下位概念,是一类较为特殊的学习活动。移动微学习活动与学习活动之间有着不可分割的联系,又存在不可忽视的区别,两者之间共性与差异性并存。

首先,特定的学习目标是学习活动的构成要素之一。作为一类特殊的学习活动,移动微学习活动当然也包含着特定的学习目标。尽管两者都包含这一共同要素,但一般的学习活动中,学习者的整体水平差异不大,学习目标通常趋向于整体划一的要求。而移动微学习活动中学习者本身范围较广,除了在校学生利用它进行课外知识的补充学习外,更多的是经常处于运动状态的具有一定社会经验的成年人。这就决定了在该类学习活动中,学习者通常是利用零碎的时间来学习片段式的内容,他们的学习风格、初始能力等存在较大差异。因此,移动微学习活动中的学习目标通常更注重学习者的个性化差异,往往表现出一定的梯度性,包含有不同层级的目标。例如,"有道口语大师"App 中的进阶图,它就类似于一个多层次的目标,包括了新手班、流利班、白领班、精英班、准大师班,整体上形成一个由低阶到高阶的过程,体现的是差异性目标的存在。

其次,无论是学习活动还是较为特殊的移动微学习活动,学习环境都是不可缺少的关键要素。但实际上,这二者的学习环境之间也有着较大的区别。一般来说,学习环境是学习工具和学习资源集合的统称。就学习工具而言,移动微学习活动相对于传统的学习活动更加强调移动技术及网线通信网络、各种移动终端设备以及移动微学习平台、认知工具等的参与。我们平常生活中所接触到的如智能手机、PAD、计算机等设备都可作为移动微学习活动的中介,它们使学习者与学习资源产生紧密联系,支撑着整个移动微学习的开展。另外,移动微学习活动中的学习资源也有其特殊性,它通常是以短小的知识组块组织,采用多媒体方式呈现的,例如,一小段文本、一个图片、简短的视频或音频等都可作为其学习内容,这与传统学习活动中主要依靠书本等纸质资源、十分强调知识的系统性等有着明显的差异。

最后,学习活动是学习者与学习环境的交互活动。在移动情境下进行的微学习,其活动具有移动性、微型化的特征,整个活动的交互方式与传统的学习方式也存在着很大的差别。一般的学习中,学习者群体通常在同一时间共处同一个空间,学习资源主要是以纸质文本为载体,学习活动的发生较多地基于彼此面对面的交流、讨论等,言语交流是学习者之间最广泛的交互方式。而在移动微学习活动中,学习者彼此之间处于分离的状态,学习资源广泛地分布于网络,学习者与学习者更多地基于在线交流互动,微信、QQ 等社交媒体成了这种学习活动交互中重要的支持服务工具。

基于以上几点,本书倾向于将移动微学习活动概括为在移动情境下、基于微内容的一种特殊学习活动。它具体包括学习者与学习环境之间的所有交互活动。该类活动以移动技术为支撑条件,具有短时间、微内容的特点。在该类活动中,通常将较为复杂的问题分解成多个小的学习片段,学习目标具有一定的层次性。它是传统学习活动的创新与延伸,其构成要素与学习活动大体相同,但每个要素的具体内涵存在一定的差别,尤其在学习目标、工具、资源及交互方面更为突出。从总体上看,它是学习者借助移动技术的技术支持,利用零碎时间随时随地进行的移动学习活动,由于移动及网络技术等的运用,资源丰富化、情境多样化、交互及时化在该类学习活动中得到了很好的体现,因此为学习活动注入了新的能量。

11.2　移动微学习活动设计的理论基础

移动微学习活动作为一种与移动技术相融合的学习活动,根据其特征,它的设计理论基础主要包括以下 3 种理论体系,本节将对其分别进行概括分析,为移动微学习活动的设计提供可供参考的理论框架。

1)认知负荷理论

认知负荷理论是由澳大利亚认知心理学家约翰·斯威勒等人于 19 世纪 80 年代首先提出的。其中认知负荷是指学习者在学习过程中,在工作记忆中进行信息存储、信息提取和信息加工处理等一系列活动付出的"心理能量"。认知负荷理论认为整个认知负荷主要由 3 种类型的认知负荷构成,包括内在认知负荷、外在认知负荷、关联认知负荷。内在认知负荷主要是由学习材料的难易及复杂程度和学习者已有的知识经验决定的;外在认知负荷是由学习材料、任务的组织和呈现方式引起的;关联认知负荷则主要和学习者的认知努力有关,是"学习者在图式建构和自动化过程中意欲投入的认知资源的数量"。关联认知负荷的提高意味着图式的建构和自动化的形成,它们的形成可以弥补工作记忆有限的缺陷,从一定程度上节省了工作记忆资源,降低了学习者的认知负荷。

有效的学习,实际上是建立在内在认知负荷和外在认知负荷都低、关联认知负荷高的基础上的,因而为了帮助学习者实现更有效的学习,在具体的移动微学习活动设计中,要尽量降低内在认知负荷与外在认知负荷从而提高关联认知负荷,即要充分考虑学习材料的特点及移动微学习活动中相关学习者已有的知识经验。一般来说,学习材料难度低,需要加工的元素数量少,那么认知负荷就低,而难度较大的就相反,它对工作记忆要求高,认知负荷也高。对于同样的学习材料,对该材料所涉及的领域有一定基础的学习者学习时认知负荷低于完全没有基础的学习者。因此,确定学习材料的难易度要适中,从而力求将内在认知负荷控制在一定的范围内。除此之外,优化学习材料是最为关键的也是对学习活动设计影响最大的呈现方式,提高活动设计水平,通过重新组织信息,有效降低外在负荷。另外,学习活动的设计要注重充分激发学习者的学习动机,在学习中起到引导帮助他们掌握知识的作用,使他们积极、主动加大自身的认知努力,从而在一定程度上提高关联认知负荷。

总体来说,根据认知负荷理论,在移动微学习活动的设计中要综合考虑对具体的学习任务、学习资源、组织方式等要素的设计,例如,能用一种媒体呈现清楚的内容不要用过多的媒体来呈现,以更好地减轻学习者的认知负荷,最终帮助学习者实现真正意义上的有效学习。

2)联通主义学习理论

联通主义的思想最初由加拿大学者乔治·西蒙斯于 2005 年提出,它被定义为"数字时代的学习理论",其基本思想是:知识是网络化联结的,学习是连接专门节点和信息源的过程。联通主义认为在网络环境中学习者是一个个节点,管道把节点连接成网络,知识就在管道中流向每一个连接的节点。在互联网环境中,学习就是将不同专门节点和信息源联结起来的过程,它已不再是一个人的活动,而是一种"网络联结和网络创造物"。在这种理念下,学习者的学习不再是个体的内化活动,而是他们利用新的学习工具迅速改变知识,持续获取新信息,保持个体与其他节点联系、畅通的整个过程。

移动微学习作为数字时代的一种新型学习方式,其学习形式、资源及工具等与传统学习相比均发生了较大变化,学习已不是局限于纸质书本、班级课堂,而是学习者根据自身的需求通过网络随时随地进行的基于微型学习内容的学习。联通主义学习理论强调的是在网络环境下,学习者与外部关系及知识网络的建立,在其理论框架下,学习是一个连续的、知识网络的形成过程,每个人所学的知识存在于动态的网络情境中。本书已对移动微学习的内涵进行了相关分析,移动微学习不仅局限于 App 形式,更多的是个体在移动媒介终端支持下来实现对分散在不同节点的微型内容的结构化联结,类似于"百度知道"这样的互动问答平台,不同的个体都可以贡献自己的知识帮助解决他人的问题,而提问者可以从其他个体的回答中学到知识。无论是基于 App 还是其他社交平台,联通主义学习理论对移动微学习的学习活动设计研究同样具有较多的指导性意义。对移动微学习活动进行设计,应重点关注移动微学习的学习过程中学习者自身所处的知识网络的关系,通过活动帮助学习者建立起自己的知识联结,培养学习者学习的能力,使学习者能够及时、有效地检索到自己所需的知识所在的节点,进一步实现关系的建立及知识建构,最终完成整个移动微学习活动。

3)活动理论

活动理论最早可以追溯到康德和黑格尔等人的哲学思想,经列昂杰夫、恩格斯托姆等人进一步发展完善,最终形成了现今公认的活动理论。具体来说,活动理论主要包括以下几个观点。

①活动是活动理论分析中的基本单位,人类的活动可以看成一个系统,该系统要素主要包括主体、客体、共同体、工具、规则和劳动分工,前三个要素是活动的核心成分,后三个要素则为活动的中介成分。主体作用于客体是以工具为中介的,同时所有的活动均发生在一定的社会文化环境中,即都需要规则、共同体及劳动分工的参与。

②活动理论认为"有意识的学习和活动完全是相互作用、相互依赖的,活动不能在没有意识到的情况下发生,意识也不能发生于活动的范围之外"。也就是说,活动实际上是反映了主体的需求,当主体满足时,它就实现了自己的目标并将停止活动。在这里,活动被进一步区分为内部活动和外部活动,两者相互依存、彼此关联,通过内化可将外部活动转为内部活动,与此相反,通过外化可将内部活动转为外部活动,这两者构成了整个学习活动。

③活动是有层次的,自上而下包括活动、行动和操作 3 个层次。在位于第一层的目的性层次,活动是以客体为导向的,具有目标性,主体的动机是驱动活动的动力;在第二层的功能性层次,行为是活动的基本组成成分,是要实现活动并最终满足动机;在第三层的常规性层次,行为是靠一系列的操作完成的,这些操作依赖于一定的条件,且是无意识、自动完成的。

由上述可知,活动理论中不仅强调活动的系统性,也十分强调主体与客体的中介——工具,这为移动微学习提供了一个以移动技术为中介的学习活动框架,能够很好地解释移动微学习活动及其活动目标,同时也利于从活动的视角进一步厘清移动微学习活动情境中不同要素间的关系,更好地以学习活动促进移动微学习的最优化。在移动微学习活动这个系统中,学习者应是广义的学习者,他们是学习活动的执行者,包括在校学生、职场人员、退休老人等多种类型。客体则是在移动微学习活动中学习的具体对象,如微课件、微内容等。另外,这里的工具可以将其理解为软硬件工具的集合,包括了各种手持终端、App 以及信息检索与查询工具等。共同体当然是与学习者共同完成学习过程的参与者,劳动分工则是移动微学习活动中不同参与者在学习过程中的任务分工,规则是活动参与规则、评价规则、互动交流规则等的集合。此外,根据活动理论的观点,任何学习活动都要有明确的学习目标,并且整个学习活动系统都要紧紧围绕这个目标展开。因此,移动微学习的活动设计首先要明确移动微学习是以移动技术为中介的,要考虑具体使用的移动学习设备中介是什么,并对其中的共同体、角色、规则及劳动分工等进行一一分析,在此基础上进行一系列具体设计,从而构建一个能满足学习者需求的活动系统。

11.3　移动微学习活动设计的原则

移动微学习活动的设计涉及多个要素之间的关系构建,不仅需要考虑学习活动本身的特性,更要符合移动技术情境下学习者学习的心理、习惯、能力等。合理而有效的移动微学习活动是任何移动微学习的必要前提。根据移动微学习活动的概念内涵及设计理论基础,移动微学习活动在具体设计时通常包括以下几个原则。

1)学习者主体性原则

学习活动的最终目的是帮助学习者进行知识建构,它是学习者与学习环境的所有交互。认知负荷理论强调要通过学习者的自我努力提高相关认知负荷,才能促进有效学习。联通主义理论也将学习看成一个持续的知识网络形成过程,并且这个过程中最为关键的就是学习者积极主动地参与。此外,活动理论同样强调学习不是被动地接受,而是有意义的建构过程,意识与活动是互相依存的关系。在此,可以看出以上这些理论都反映了学习活动中学习者主体地位的重要性,强调的是一种以学为主的方式。同时,由于移动微学习主要是学习者根据需求自发的学习行为,因此这一点在移动微学习活动中体现得尤为明显。

移动微学习活动是学习者与学习环境的交互,在这种交互中,学习者作为参与主体必然会受到外部环境中各种信息的刺激,当学习者不能完全或部分接受这些信息时,此时就会导致一种不平衡状态的产生。如何准确、快速地解决这种不平衡状态?通常,学习者会通过同化、顺应的形式将新的信息融入自己的认知结构,从而与外界达到一个新的平衡状态。也就是说,在移动微学习活动中,知识的学习正是借助学习者与外部环境之间这种由不平衡到平衡的交替转换过程实现的。可以看出,这种交替过程中的学习者主观能动作用是非常重要的,只有他们主动、积极地参与顺应或同化过程,才能从根本上及时、有效地达到意义建构,从而将所谓的不平衡状态转变为平衡状态。

学习者的主体作用在活动中如何体现?这就要求设计者在设计移动微学习活动时必须充分考虑学习者的初始能力、学习风格、需求等多方面的因素,设计出来的学习活动是符合学习者特征的,能提升他们的学习兴趣,使得他们愿意主动参与相应的学习。例如,在设计移动微学习活动的任务时,以学习者为主体可以体现为给予了学习者一定的自主选择权。在目前已有的很多学习类 App 中,它们都尤其关注学习者的主观能动性,其活动任务中更多的是要求学习者去探索发现而非直接呈现知识内容。如"网易有道词典"中的单词本功能,它需要学习者自己去创建单词本分类、制订复习计划、添加或删除里面的单词等。这实际上方便了不同的学习者重点去记忆自己不够熟悉的单词,形成的是适合自己的单词学习计划。此外,在语言类学习应用"多邻国"这款软件中,学习者一开始就可以自主选择每日的学习目标,而在确定每日的学习时长后,如果是初学者就可直接选择基础部分,非初学者则通过习题测试的结果来确定适合自己的学习等级,并且每日的学习时长可以随时进行更改。

简单地说,在移动微学习活动设计中,学习者在很大程度上可以通过融入活动的任务、参与方式等方面来发挥自身的主观能动作用,实现积极、有效的学习。

2)移动技术中介性原则

联通主义学习理论将数字时代的学习界定为"网络联结和创造物",同时,活动理论的观点中也强调主体对客体产生作用是以工具为中介的。这两者都反映了共同的一点,即中介工具在学习活动中的重要作用。在移动微学习活动中,工具是整个学习活动赖以开展和持续的支撑环境和条件。它主要包括无线通信网络、移动终端设备、移动微型学习平台等类似的实体工具以及学习指导、建议等方面的精神性工具。基于移动技术的微型学习特性使得移动微学习活动与其他形式的学习活动区分开来,实际上也从一个新的角度提供了一种全新的学习活动方式。例如,在智能手机上学习新单词可称为移动微学习活动,而借助纸质材料学习同样的新单词则不属于移动微学习活动。这里的移动技术和工具不仅被用来呈现学习资源,服务于学习者的交流协作,它更是连通现实世界与虚拟世界的桥梁。在"多邻国"学习 App 中,当学习者创建了自己的账号后就可以添加一些好友一起比赛或者是到虚拟商店购买道具,同时,它的习题练习中更多的也是以多媒体方式呈现的短小知识点,每完成一个练习后学习者都能得到及时的反馈。但最为重要的是,所有与之类似的学习都可以在任何想学且有时间学时进行,这无不体现了移动技术给我们学习活动带来的变革。因此,移动微学习活动设计的另一个重要原则就是在设计时尤其要突出移动技术在整个学习活动中发挥的中介作用,利用移动技术来实现移动微学习的个性化、情境化,使学习者能够积极地与学习环境进行互动,以发现自己所需知识,形成个体的认知网络,从而将移动微学习的优势在相应的课程学习中发挥出来,达到更好的学习效果。例如,在活动设计中可以利用虚拟仿真技术、情境感知技术等为学习者创设相应的学习情境,使得学习者与学习资源产生有效的交互。此外,也可借助移动技术改变和操控动作,使学习工具和步骤变得可视化、可理解等。如此这些,都是移动技术在学习活动中的中介性的具体体现。

3)结构完整性原则

移动微学习活动是一类特殊的活动系统,而活动理论强调任何活动均具有一定层次性,即活动系统中自上而下包括活动、行动和操作 3 个层次。因此,通常所说的一个完整的学习活动结构应该是包括活动、动作、操作以及与之相对应的动机、目标、达到目标的条件。在任何一个学习活动中,缺少前面提到的其中一个元素,那么它就不能称为一个严格意义上完整的学习活动。此外,所有活动都要受到相应动机的支配,具有一定的目标性。不管哪种类型的移动微学习活动,都得适合主体的需要,并且要在活动过程中力求达到需要的对象即活动的真正动机。这也就要求设计者在设计移动微学习活动时不仅要注意学习活动结构的整体完整性,更要与学习者的学习动机及目的相关,使其起到一个激发学习积极性的作用,促使学习者主动对知识进行意义建构。当然,移动微学习更多的是自发性学习,因而学习者开始一般具有相应的学习动机,但这种动机如何保持或者说进一步强化,这就与学习活动设计的完整性有着必然的联系。可以假设,如果设计出的某个移动微学习活动只是给学习者制订了相应的目标,却并未提供必要的信息资源,即没有给予达到目标的条件,学习者在参与这个活动的过程中必然会遇到很多困难,以至于活动操作无法顺利进行,最终也将导致这个活动无法进一步开展。因此,移动微学习活动的结构完整性也是设计中需要考虑的原则之一。

4) 双向转化原则

在学习活动分类中,学习活动可划分为内部活动和外部活动。实际上,学习的过程正是外部活动的内化与内部活动的外化这一双向过程。一方面,外部活动的内化使得学习者的新旧知识建立起非人为实质性的联系,即将新知识纳入原有的认知结构中或对原有认知结构加以修改和重建以适应环境,实现新旧知识的融合。另一方面,内部活动的外化则帮助学习者进一步将所学理论应用于实践,实现内部认知的外显操作化。因而,关注学习活动的内外转化性是移动微学习活动设计的又一重要原则。它需要同时重视知识内化及外化对学习者知识获得的重要作用,整个学习活动既要关注学习者的外部活动又要关注内部活动。例如,在"口语有道大师"中,它是以闯关的形式引导学习者完成多种类型的练习题,同时呈现相应的知识点。这里,它实际上是以外显可操作的活动导入内部认知,而同时又以任务的形式促进学习者内部认知的外显化,通过造句或朗读使内部知识外化,在活动的过程中形成内化与外化的统一体。总体来说,在任何移动微学习活动中,既要利用活动促进学习者对知识、技能的获取,同时又要让学习者能够将所学知识运用于实践,从而形成双向转化的良性循环机制。

5) 情境化原则

活动理论中强调活动是建立在一定的社会情境中的,所有的移动微学习活动实际上都是在移动情境这个大环境下完成的。但在这个大环境下,创设的具体活动情境不同又会产生不同形式的学习活动。移动微学习活动与相应的情境密切相关,它的设计尤其要关注相应情境的创设。无论是内部活动还是外部活动,都需要相关学习情境的支持,脱离了情境是无法对学习活动进行分析设计的。这里,移动微学习活动情境创设主要涉及两部分内容:一方面是移动微学习中的物理环境、移动计算环境或情境感知环境;另一方面则是学习者有意识创造的移动学习情境,如学习者与移动技术交互产生的环境或学习者与他人通过移动技术交互的情境等。在移动微学习活动的设计中,尤其要注重创设恰当的情境,使情境与学习活动的具体任务联系起来,从而激发学习者的学习兴趣,让学习者能够以积极的态度参与整个学习活动,以实现有效的学习。例如,语言学习是需要有持续的学习过程和语言环境的,好的方法和工具以及基于此的语言环境对于他们不可或缺。英语口语的学习实际上就非常需要创设相应的情境,传统的学习活动中不容易做到这点,而在移动微学习活动中要创设这样的语言练习情境相对比较容易实现。"口语巴比塔"App 里面通过漫画故事配音对话,然后让学习者模仿对话达到练习的目的,并且在每一幅漫画中都有详细的讲解,像这种以漫画展现故事场景进行听说训练的方式,就为学习者的英语口语练习创设了一个适应的学习情境,因此,也激发了他们参与的积极性,使其乐于参与这种学习并坚持进行练习。

6) 以学为主原则

移动微学习活动中,所有的学习更多是自发性的,是学习者根据自己的需求进行选择的,因而设计时需将"以学为主"的理念渗入整个学习活动中。移动微学习活动中通过创设的情境及设置的交互活动等,促使学习者主动探索,使他们能够积极地借助支持服务工具对不理解的问题进行深入的讨论,主动地建构知识体系。要激发学习者的学习动机,创设方便、快捷的学习活动是核心,因而无论是对学习活动中的哪个环节设计,首先要分析"这样的形式是否利于学习者的意义建构"以及"学习者通过该学习活动能获得什么"。一切以学习者的学习为重要指标,这样的学习活动才能真正服务于学习,才能逐步培养学习者的自主独立学习能力。这一点在前面已提到的"有道口语大师""多邻国"以及"口语巴比塔"等软件中都有相应的体现,无论是情境的创设还是主体地位的关注,最终的落脚点都是要实现"以学为主",学习者的自主学习是贯穿整个活动过程的,设计出来的任何移动微学习活动始终是围绕学习者的学习。

11.4　移动微学习活动设计的方法

移动微学习活动的设计,实际上涉及资源设计、环境构建等多重要素,学习活动作为桥梁将所有的相关要素统一成了一个整体。教学活动中"教无定法",并不存在一套可以直接应用任何情况的教学方法,与此类似,不同的人员在设计学习活动时也不可能采取完全一样的方法。但根据相关学习理论的指导以及移动微学习活动本身的特性分析,移动微学习活动的设计从宏观层面来看,还存在相应的设计分析方法,本节将对一些常见的移动微学习活动设计方法进行归纳总结,为移动微学习活动的设计及研究提供相应的参考。

1)活动的学习目标设计方法

移动微学习活动是移动学习活动的一种特殊类型,它所学习的内容是微型化的,那么它的单个学习目标应该也是比较微小的学习目标,是学习者经过学习后所获得的具体的进步和发展。一般情况下,教学目标的制订要结合课程内容、学习者特征、学情等多个要素来分析设计,相应地,要确定移动微学习活动的学习目标,同样也需要对学习内容、学习者等内容进行分析的基础上来制订。具体来说,移动微学习活动的目标设计,可根据以下几个基本步骤进行。

(1)分析需求蕴含的学习结果类型及对应操作

针对具体的学习内容,依据加涅的学习结果分类原则或者布鲁姆教学目标分类体系等来对学习需求中蕴含的学习结果进行归类,在确定学习结果属于哪一类的基础上,根据对应关系再确定相应的操作层次。例如,认知领域包括记忆、理解、应用、分析等层次,而情感领域包括接受、注意、反应、价值评估等。这里,以布鲁姆教学目标分类体系为例,将两者的对应关系进行分析,具体见表11.1。

表11.1　布鲁姆教学目标分类体系

学习结果类型	操作层次
认知领域	记忆→理解→应用→分析→综合→评价
情感领域	接受→注意→反应→价值评估
动作技能领域	模仿→对模仿动作的理解→动作组合协调→动作评价→新动作的创造

(2)分析确定微学习目标类型

在移动微学习活动中,学习目标总体可分为行为目标和生成目标两大类,行为目标强调学习后带来的学习者行为变化,较多用于结构化的基础理论知识和基本操作技能,生成目标侧重学习者与问题情境的交互作用,即通过问题解决的过程获得知识应用于实践的能力。在学习活动中,设计的目标是行为目标还是生成目标主要取决于以下影响因素,具体见表11.2。

表 11.2　学习目标类型的影响因素

影响因素	行为目标	生成目标
学习内容	结构化的、存在既定答案的内容	有一定的复杂性及主观性的内容
学习者初始能力	对响应知识领域完全不了解或了解很少	对基本理论知识已有一定的了解
学习者认识信念	缺乏生成、探究的能力	具备质疑、分析、表征、整合观点的素质

（3）具体分析微目标任务

行为目标主要是反映学习者在学习后的行为等变化，它是以具体可观察的行为来体现的。这里可以借鉴"GPS 通用问题解决系统"中的思想，将学习者初始水平与最终目标进行比较找出之间的差距，消除这种差距从而找出次级目标，逐步推进，最终形成一个具有层级关系的微学习目标，如图 11.1 所示，这样的微学习目标既能满足不同层次的学生，又符合"最近发展区"理论，学习者通过适当的努力就能达到。而对于生成性目标，由于其重点培养学生解决实际问题的能力，因此主要涉及包含问题任务的情境创设。为了既能为学习活动指明方向，又能给学习者充分发挥的空间，设计时可以创设生活化的情境或者是专门针对该问题的情境。

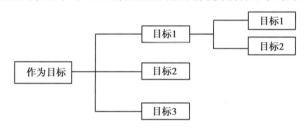

图 11.1　行为目标的分析方法

（4）进行微学习目标陈述

目标陈述时，对于行为目标，可以参照教学设计理论中的"ABCD"陈述法来陈述，即详细说明学习者、行为、条件以及达到的程度。而对于生成性目标，则可从情境、任务以及形成的能力 3 个方面描述，即在什么样的情境中，通过什么样的任务形成什么样的能力。

下面，选取"数码相机的使用"来进行一个简单的微学习目标分析设计及阐述。该主题主要是帮助学习者解决生活中的实际问题，其目标是要学会如何使用数码相机。根据前面的微学习目标分析方法，将该主题的最终学习结果归为认知领域，学习者在学习了数码相机的知识后要能解决实际问题，即熟练使用数码相机。考虑移动微学习活动中学习者水平的差异以及内容本身的特性，此处将其划分为行为目标，通过行为目标分析法对该目标进行分析，得到以下几个次级学习目标：数码相机的基本概念、数码相机分类、如何正确选购数码相机、卡片数码相机的使用、专业数码相机的使用、景物拍摄技巧与表现手法。

2）活动的环境设计方法

学习环境对学习者的学习效果有着较大的影响，尤其是基于移动技术的微学习活动。学习者与学习环境之间的联系构成了学习活动，在移动微学习活动中，活动的环境设计主要包括学习资源的提供以及学习情境的创设。

学习资源对学习者来说并不陌生，无论是哪种形式的学习活动，都需要相应的学习资源作为支持。但与传统学习方式有所不同的是，移动微学习活动中资源涉及形式更多，包括多种文档、课件、多媒体、网站等。这些资源的获取方式与传统资源也存在一定的差异,通常有以下3种获取方法:第一,通过网上的各种资源库直接下载,对下载后的资源进行一定的筛选与修改后运用到移动微学习活动中;第二,聘请专门的人员有针对性地进行资源开发,对具体的移动微学习活动开发出配套的学习资源;第三,收集整理学习者之间、学习者与指导者之间大量交互过程中生成的学习资源,如学习者之间讨论交流出来的某个主题结果或者是协作完成的某项作品等,将其用作进一步学习的资源。

学习情境是移动微学习活动的核心部分,相对来说,移动微学习活动比其他形式的学习活动对情境的依赖性更强。对于情境的创设,需要根据学习目标的需求来相应地创设任务情境、故事情境、问题情境、真实情境等多种形式的情境。在具体的情境创设中,存在两个大的可参考方向:一方面,可采取配乐营造氛围或者利用虚拟仿真等方式,设置模拟的生活情境,例如,在学习人民币的相关知识时创设一个学习者去超市购物的情境帮助他们认识人民币面值,相对来说,这种情境比较适合生成性目标的达成,帮助学习者将所学理论知识应用于实践;另一方面,也可设置虚拟的情境,如针对某个问题或知识点,假设特定的情境,帮助学习者对知识进行理解。

具体学习情境的设计,从宏观角度来看主要有以下几种方式可供借鉴:第一,可以利用学习者已有的知识,适当改变情境发生的条件,如学习者已经知道直角三角形的面积计算公式,此时将原有的直角三角形变成等腰三角形,同样要求计算面积,这时就会导致学习者认知冲突的发生,而这种认知冲突将使得他们对接下来的新知识产生较高的兴趣;第二,直接创设与新知识相关的情境,如为了让学习者掌握服装设计中颜色的搭配技巧,可设置让他们以“同类色”“对比色”等形式为虚拟人物搭配服装的游戏,以此让他们探索发现配色技巧;第三,将问题引入模拟的生活情境,如为了学习加减法的综合运算,以“逛商场买玩具”为主题,设计真实的场景,将相应的问题嵌入整个购物的过程中,学习者在解决生活实际问题中学到相关知识。

3)活动的任务设计方法

活动任务是移动微学习活动的核心,在学习活动的设计中最为关键的就是活动任务的设计。这里的任务,应该是与学习目标建立联系且符合学习者认知结构的。在移动微学习活动中,任务通常表现为一系列待解决的问题,而这些问题正是驱动学习者参与学习的动力。也就是说,设计移动微学习活动的任务,实际上是要设计出有效的问题。前面“学习活动的分类”部分已谈到根据学习活动的达成目标,学习活动有着意义建构与能力生成之分,相应地,它们的任务设计方法也有一定的区别。移动微学习活动作为一类特殊的学习活动,它的任务设计也存在这两种类型的区分。

对于意义建构类活动,活动的任务可直接从学习内容中挖掘,例如,让学习者阅读电子材料完成测验或是学完一部分内容后归纳出知识要点等。其具体的设计可以参照以下流程进行:首先,明确学习内容中的主要概念、事实、原理及彼此之间的关系;其次,根据学习目标,对相应的内容进行设问表述;最后,将设问转化为问答形式的测验题或其他形式的学习要求,例如,学习活动的任务要求学习者利用已给出的词组来翻译具体的语句。

能力生成类活动强调的是知识技能的实践,此类活动的任务注重真实情境下的真实问题,是一种实践层面的活动。设计活动的任务时,同样要在学习目标的基础上进行,与前一类有所不同的是,它主要有以下两个环节分析:一是这种知识技能可以在哪些情境中应用;二是学习者的生活中会在哪里运用这些知识技能。在弄清以上两个问题后,再将学习内容转化成一个个可见的操作任务让学习者去完成,这样设计出的活动任务从根本上实现了学习目标的细化。

此处,以意义建构类活动任务的设计为例进行一个相应的设计。选取"数码相机的使用"中"焦距"这个微小的知识点,该部分需要学习者理解什么是焦距以及镜头焦距与视角大小的关系,在明确相应的概念及关系后,将这两个问题转换成具体可操作的活动任务,该活动任务可设定为"观看学习视频,绘制焦距与视角的关系图",即学习者在学习完相应的内容后,能够获得目标知识点的意义。

4)活动的规则设计方法

完整的移动微学习活动涉及多种规则的制约,基于活动规则的多种学习组织方式和评价贯穿引导着整个移动微学习活动。具体的活动监管规则或活动评价规则设计时,往往需要根据不同的学习内容、学习环境等进行规划。例如,设计活动参与规则时,可将提示或指导语放在学习活动的过程中,学习活动完成的总时间、学习者作出不同的反应时,相应的可以看到弹出的指导语,从而根据学习者的表现对其进行干预和反馈,提供奖励或惩罚。此外,也可借鉴一些游戏中的"通关"思想,利用虚拟的奖励物品,在学习者答对固定数目的题目或参与一定量的学习后进入下一个环节,充分采用知识自我检测、反馈强化知识等多种学习组织方式。对于活动评价规则,移动微学习活动的评价要综合考虑形成性评价和总结性评价相结合,不同形式的评价相结合,促进学习者参与移动微学习活动的积极性。在活动中要重视培养学生自我评价的能力,使他们的学习成为一种负责任的过程。具体而言,可采用测试、投票等能体现微型化特征的方式来评价,以检测是否实现了学习目标,将外化的操作转化为内隐的认知。例如,在很多移动微学习活动中,均需要学习者注册后才能拥有特定的学习权限,并且学习过程中以虚拟的金币或者红心等其他物质作为开启下一个学习关卡的条件,而这种金币或红心等实际上也是学习评价的一种具体表现。

11.5　移动微学习活动设计的基本流程和案例分析

移动微学习作为一种非正式学习,能够在很大程度上满足成年学习者或者非在校学习者的学习需要。移动微学习的移动特性可以满足处于动态中的学习者学习的需求,微型特性可以为学习者充分利用零碎时间进行学习提供便利,移动微学习的活动设计是其核心环节,但是目前针对移动微学习的学习活动设计的研究比较少,本节主要讲述基于活动理论的流程和基于情境理论的流程,并最终总结出移动微学习活动设计的一般流程。

11.5.1　基于活动理论的移动微学习活动设计的基本流程

这里是依据活动理论来设计移动微学习活动,主要的活动设计环节包括环节前端需求分析、核心要素分析(主体、客体、共同体的分析)、中介要素(活动规则等)分析及学习活动评价分析。在活动理论指导下,构建的移动微学习活动系统整体结构如图11.2所示。

1)前端需求分析

德耶认为,移动学习是运用移动计算机设备的支持随时随地进行的学习,设备必须能呈现学习的内容并且为教师和学生之间提供无线的双向交互。移动微学习就是在移动终端进行片段化的、碎片形式的学习,移动微学习的特点其一是它的泛在性和交互性,即该学习是可以发

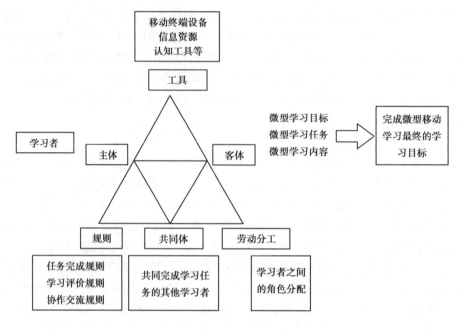

图 11.2　移动微学习活动系统整体结构图

生在任何时间、任何地点,并且与学习共同体和专家或者服务器进行交互的一类学习,真正实现了人类按需学习的理想。另一特点是学习单元小,一般是"小的信息单元、狭窄的主题、相对简单的问题",并且呈现时间短,但并不是所有的内容都适合应用移动微学习,如果传统课堂学习可以获得良好的效果,那么采用移动微学习并不一定可以带来多大的提升,也许会带来一些负面影响,那么什么样的学习内容适合采用移动微学习活动呢?下面给出移动微学习的学习活动内容的选择标准。

(1)小片段的知识结构

资料显示在线观看一分钟的标清视频约占用手机移动数据流量 2 MB,而查看一条图文信息所耗流量为 190 KB,所以流量的消耗对于移动微学习来说是不能忽视的,所以适合移动微学习的知识点必须是可以拆分成不可再分割的若干个小知识单元,独立存在,并且知识点是具有连续性的,这样每个知识点学时不多,学习者不易产生疲倦,知识也不隔断。

(2)短时间的学习内容

由于移动微学习是非正式学习,而且学习的人几乎没有较长的时间来进行知识学习,所以,要充分利用学习者的零碎时间来学习,比如,设计学习活动时,要考虑各种情况,如外出旅游的学习者、乘交通工具的学习者等。因此,微型学习的学习内容应该是微小的学习组块,可通过学习设备轻易地获取、存储、生产和流通。

(3)个性化的学习内容

拆成零散知识点之后,各个知识点之间相对独立,但是整个知识点的框架脉络仍然需要很清晰,这样学习者可根据自己的需要来选择学习的知识点,不用担心学习者学习的知识混乱,最后给出整个内容的框架,帮助学习者整理思路即可。这种自由的学习方式,可以让学习者获得快乐的学习体验,使其学习激情高涨,学习时间周期加长,减少了学生中途不学习、厌学、弃学的情况。

2）核心要素分析

活动理论的哲学基础是马克思、恩格斯的辩证唯物主义哲学。活动理论研究的基本内容是人类活动的过程,是人与自然环境和社会环境,以及社会群体与自然环境之间所从事的双向交互的过程,是人类个体和群体的实践过程与结果。人的意识与活动是辩证的统一体。也就是说,人的心理发展与人的外部活动是辩证统一的。在活动理论中,分析的基本单位是活动。活动系统包含 3 个核心成分(主体、客体和共同体)和 3 个次要成分(工具、规则和劳动分工)。次要成分又构成了核心成分之间的联系。它们之间的关系如图 11.3 所示。

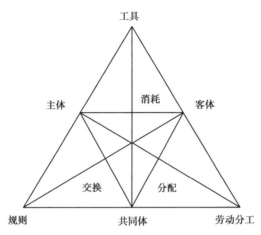

图 11.3　活动系统结构图

（1）移动微学习主体分析

移动微学习的学习者,是学习活动的执行者,主要有成人学习者和终身学习者,我们要对学习者的性别、学习特征、智力水平、学习风格等进行分析,需要全面地把握学习者的实际情况,所有的学习活动都是围绕学习主体来进行的。与传统课堂情境下的学习者最大的不同是,学习者大部分处于运动状态,且学习的地点通常在户外,如工作现场、户外或者公交车、地铁上,这种环境吵闹且易分散学习者的注意力,而且学习时间相对零碎,这就需要学习者拥有坚强的意志力和强烈的求知欲,由于移动微学习大多为自觉学习,因此,积极、主动、勤奋的人尤其适合,到底哪些学习者是移动微学习的适用主体呢?

①渴望获得知识却没有机会进入学校的学习者,例如老年人想学习身体保健知识、旅行者想获得当地的人文风情、手工艺制作爱好者想学会编制手工插花等,这种类型的移动微学习内容就非常适合他们。

②渴望获得知识却没有太多零散时间的学习者,例如长途司机、公司职员、外出务工人员等。

③渴望获得知识却因身体原因无法去学校的学习者,例如残疾人、住院病人、瘫痪人群等。

④渴望获得知识,但是学校不开设的课程的学习者。

（2）移动微学习客体分析

客体是指原材料和问题空间,它是主体从事活动的承载体,也是活动的导向,可以是教学目标或学习目的,是主体想要改变的对象,或者说是学习主体最终转化得到的结果。移动微学习客体即为移动微学习的操作对象,包括学习目标、学习任务、学习内容等问题,移动微学习活动过程中的客体分析与准确定位,也是教学顺利、有效进行的前提。

①学习目标:任何学习都是以学习目标为前提,学习目标既是学习的起点,又是学习的终点,对于移动微学习这种非正式的学习,学习目标应该是实际可达到的实用性目标,将学习者所要达到的最终目标分割成更小的目标来进行学习。

②学习内容:移动微学习的学习内容最好是能够满足实用目标的短小知识模块,以一种短小的信息形式呈现,如一小段文本、一张图像或一组图像、一段音频或视频、一个简短的动画,移动微学习的学习内容的选择与设计,需要依照以下几个原则。

a. 原则1:知识单元是不可拆分的最小模块,而且彼此关联,如图11.4所示。

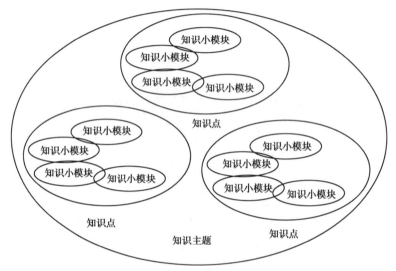

图11.4 知识模块化分割示意图

b. 原则2:学习内容以生活实际问题来进行组织,贴合实际,实用性是移动微学习的显著特征,在真实的情境下进行学习,可以加深学习者的学习兴趣,加快学生理解、吸收知识的速度。

c. 原则3:学习内容的设计要适合不同的学习方式,既能独立使用,又能小组使用。

(3)移动微学习工具分析

在移动微学习活动中,工具是移动微学习的必备条件,技术环境是移动微学习活动得以展开的依据,包括无线通信网络,如安卓、苹果系统智能手机,移动终端设备和微型移动学习平台(包括App、APK、微信公众平台),除去简单的基本学习工具,还应包括帮助学生提高认知的工具,常见的如思维导图,还包括学生需要学习的信息资源查询工具,与知识相关的练习题库,同时在学习者学习的过程中,需要给学习者提供相应的学习指导。

(4)移动微学习劳动分工分析

分工是指共同体内合作成员横向的任务分配,也指纵向的权力和地位分配,即分工可以根据各活动的具体情况协商进行,也可自上而下纵向组织,劳动分工是小组成员的学习任务分工以及所负责的学习项目的分工,需要依据不同的学习活动来判断学习活动需要哪些角色,各个角色的具体分工是什么,这种分工明确合理的做法有助于调动每一位成员积极地参与微型移动学习活动,并保证学习活动的顺利开展。

（5）移动微学习规则分析

规则是指在一个学习活动中由主要负责人规定的做事的标准，是学习下去的基本准则和规范，学习中的每一位学习者都要遵守学习活动的规定，它是主体与共同体之间的联系纽带，起制约和确定个体与个体间相互关系的作用。移动微学习的规则主要有两个方面：一是基本规则，即学习者个体应遵守的一些规则，主要是指在查找资料时的一些网络行为规范等；二是小组规则，在小组合作学习中，小组是一个整体，组内有明确的分工，小组成员之间进行的交流活动也需要遵循一定的规则，所以小组规则的制订需要小组成员进行协商后一起制订，以促使学习任务的完成。在活动过程中，小组组长的职责主要为辅助教师对小组成员进行管理，组织小组成员进行讨论，监督小组成员各自完成自己的任务，并最后把成果上传到群里。小组成员最终对各自的作品进行评价。

（6）中介要素分析

人类活动是以工具和技术做中介的，移动微学习作为人类社会发展到一定阶段的一种特殊社会活动离不开工具和技术做中介。在移动微学习活动中，工具是主体作用于客体的手段，它将学习活动的主体和客体联系起来。移动通信工具是移动微学习必不可少的条件。技术环境和学习资源是移动微学习活动得以展开的基础，主要包括无线通信网络、学习平台等。

（7）学习活动评价分析

学习活动评价是评价者按照学习目标采用一切可以使用的评价技术手段对学习者的学习活动过程和学习效果进行价值判断的过程，其目的是监控学习，保证学习质量，促进学习者发展。它是学习活动设计中的一个重要环节。通过学习评价，可获得学习者完成学习活动目标情况的反馈信息，使整个设计过程得到不断的修改和完善。移动微学习中的学习者具有较强的独立自主性、学习目的性。在进行移动微学习活动评价设计时应遵循以下几条原则。

①关注学习过程。传统的教学评价着重于学习结果的评价，而移动学习活动采用形成性评价和总结性评价相结合的方式，形成性评价是对学习过程进行评价，用来改善教学的过程。总结性评价是在学习活动结束之后对学习成果进行评价，其目的是了解活动的最终效果。

②注重评价内容的多样化。移动微学习活动评价不仅要关注学习者对学科知识的掌握，更要注重学习者知识迁移能力的培养和问题解决能力的提高。

③评价方法多元化。具体学习内容的评价指标在设置上可从多个维度考虑，评价可体现在评价维度上（内容评价、学习过程评价、学习作品评价）的多样化，具体可采用"李克特量表"五维度的方法来进行评价，小组成员中的评价可通过小测试、投票、有奖竞答等带微型化特征的方式来进行；评价方式上为了体现评价多元化，可以采用定性评价和定量评价相结合、个人自评和小组评价相结合、内容评价等一系列方式。

11.5.2　基于情境学习理论的移动微学习活动设计基本流程

情境学习是由美国加利福尼亚大学伯克利分校的让·莱夫教授和独立研究者爱丁纳·温格于 1990 年前后提出的一种学习方式。

情境学习理论为移动微学习提供了许多理论支持，情境学习理论认为学习不再是个体的学习活动，而是社会性、实践性的活动，强调知识的意义应在真实的活动中建构，只有让学习者在真实的情境或活动中运用所学知识自主探索，才能真正形成多种个性化的问题解决策略，没有真实情境的适当配合，学习者只会在人为设计的环境中获得一些抽象的概念，没有实际意义,因此,学习者应重视在真实互动的情境中获取知识,由被动接受转为主动获取。学习者可以通过现代移动通信设备来更好地融入真实的情境中。学习者利用移动设备来进行知识的学习,这样学习者可以更好地在真实情境里进行意义建构。

基于情境学习理论的移动微学习需要注意以下两点:第一,情境学习强调在真实的情境中呈现知识,把理论所学与生活中的实践结合起来,让学习者像专家一样思考和实践;手持终端具有良好的多媒体显示功能,可以利用图像、动画、视频、声音等随时创造适宜的学习情境,促进学习者的有效学习,提高学习者的学习兴趣;第二,通过社会性软件互动和协作来进行学习,很多手持终端设备都具备了蓝牙、Wi-Fi 等无线联网功能,为学习者的信息互动、资源共享和高效利用提供了条件。所以,在此提出基于情境学习理论下的一般教学模式。

1)学习任务的设计

在真实情境中,通过问题解决来学习的关键是提出学习任务,学习任务可以是一个问题、案例、项目或者意见分歧,学习的任务最好是能够嵌套在板块活动中提出来,而且在描述任务情境时,应以吸引力的方式来呈现,如讲故事、播放动画等形式。

2)问题的选择

在基于情境理论的移动微学习活动过程中出现的学习问题,应该是开放的、真实的,这种问题可以和学习者的真实生活产生共鸣,让学习者可以切身地感受到问题的意义性、趣味性及挑战性。

3)真实情境的创设

情境学习环境中,创设情境是学习者知识建构、技能获得的必要前提。创设情境,就是基于特定的教学目标,将学习内容安排在技术资源支持得比较真实或接近真实的活动中。真实的情境有好几种形式,总结起来主要有 3 类:实际的活动情境、真实情境的再现(案例)、基于录像或多媒体之类的抛锚式情境。下面是一个简单的情境创设案例。

题目:学习者课外调查学校或者自家附近的街道、小区都在哪些地方放置了垃圾桶?它们的位置会有变化吗?放置的位置合理吗?为什么?说说你的调查结果。

学习者 1:我家小区的中心或者门口,靠近居民居住的地方。

学习者 2:学校门口,经常出入的走廊。

学习者 3:街道旁边,大商场的门口。

创设良好的生活化的问题情境,可以引发学习者进行自主学习,使学生学习积极性提高,注意力集中,求知欲望增强。

4)学习资源的设计

学习资源的设计主要包括学习的内容和相关的资源设计,是学习者的作用对象。资源的设计包括主题内容结构的设计、资源呈现方式的设计、内容中问题的设计等。

5)评价方式的设计

应让学生有自己探究的主动权,让学生具有真正的自主性,自己去选择探索,并且在适时提供学习支持,设计过程中应该要充分考虑学习者的最近发展区,不能超越学习者的知识能力太多,让学习支持成为一种引导,活动的过程应该是合作性和社会性的,活动的结果应体现为一份产品或者一份作品,便于相互交流教学策略的设计。

6)案例

Flash 的遮罩动画微学习(应用抛锚式的教学策略)。

（1）问题的选择（设计锚）

首先让学生观看他人制作成功的 Flash 动画，以此吸引学生的兴趣。然后提出本移动微学习的任务，即创作一个 Flash 遮罩动画作品，可采用多媒体视频播放的方式来引出情境。

（2）围绕锚组织教学

为学习者提供 Flash 学习专题网站和媒体学习资源，并通过微视频的方式分布指导学生学习遮罩动画，然后运用如 QQ、MSN 等聊天工具讨论，还可在网上留言，与所有 Flash 爱好者及高手讨论，然后上交作品，并对作品及学生的学习情况作评价。

（3）消解锚

学生能够应用遮罩方法，创作相同类型的动画，并独立生成相应的作品。

（4）效果评价

学生可以自评，也可通过学习平台开展组间互评，发现其他学习者有创意的作品，进行进一步的学习。

11.5.3　移动微学习活动设计的一般流程

移动微学习是相对于正式学习的一种非正式学习实用模式，是对正式学习的补充，移动微学习所面对的是一些相对较小的学习单元或时间较短的学习活动。在移动微学习过程中，学习者的地理位置是变化的，学习者与学习内容的交互方式、获取方式也是变化的。

1）前端分析

（1）需求分析

学习需要分析是一种差距分析，其结果是提供尽可能确切、可靠和有代表性的“差距”资料和数据，从而形成教学设计的总目标，而这个总目标是指导教学设计往下进行的一系列步骤（如内容分析、目标编写、策略制订、媒体选择以及评价等）的重要依据。因此，学习需要分析成功与否，总目标是否优化，直接影响教学设计各部分工作的方向和质量好坏，甚至关系到这个教学设计过程的成败。移动微学习的学习需求分析主要包括以下几个方面。

①学习内容是否适合移动微学习。

②学习内容是否能够在不同的系统平台上运行（安卓、iOS、PDA 等）。

③学习内容是否可以模块化，符合移动微学习的学习特点。

（2）学习者分析

以学习者为中心，着重分析个体学习者的学习需要和学习特征。必须强调学习者的差异性，而且认识到学习者的学习需要和知识能力结构是变化的。在对移动微学习活动的学习者进行分析时，应着重分析用户的日常学习环境，了解学习者的学习风格和能力水平，以学习者为中心意味着移动学习活动中的任务和问题要基于现实生活，最好是在情境下进行教学。

（3）学习内容分析

移动微学习的学习内容分析除了分析本身的知识与技能、难易程度等外，还要分析这个内容是否适合开发成微型移动学习资源。

①知识组块。考虑到移动微学习设备的特点，其学习内容一定要在保证其整体性的基础上容易分割成一个个小单元，保证每个学习单元在几分钟内可以结束学习，提高学习者的学习效率，可以通过微课件来将知识进行组块，移动微学习的信息资源基础是微内容，而微内容的表现形式是微课件。

②难易程度。微型移动学习资源一定要保证提供给学习者的学习资源简单易学,并能让学习者在轻松、愉悦的环境下学习,从而达到真正学习的目的。

③简单结构。移动微学习资源知识结构要清晰简单,嵌套层次不能太多,避免学习者出现"迷路"现象。

2)移动微学习活动的具体目标、任务设计

活动目标是分层次的,既有低级目标,又有高级目标,对内容进行模块化分析后,每一个模块需要相应地制订一系列从低级到高级的目标。活动任务是学习活动设计的核心,应该是基于情境的或者基于问题的。设计者应根据每一个模块的内容和希望学习者学习达到的目标来设定具体的任务。

3)学习活动情境设计

移动微学习的学习环境必须是贯穿整个活动的,学习者可以在创设的真实情境中,运用移动设备来进行真实任务的学习,例如,可以采用图像情境,主要是通过文字和图像的结合来为学习者呈现相应的内容,也可通过语言情境的设计来激发学习者的情绪、感情等思维活动,同样也可以借助故事、一个猜想来让学习者带着问题去探究。但是情境的设计也需要注意以下两点:第一,应具有代表性;第二,充分注重交互性,可以在学习活动过程中引入微博、Facebook等社交工具方便学习者更自主地进行学习。情境教学可以为学生提供良好的暗示或启迪,有利于锻炼学生的创造性思维,培养学生的适应能力,所以在创设情境时需注意以下原则。

(1)冲突性

学习者原有的知识结构和现有的知识之间有一定的差异,这样可以激发学习者的学习动力。帮助学习者更进一步完善自己的知识体系。

(2)目标性

问题情境的创设不是随意的,是要围绕学习内容,让学习者明白将要学习的内容,才能很好地引导学习者自觉参与学习。

(3)真实性

问题应该是真实的,最好贴近学习者的生活,将学习的内容与真实的情境结合起来,更容易激起学习者的共鸣。

(4)交互性

问题情境需要考虑学生与学生、学生与专家等的互动。

(5)制订学习活动的规则

制订学习活动的规则包括活动的监管规则和评价规则,根据学习者的表现对其进行干预和反馈或提供奖励和惩罚。

4)移动微学习的学习评价设计

移动微学习的主要参与者是学习者,且学习者依附一个真实的情境,通过直观呈现的学习资源来完成各种问题以及各类活动的挑战,因此,评价一个微型移动课程可以从以下几个方面进行评价。

(1)移动微学习活动内容的评价

①活动内容的实用性评价。移动学习的学习者多为非在校学习者和终身学习者,移动微学习所提供的学习内容是否可以帮助学习者解决实际需求与职业、生活等相关的问题。

②活动内容的微型性评价。主要评价学习内容是否符合移动微学习"短小""微型"的特

点,学习者是否能利用零碎的时间完成学习及相关的学习活动。

③活动内容的创新性评价。移动微学习活动的设计模式并非死板,应根据实际情况进行相应的设计,设计一次有趣的互动,设计一个新颖的环节。

(2)移动微学习学习者的评价

对移动微学习学习主体的评价主要包括两个方面:第一,学习者移动微学习活动的参与度评价,这部分主要是检测学习者有没有按照规范来积极地参与社区、论坛、BBS 的互动等;第二,学习者学习活动的完成度评价,如学习者有没有按时完成相应的练习、练习的正确情况怎样等。

11.5.4　移动微学习活动案例设计——地震通

本案例学习活动旨在要求学习者可以学习专业的地震相关知识,以活动理论、情境学习理论为基础,依照上一节提出的一般流程进行细致的分析,并给出具体的活动设计细节,为了创设更加真实的情境,本活动采用问题情境的方式来创设移动微学习的学习活动。借助故事、联系学生的生活实际、利用游戏等方式为学习者创设问题情境,让学习者带着问题去自己动手探究。

1)前端分析

近年来,全球地震频繁发生,给人们的生活和财产造成巨大损失,尤其是国内最近几年的地震频发,学习地震相关知识已刻不容缓,笔者通过对 iOS 系统和安卓系统 App 进行查找,关于地震学习相关的软件非常少,人们获取知识的途径较为单一,这就是笔者以地震学习为案例设计和分析的原因。

2)核心要素分析

(1)主体

该活动的学习主体为所有想学习地震知识的学习者,包括任何年龄、任何性别的学习者。

(2)客体

这里的客体主要是完成该项活动相应的学习目标。最终达到的学习效果是学习者通过整个活动的学习,熟练地掌握地震来临时如何避难自救,学习目标主要分为 4 个阶段,针对不同的活动环节,设置了不同的学习目标:第一阶段的学习目标针对模块"地震常识",目标是掌握地震的基本知识(包括地震的产生原因、地震的等级、地震的前兆等),主要采用的是基于视频、动画的抛锚式情境来引导学习者进行基础内容的学习;第二阶段的学习目标针对模块"情境学习",要求学习者通过参与不同真实情境下的地震发生实况来学习自救知识,包括常见的4 个场景,即家庭、学校、工厂、户外;第三阶段的学习目标针对模块"逃生游戏",让学习者通过第二阶段学习的知识,进行游戏闯关,顺利完成逃生游戏;第四阶段的学习目标针对模块"知识总结",学习者通过相应的练习加深巩固知识,并掌握知识的完整框架,形成自己的知识体系。

(3)共同体

在该案例中,学习共同体主要是和学习者一起讨论、互相帮助的学习者,以及为学习者整理学习框架、在讨论组对学生的讨论活动进行点评并最终整理资料和提供资源下载的指导教师。

（4）学习工具

本案例设计为移动手持设备，以苹果 iOS 系统设备为主，通过相应的 App 来进行学习。

3）活动基本流程分析

依据活动理论和情境理论提出移动微学习活动的基本流程图，如图11.5 所示。

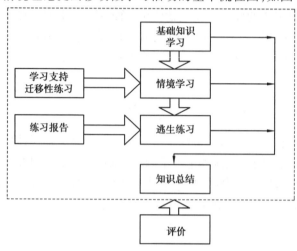

图 11.5　地震通活动设计流程图

4）模块设计

该 App 主要分成 4 个模块：地震常识、知识总结、情境学习、讨论组，每一个模块开始都会展示该模块的学习活动目标，让学习者清楚地知道自己这一部分学习的主要内容，如图11.6 所示。

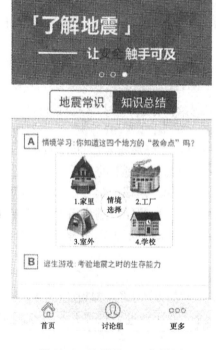

图 11.6　地震通 App 主界面

①在情境学习中,采用十字交叉型策略,为学生提供一个多角度探索的学习环境,其中包括 4 个主要场景,并分别对场景进行分析,采用多元表征的方式为学生提供知识。学习者可以依照自身的兴趣,自主选择场景学习,指导者可在学习过程中给予相应的学习支持服务。

②在地震常识模块中,主要讲解的是地震的定义、起因、分类、地震前兆等内容,让学习者在学习防震知识之前获得相应的知识,作为学前导入来激发学习者的兴趣。

③知识总结模块包括对所有知识点的总结和相应的练习题,总结主要采取思维导图的方式来进行呈现,练习题主要采用选择题的形式进行呈现,练习的内容可以在讨论组里进行讨论。

④逃生游戏模块:为学习者提供真实的地震逃难情境,让学习者在游戏中体验已经学习到的知识,并在完成游戏之后随即填写一份逃生游戏过程报告,分析自己在游戏过程中出现了哪些问题,这些问题对应的就是相应知识点的掌握情况。

5) 内容设计

①情境模块的活动设计。选择情境"家庭"进入,学习者会看到一个 3D 的家庭图,学习者以家庭主人的身份进入这个情境中,可以自由切换家庭地点,如卫生间、卧室、阳台,然后画面开始晃动,界面上会弹出提示语:"现在出现了地震,你要去哪个地方进行避难?",并让你进行选择,如图 11.7 所示。

图 11.7　情境模块选择

当学习者单击"跑出去"之后,就会弹出提示语:"如果你在不确定安全的情况下跑出去,碎玻璃、屋顶上的砖瓦、广告牌等掉下来砸在身上,是很危险的。"通过直观的提示,可以让学习者加深对知识的记忆。

当学习者单击"卧室"之后,学习者会看到一个 3D 的立体空间,里面分别有 3 个地点框,分别是床边、窗前、书桌前,画面中有人物,可以对人物进行拖动,每拖到一个框里,就会有文字＋图片/视频提示。

其他场景也是采用这种资源的呈现方式来和学习者进行交互,并在学习点出现时提供相应的学习支持,让学习者及时看到学习反馈。

②逃生游戏设计。在学习者学习完成之后,会让学习者进行一个简单的逃生游戏,游戏是基于真实情境下的,学习者可以进行场景选择来完成游戏,在相应的场景完成游戏通关之后,会随机生成一份逃生游戏过程报告,在报告中先对学习者的游戏完成情况进行简单的评价,最后将学习者的错误行为解析出来,并给出这种逃生方案的完整、正确的解析内容,也可再次进入游戏进行知识巩固。

③总结模块设计。当学习者学习到最后的知识内容总结时,我们会看到这样的界面,对所有的内容进行总结,包括地震之前的前兆总结、防震指南总结、不同地点人员的避震要点总结,呈现方式为图片加上文字。以准备防震包为例,如图 11.8 所示。

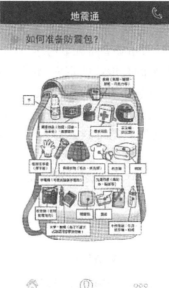

图 11.8　地震通总结模块地震包设计

④讨论组、练习、评价设计。在四大情境学习中,每一个情境学习完成之后,都要提供相应的学习练习供学习者进行自我检测,多以文字呈现为主,练习方式主要采用选择题,练习题的内容都是在之前情境中学习过的知识,在此主要的目的是进行巩固。

讨论组主要是学习者自发地进行学习讨论,学习者可以将自己的学习心得上传上去,并讨论地震相关知识,其中地震常识提供 4 个指定的讨论问题,知识总结提供两个讨论问题,情境模块提供 6 个讨论问题,逃生游戏提供两个讨论问题,其中有教学专家的参与,并对学习者的问题进行解答,将最终较为完善的内容通过 Word 文档或者思维导图来分享给学习者,供学习者下载阅读。

⑤活动评价。对于该学习活动的学习评价主要分为两大模块:第一模块是学习者对自己学习成果进行评价,该评价主要采用学生自评,目的是让学习者充分了解自己的学习状况;第二模块是学习者对该学习活动内容进行评价,评价的目的是了解针对地震通这个主题,内容的设计是否符合移动微学习的特点,是否满足学习者的学习要求,为后续学习内容的修改提供现实的依据。这里主要采用的是李克特量表法来进行评价。

对学习成果的评价:学生自评需通过对自己的学习过程、练习题完成情况进行客观评价。评价量表为:5 分为完成得非常好,4 分为完成得比较好,3 分为完成得一般,2 分为完成得不够好,1 分为完成得很差,见表 11.3 和表 11.4。

表 11.3　学生自评评价量表

维度	5	4	3	2	1
认真学习地震常识板块的所有内容					
认真完成情境模块的所有内容					
认真完成单个情境之下的所有练习,并熟练掌握各个情境下的防身技巧					

维度	5	4	3	2	1
逃生游戏可以在两次以内顺利通过					
在讨论组中,完成了各个模块的讨论任务					

表 11.4　活动内容评价量表

维度	5	4	3	2	1
提供简单、明确的教学目标且和具体内容保持一致					
学习内容很好地分割成了微型知识点,适合零散时间学习					
学习内容浅显易懂,符合学习者基本水平					
学习内容结束之后,提供简单的且与教学目标相对应的练习					
在学生学习过程中,可以为学习者提供相应的学习协作					

参考文献

［1］赵慧臣,等.移动学习的影响因素与优化研究[M].北京:科学出版社,2015.

［2］李青.移动学习设计[M].北京:中央广播电视大学出版社,2015.

［3］李文昊,郑艳.信息技术教学设计与案例研究[M].北京:科学出版社,2018.

［4］何克抗,吴娟.信息技术与课程整合[M].2版.北京:高等教育出版社,2019.

［5］吴军其,李智.移动微学习的理论与实践[M].北京:北京大学出版社,2015.

［6］宗绪锋,韩殿元.数字媒体技术基础[M].北京:清华大学出版社,2018.

［7］查尔斯·M.赖格卢斯.教学设计的理论与模型——教学理论的新范式:第2卷[M].裴新宁,等,译.北京:教育科学出版社,2011.

［8］王建华,李晶,张珑.移动学习理论与实践[M].北京:科学出版社,2009.

［9］刘清堂,王忠华,李书明.网络教育资源的设计与开发[M].北京:北京大学出版社,2009.

［10］吴军.微学习——学生自主学习的新模式[J].中国教育信息化,2012(14):18-20.

［11］张振虹,杨庆英,韩智.微学习研究:现状与未来[J].中国电化教育,2013(11):12-20.

［12］任建.从教学媒体的演变看教学设计的发展历史[J].电化教育研究,2012,33(8):17-20,27.

［13］祝智庭,张浩,顾小清.微型学习——非正式学习的实用模式[J].中国电化教育,2008(2):10-13.

［14］吴军其,彭玉秋,吕爽,等.基于手机终端移动微学习的可行性分析[J].中国教育信息化,2012(19):13-15.

［15］陈维维,李艺.移动微型学习的内涵和结构[J].中国电化教育,2008(9):16-19.

［16］张豪锋,朱喜梅.移动微型学习在远程教育中的应用[J].继续教育研究,2011(4):75-76.

［17］张然.移动微学习在双语教学中的应用研究[D].济宁:曲阜师范大学,2014.

［18］余胜泉.从知识传递到认知建构、再到情境认知——三代移动学习的发展与展望[J].中国电化教育,2007(6):7-18.

［19］张剑平.现代教育技术——理论与应用[M].北京:高等教育出版社,2003.

［20］钟毅平,叶茂林,郭本禹.认知心理学高级教程[M].合肥:安徽人民出版社,2010.

［21］李娟,刘彪,王鑫鹏,等.基于微型移动终端的非正式学习研究[J].现代教育技术,2009,19(10):87-89.

［22］王文静.情境认知与学习理论研究评述［J］.全球教育展望,2002(1):51-55.

［23］高健,刘良华,王鲜芳.移动通信技术［M］.2 版.北京:机械工业出版社,2012.

［24］何克抗.TPACK-美国"信息技术与课程整合"途径与方法研究的新发展(下)［J］.电化教育研究,2012(6):47-56.

［25］张洁.基于境脉感知的泛在学习环境模型构建［J］.中国电化教育,2010(2):16-20.

［26］叶成林,徐福荫.移动学习及其理论基础［J］.开放教育研究,2004(3):23-26.

［27］张洁,王以宁.基于境脉感知的移动混合式学习系统设计［J］.现代远距离教育,2010(5):37-40.

［28］项国雄,赖晓云.活动理论及其对学习环境设计的影响［J］.电化教育研究,2005(6):9-14.

［29］王琳.基于 LAMS 的活动理论教学设计模式研究［D］.武汉:华中师范大学,2009.

［30］程志,龚朝花.活动理论观照下的微型移动学习活动的设计［J］.中国电化教育,2011(4):21-26.